U0033870

中國近代歷史城市指南

City Guidebooks of Modern China

Hangzhou Section I

杭州篇（一）

導論

何其亮｜美國伊利諾州立大學

杭州，柳永筆下的「東南形勝，三吳都會」，馬可波羅眼中的「天城」，也是毛澤東御用攝像師笑談中的中華人民共和國的「兩個首都」之一。[1] 自宋高宗建炎三年（1129 年）升格為臨安府，並稱「行在」以來，杭州就在中國歷史上佔有獨特的文化與政治地位。千年以降，其人文與自然景觀的完美融合，激發文人騷客的靈感從不同角度吟詠這座城市及其周邊地區的一草一木，一山一水。在這種山水與文化的互動之下，杭州及西湖早已不僅僅是一個風景旅遊勝地，而成為李慧漱所謂的"site of memory"（「記憶遺址」）。李慧漱認為：在宋元更替之後，杭州為「遺民們緬懷南宋王朝榮光、托寓自我」提供了場所。[2] 在此，對於李慧漱的評價有兩個補充。首先，這種故國之思、黍離之悲事實上並非杭州特有。在杭州（臨安）之前，就有如《洛陽伽藍記》、《洛陽名園記》、《汴京遺跡志》、《東京夢華錄》等追思舊都洛陽與汴梁的名篇。其次，許多關於

1　葉建新主編，《毛澤東與西湖》（杭州：杭州出版社，2005），133。

2　李慧漱，〈〈西湖清趣圖〉與臨安勝景圖像的再現〉，見李凇主編，《「宋代的視覺景象與歷史情境」會議實錄》（桂林：廣西師範大學出版社，2017），184-185。

杭州山川歷史風俗的作品產生於南宋覆滅之前，其作者顯然不是南宋遺民，也無須緬懷前朝。這樣的作品有周淙《臨安志》、吳自牧《夢粱錄》、潛說友《咸淳臨安志》、耐得翁《都城紀勝》及西湖老人《西湖老人繁勝錄》等。這些當世人寫當世事的筆記類作品，依稀是近現代城市導覽指南之雛形。只是當時尚未有二十世紀機械複製的大眾類文化，這些作品往往只能是士大夫階層的自娛自樂。及至周密《武林舊事》，又恢復移民憑弔故國的傳統。到了明朝，田汝成之《西湖遊覽志》記載西湖名勝掌故，歷代詩人題詠，既是地方誌也是文學作品。其《西湖遊覽志餘》則多記錄遺聞軼事，成為明末小說家的故事素材。[3]

清末丁丙的《武林坊巷志》徵集文獻超過1,600種，成書五十三冊，煌煌大觀，是中國歷史上最大的一部都市志。[4] 其一重要特點是只記錄杭州城內的事物，城門之外的西湖直接略過。這事實上反映了杭州在辛亥革命之前的空間格局，即雖然杭州以西湖名滿天下，但西湖並不是杭州城市的一部分。辛亥革命軍興，民國新政府採取一系列舉措如廢除旗營，逐步拆除城牆。其結果是西湖從此在空間上正式融入杭州城市。[5] 與此同

3 黃立振，《八百種古典文學著作介紹》（鄭州：中州書畫社，1982），466-467。

4 陳橋驛，《中國都城辭典》（南昌：江西教育出版社，1999），1321。

5 傅舒蘭、西村幸夫，〈論杭州城湖一體城市形態的形成——從近代初期湖濱地區建設新市場計畫相關的歷史研究展開〉，《城市規劃》，第38卷第12期（2014），18-21。

時，杭州隨著運河運輸的式微，失去了其東南中國運輸大動脈的戰略作用，在工商文化發展上，都漸趨落後於臨近的新興國際城市上海。[6] 隨著1916 年12 月滬杭鐵路建成通車，滬杭兩地距離逐漸拉近，即大衛・哈威（David Harvey）所謂的現代性下的「時空壓縮「（time-space compression）。[7] 這種壓縮帶來杭州城市性質與功能的變化：杭州漸漸成為上海的「後花園」。在這一情況下，杭州城市介紹、旅遊指南這一類的書籍在二十世紀上半葉成為一種產業。本叢書收錄的幾種杭州導覽中，大多都可歸為此類。在此八本導覽中，三本（《杭州市指南》、《遊杭必攜》及《杭州導遊》）出版於二十世紀三十年代，即「南京十年」的中後期；四本（《遊覽杭州西湖新導》、《杭州名勝導遊》、《杭州市民手冊》及《杭州通覽》）出版於抗日戰爭以後，國共內戰時期；一本（《杭州導遊》）出版於中華人民共和國時期。

《杭州市指南》出版於民國二十三年，紹興人張光釗編撰。張光釗擅長地圖繪製，早年曾製作出版紹興縣全圖。[8] 後在杭州工作期間出版《最近實測杭州市街

---

6 Liping Wang, "Tourism and Spatial Change in Hangzhou, 1911-1927," in *Remaking the Chinese City: Modernity and National Identity, 1900-1950*, ed., Joseph W. Esherick (Honolulu: University of Hawai'i Press, 2002), 112-113.

7 David Harvey, *The Condition of Postmodernity: An Enquiry into the Origins of Cultural Change* (Hoboken, NJ: Wiley-Blackwell, 1991), 260.

8 朱仲華、王保良，〈袍瀆敬敷小學和王聲初先生〉，中國人民政治協商會議浙江省紹興縣委員會文史資料研究委員會，《紹興文史資料選輯》，第 1輯（1983），159-162。

圖》、《杭州古舊地圖集》。從本書張彭年序言得知，張光釗地圖作品應用廣泛，當時杭州各個機關單位無一例外在使用其實測地圖。張靜江主政浙江時舉辦「西湖博覽會」，也是由張負責繪製關於杭州市的圖表。由此，《杭州市指南》有兩大特點，第一，因作者測繪、工程方面的專長，此書有一種卓爾不群的嚴謹科學態度，不同於傳統杭城指南，多聚焦於風景名勝、文人雅興。如解釋錢塘潮時，作者不吝筆墨，解釋日月天體引力，並附上物理公式。第二，由於作者長期為政府服務，此書行文頗有半官方意味。其中〈未來之杭州〉一節，滔滔不絕將杭城未來規劃，如工業區、大港口計畫及旅遊事業一一展現給讀者。考慮到此書出版的民國二十三年，正是南京十年的黃金時代，因此筆調有著時代特有的意氣風發。如作者展望杭州之未來：「工商業之發展，一日千里，其必成為東方第一大市場，而超過今日之上海者，固可操券而預蔔也。」在這個意義上來說，《杭州市指南》不僅僅是一本介紹杭州衣食住行各方面的指南，也是國民黨政府政治宣傳的工具。

《遊杭必攜》與《杭州市指南》同年出版，張光釗亦是其繪圖者，但是兩書反差極大。前者為83頁小冊子，而後者近400頁，因此內容極為繁複。後者的對象讀者比較廣泛，既包括遊客也包括本地居民。《遊杭必攜》則目的明確：「進香及遊子謀便利之圖」。由此可見，杭州歷史上作為東南一帶宗教朝聖中心的地位並未因現代化進程而喪失。[9]除了介紹西湖周邊及杭州的寺廟宮觀及其他與進香有關的機構，如素菜館及宗教性旅社外，《遊杭必攜》也提供不少景點的介紹，因此仍能看作一本旅遊指南，蓋宗教旅行原本就是杭州旅遊重要一部分。

《杭州導游》出版於戰雲密佈的民國二十六年，中日戰爭一觸即發。作者趙君豪係著名報人，《旅行雜誌》主編。其作品《中國近代之報業》為中國近代新聞史經典作品。《杭州導遊》由上海中國旅行社出版，其目的性不言而喻。事實上《杭州導遊》為中國旅行社民國十八年《西子湖》的再版。但是改名《杭州導遊》使其功能更為明確，即不再「偏於文藝」，而「切於實用」。因其是旅行社專業導遊書籍，所以作者為讀者與遊客安排多種旅遊行程，如西湖一日、三日、七日遊及自杭州出發的東南遊。這些安排多多少少為以後其他出版物沿襲。同時將杭州遊覽的一些旅遊服務明碼標價，比如登載完整的西湖遊艇價目表。

民國三十五年出版的《遊覽杭州西湖新導》出版商為在古舊書出版行業頗有名望的宋經樓書店。戰時，宋經樓因其主人韓學川聰明勤奮，對於古籍版本很有認識，所以古書生意頗隆。日本投降之後，韓學川感覺舊書生意風光不再，於是積極轉型業務，最後成為醫藥書

---

9 汪利平認為傳統上杭州的宗教朝聖是連結帝國與民間信仰的場域，也是促進地方商業發展的一個重要因素。見 Liping Wang, "Paradise for Sale: Urban Space and Tourism in the Social Transformation of Hangzhou, 1589-1937," Ph. D Dissertation (University of California, San Diego, 1997), 15.

籍一大出版商。[10] 因此《遊覽杭州西湖新導》一書的出版，可以看成宋經樓在戰後初期積極轉換經營方式的一種嘗試。而此書一年內三版，可見生意不惡。從內容上看，《遊覽杭州西湖新導》創新不多，無非是將一些景點介紹，旅遊資訊再次登載。此時國共內戰尚未全面展開，經濟形式沒有完全惡化，因此其作者仍對杭州進一步發展抱樂觀態度，聲稱杭州「漸有成為國際市之趨勢」。

民國三十六年出版之《杭州名勝導遊》極有特色，因其是本叢書唯一收入的中英文雙語旅遊指南。其作者邢心廣稱自己在杭州大學教課之餘，「恣情於山巔水涯」。且認為杭州已成為「國際花園都市」，因此為在國際上推廣杭州旅遊事業之計，特用中英文寫就此書。由於為了照顧海外遊客，作者力求文字簡單，圖文並茂。所以此書是所有導覽中文字最簡略的一本。其也有杭州旅遊不同的排程，但是交通工具相較戰前更為豐富，有舟游、汽車遊、輿遊。書後附上的廣告亦是中英文雙語。

同年出版的《杭州市民手冊》，顧名思義並非旅遊指南，而是一本杭州本地居民日常生活常備工具書。其中各類統計表及政府、行政、工商、法律等資訊匯總非常實用。而此書的作者之一李乃文又是本叢書另一本旅遊指南《杭州通覽》的作者，因此二者內容很多重

10 杭州市政協文史資料委員會編，《杭州文史資料 ・第 27輯 ・湖上拾遺》（杭州：杭州出版社，2007），191。

複。但是民國三十七年出版的《杭州通覽》性質與《杭州市民手冊》不同，是一本為外地遊客，特別是上海遊客準備的旅遊書。從此書可以瞭解，雖然當時內戰正酣，前途未卜，但是上海市民對於杭州旅遊的興趣不減。正如作者所言，「上海人一車一車地擠到杭州來」。以上三本導覽，當時均有良好銷售記錄。民國三十六年出版的《杭州遊覽手冊》曾記載，這三本「各書坊間多有售賣」。[11] 可見旅遊業並未太受時局影響。

1954 年出版的《杭州導遊》是叢書內唯一一本中華人民共和國建國以後出版的指南，因此顯得格外與眾不同。其主旨是共產黨政府當時常見的「人民西湖」的論調，即西湖及其他杭州景觀終於從剝削階級的銷金窩，回到人民手中，成為「全國勞動人民和全世界和平勞動人民遊覽、休養、療養的樂園」。因此在介紹杭州景區時，除了介紹傳統的一些景點，加上了「新中國」特有的如中蘇友誼館、工人文化宮、工人療養院等新設施。哪怕是介紹風塵女子蘇小小之墓時，也必須強調女性在「封建社會」遭受的凌辱，以彰顯「新社會」的優越性。

本叢書收錄的八本導覽指南類書籍，雖跨越三個歷史時期，側重點略有不同，但是仍可以總結出幾條共同特點。其一，從民國二十年左右開始，隨著城牆逐漸被拆除，城湖一體已是共識，不會出現《武林坊

---

11 葉華棻，《杭州遊覽手冊》（上海：中華基督教青年會，1947），53。

巷志》這種將西湖摒除在城市之外的寫作方式。葉凱蒂（Catherine Yeh）在談論上海晚清的一些城市指南時認為，這些出版物的一個重要議程就是試圖給予讀者一個印象：儘管上海行政區劃支離破碎，但是城市本身日趨成為一個有機的「整合的整體」（integrated whole）。[12] 而經過二十年的改造，無論作者還是讀者對於西湖與杭州城市作為「整合的整體」這一觀念已經牢不可破。其二，在這個整體之內，一些景點，如西湖十景、八景、二十四景等，或在舊時地方誌、都市志記載，或通過口口相傳，已經成為公認的場所，無須解釋。從這個意義上來說，這些指南類書籍成為傳統杭州與現代杭州兩個維度的結點。其三，大多數作者從事新聞或出版行業，如《杭州導遊（1937）》之趙君豪、《遊覽杭州西湖新導》之韓學川、《杭州市民手冊》之唐錫疇、《杭州導遊（1954）》之烏鵬廷等。這與上海的情況類似。正如Peter Fritzsche 研究柏林所指出的，城市具有兩個形態，即作為地方（place）以及作為文字（text），而這兩個形態互相定義。其中文字城市（word city）大多是報刊。[13] 叢書收錄的八本指南大抵也是這個情況，報人出版商承擔著將杭州文字化的工作，並進一步從地理上、文化上、歷史上定義杭州。

其四，杭州與上海的緊密聯繫得到廣泛認可。自

12 Catherine Yeh, *Shanghai Love: Courtesans, Intellectuals, and Entertainment Culture, 1850-1910* (Seattle, WA: University of Washington Press, 2006), 320.

13 Peter Fritzsche, *Reading Berlin,* 1900 (Cambridge, MA: Harvard University Press, 1998), 1.

從滬杭鐵路開通以來，杭州成為上海居民以及落地上海的外國遊客的主要旅遊目的地。不難理解，不僅大多數此類指南類書籍讀者來自上海，而且不少出版於上海（如本叢書的《杭州導遊（1937）》、《杭州市民手冊》與《杭州通覽》）。其中《杭州通覽》一小半廣告乃是上海工商金融企業。回顧杭州導覽類出版物的歷史，最早一本可能是徐珂的《增訂西湖遊覽指南》（1918），本身便是上海商務印書館的出版物。所以滬杭雙城記的故事在這些出版物中表現得淋漓盡致。其五，這些書籍的出版得到杭州工商業襄助甚多，幾乎每一部都有相當篇幅的廣告。《杭州通覽》區區151 頁的小冊子居然有35 頁廣告，商品經濟之滲透，可見一斑。

杭州自1910 年代開始出現如《增訂西湖遊覽指南》之類的指南類書籍，[14] 一百年來這樣的出版物汗牛充棟，不可勝數。本叢書提供的八本，也只能管中窺豹。這些出版物不僅僅為外地旅客與本地居民提供生活便利，更是一種對於杭州在各個歷史時期身分地位的一種書面表述與對於未來的願景，此即是「城市即文本」（city as text）的題中之義。

14 傅舒蘭、西村幸夫，〈論杭州城湖一體城市形態的形成〉，22。

編輯凡例

一、本套叢書收錄近現代中國各地城市指南、市民手冊、工商手冊等，由中央研究院近代史研究所城市史研究群徵集、輸入，本社校對並重新排版，如有錯誤，概由本社負責。

二、本書儘量採用原徵集各書之文字，不以現行通用字取代古字、罕用字、簡字等。惟原徵集各書多數並無標點，或有句無讀，本版另加現行標點符號，以方便閱讀。

三、原徵集各書書內廣告頁，為不影響閱讀流暢，集中於各書之末。書中因印刷不清楚或無法辨識之文字，以■標示。缺頁、缺圖等則以〔 〕加註。

四、以上若有未盡之處，敬祈方家指正。

目錄

中國近代歷史城市指南

City Guidebooks of Modern China

Hangzhou Section

杭州篇

杭州市指南（1934）

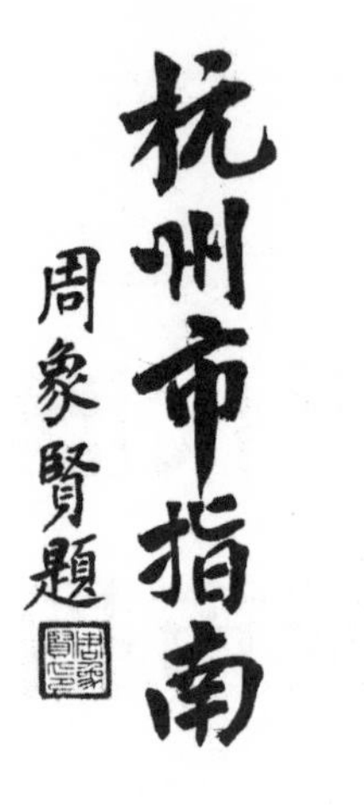
杭州市指南
周象賢題

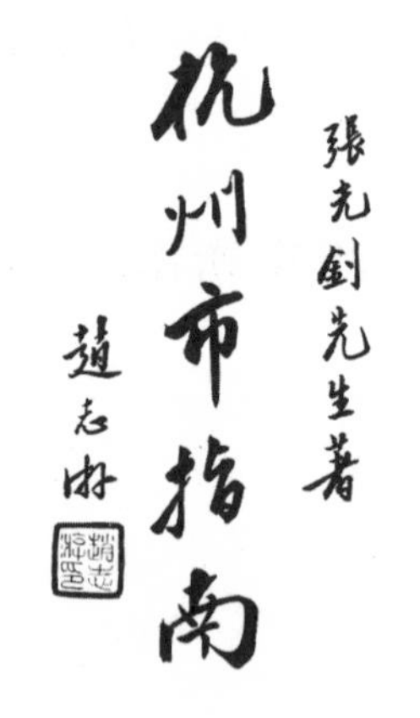
張光釗先生著
杭州市指南
趙志游

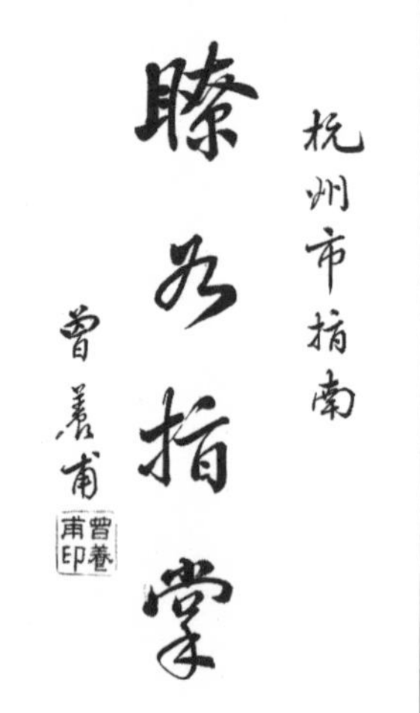
杭州市指南
瞭如指掌
曾養甫
曾養甫印

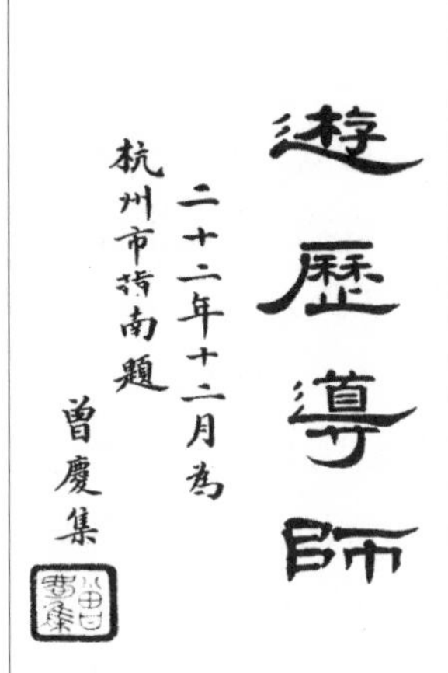
遊歷導師
二十二年十二月為
杭州市指南題
曾慶集

杭州市指南
王

一覽無遺
杭州市指南
王修齋題

示我周行
杭州市指南
邢誦華

序

地方之需指南，猶航海之需羅盤，與探幽之需嚮導也。指南倘付缺如，則雖有珍貴物產，莫能知之；雖具優美風景，莫能攬之；雖富光榮文化，莫能仰之。夫美而不彰，善而不傳，天下憾事，孰有過於此乎？

杭州美盡東南，自古卽為我國名都；且擁有湖山之勝，風光如畫，景宜四時，譽馳遐邇。慕名來遊者，肩摩踵接焉。然以杭垣之大，西湖之秀，文物似錦，勝蹟如林，不有詳確之指南，何能按圖而索驥，坊間雖多導遊之書，或輿地之表，但不失之殘篇斷簡，略而不詳；則失之明日黃花，無裨實際。求其綱舉網張，有條不紊，搜羅宏富，敘述精詳，一書在手，四顧坦然者，殊不易覯。此不特為行旅之所病，亦杭市繁榮之一阻力也。

叔容先生有見及此，爰累月窮年，精心結撰，成杭州市指南一書，計分八章，關於區域、交通、遊覽、娛樂、生活、物產、機關、團體、以及公用、公益事業等等，應有盡有，巨細靡遺；備此一編，瞭如指掌。而文筆之生動，紀載之確鑿，與夫裝璜之美觀，猶其餘事也。故是書無異杭州之縮影，亦允稱指南之偉構，其造福於人寰者，豈淺鮮哉！

王世穎序於國立浙江大學

二十三年十一月

序

國內名勝之區對人最有吸引力的要算杭州了。沒有到過杭州的人一聽到杭州二字，就會不禁神往。

普通名勝往往有欺瞞性。聽說某處地方怎樣好，如何了不得，待到了那裏，覺得也不過爾爾。這是我們遊覽時，常遇到的經驗。可是杭州却决不會叫遊客失望。杭州風景名區，聚為集團，遊覽便利，不若別處的各各孤立；產物豐富而多特色，自高貴的綢緞，龍井茶，以至廉價的天竺筷小胡桃，無不富於情趣，可作受人歡迎的禮物。杭州的風景產物與杭州人的生活情調，顯然有密接的關係。杭州的情味，非到過杭州的人不能領略。

我是久住過杭州的，偶然憶及杭州，不無戀戀。每年逢春季香節與秋季觀潮節，必有許多外省朋友來問我到杭州去的情形：杭州名勝那幾處值得去？旅館那家最安適？甚麼東西值得買？諸如此類的問，我不知一年之中要回答多少次。前人詩裏說，「與君約略說杭州」，因為我曾到過杭州，所以就不覺負着了這樣的義務。

現在好了，張叔容先生的杭州市指南出版了，這本書裏面把杭州的各方面叙列得很詳盡，可謂瞭如指掌。如果以後再有外省朋友來問我到杭州去的情形，我只把這本書介紹給他就是了。

二十三年三月

夏丏尊識于滬上寓樓

序

欲求都市之繁榮，自必先謀交通之發達。否則貨流不暢，行旅阻滯，雖有豐產寶藏，不能輸之四方；雖有奇景勝蹟，不能招致遊人。欲求市面繁榮，其可得乎。故無交通即無繁榮，一定不易之理也。然交通則發達矣，而起迄不知，行者仍苦之。風土不知，旅者仍苦之。名勝不知，遊者仍苦之。苟無詳細之紀述，準確之指導。雖有發達之交通，猶不足以利商賈而便遊旅也，歐美各國之都市，凡有一物之勝，一地之優，莫不惴惴焉惟恐人不知。各極其宣述之能事，藉廣招徠以謀市面之繁榮。其於交通之設施，風土之情形，更殫述無遺。使外方人士，閱其紀述，如身歷其境。較倩人指導，差勝多矣。近年吾國各大都市，亦均有是項之紀述，獨吾杭州市，風景之勝，著聞於世，交通之發達，物產之豐饒，亦甲於華南。然僅有坊間簡單之紀述，而無詳確之指導，實為缺憾。張君光釗，有志於此，盡數月之精力，編輯杭州市指南一書，計分八章。關於市內交通，風土，物產等，列述無遺，使外方人士，手此一編，瞭然如重遊其地，不僅為行旅之助，亦為研究繁榮杭州市者之參攷焉，是為序。

民國二十三年一月十日　趙志游

序

杭州既以名勝甲天下，四方慕而來游者，歲無慮數十萬人。杭之人受惠于遊客之消費者，歲亦無慮數百萬圓。西子湖山所恩賜于杭之人者，可謂宏矣。近歲當局努力于交通建設，輪軌四達，往來益便，來游者益衆，杭州市政府，且專設遊客局，用廣招徠。惟是引導遊客之書，坊間流行者，尚感缺乏，其所有者，或摭拾陳言，興趣索然，或支離割裂、茫無頭緒，而大率以抄襲者居多，遊杭者常用為憾！

吾友君張光釗，少與余同學于紹興之龍山，其人勇毅富責任心，健步善談，長于調查統計之學。去年客居杭州，日放浪山水之間，搜奇探勝，歷久不倦。凡湖山名區固已遊之既徧，卽向為人所罕知者，亦足跡無不至。乃本其學識經歷，著「杭州市指南」一書，體制謹嚴，搜羅宏富，于交通物產，叙述尤為詳備。絕無摭拾割裂之弊，誠可謂導游之佳著矣。遊杭人士，倘得此書以為指南，則往來可如故里，不致扞格迷誤。卽有志來遊而未逮者，循誦是作，亦可得其梗概矣！

夫杭之人既受遊客之恩賜，而唯恐遊客之不至。此書之作，能為遊客謀最大之便利，足以招徠遊客。則張君之有裨益于杭之人者，豈淺尠哉！余故樂為之序。

民國二十三年三月十六日　徐世衡

序

余友會稽張君光釗，以杭州市指南一稿見示，披閱一過，覺其搜羅之富，編輯之密，較諸一般流行坊間之指南刊物，迥然不同，要非熟悉杭州市之風土人情，及有藝術天才如張君者，奚克至此，張君旅杭近十年，素從事於教育，兼精藝術，昔曾繪製杭州市全圖，以詳細精蜜稱於時，行銷頗廣，今復編杭州市指南，以供四方人士之需求，足見張君有志於杭州市之宣傳，更非一朝一夕之用心矣，吾杭州市之西湖，為天下名勝，風景之清麗，古人比之為美人，然美人雖美，苟無文人學士為之描摹，則其美不彰，西湖雖清麗，苟無如張君者藝術之筆，為之紀詳，亦不足形其清麗，且張君是編，關於杭市之區域交通，遊覽娛樂，生活物產，機關團體，公用公益事業等，尤列述無遺，使閱者琳瑯滿目，必欲親歷杭州市，以之一一相對照而後快，吾為遊旅杭州市者慶，亦兼為杭市慶也。

民國二十三年一月　會稽胡慶榮序於西湖之怡廬

序

杭州是一個重要的都市；對於杭州市整個的認識，是國內外游杭人士所熱切需要的。可是想要認識杭州市而沒有良好的刊物幫助，談何容易！好了，我的同學張叔容先生，他把整個的杭州市介紹給大家了。

杭州市的歷史怎麼樣，杭州市的西湖怎麼樣，杭州市的物產怎麼樣，你知道嗎？詳細地知道嗎？你到過杭州嗎？杭州市的交通近況怎麼樣，市民的生活狀況怎麼樣，應該怎樣游覽，應該怎樣娛樂，你知道嗎？杭州市的公用事業在怎樣地推進，公益事業在怎樣地發展，你要詳細的認識不要？

在張先生的「杭州市指南」裏都已有了精確的叙述了。

我想，不要說不認識杭州市的外來遊客，少不了這部書來做導師，就是杭州市市民，自問對杭州市的認識有這樣的詳盡嗎？所以這部書同時也是杭州市民的恩物。至於那不曾到過杭州市的人，有這部書拿在手裏，也可儼如身歷其境，知道杭州市一切的一切了。

也許有許多讀者們，展開書來，便急於要在序文上面先討個不落：「這部書是成功的嗎」？這個，我不想回答，我所要說的，請那位問話者在讀一遍之後，親自出體認一番，便可以確定這部書的價值了。

朱苴英　二十三年三月中旬

杭州市指南序

年來世事紛繁，交通便捷，通都大邑，商賈輻輳，名勝古蹟，旅客雲集，探芳尋幽，遊歷考察，寒暑無間，惟當地行旅設置如何？風土習尚如何？欲求於最短時間，一覽無餘。俾得恣情遊覽，詳切考察，惟指南尚已！是以東西各國，無論都市名勝，多有指南，或設嚮導，以應需要者。吾浙在昔為東南文物之邦，人才傑出，代有其人，西湖風景，蜚聲中外。加之歷任省當局，注重建設，成績昭彰，現任趙市長，悉心規劃，市政日臻，完善已有模範省治之稱，是故中外人士，無論男女老幼，晴雨寒暑，來杭遊歷者，肩摩踵接，識者謂杭市將來當為瑞士第二，誠非虛語，其裨益地方經濟，及市面繁榮者，實非淺鮮。吾友張君叔容喜研輿圖生物，復長測繪調查。往歲曾實地測繪杭州市街圖，暨杭州西湖圖，精確詳明，風行一時，茲復從事編集杭州市指南，計分區域，交通，生活，遊覽，物產，機關團體，公用事業，公益事業八章。然一集問序於余。余以為斯書之出，不僅便利異籍遠客，暨關心杭州社會者。得按圖索驥，瞭如指掌。卽本地各界人士，人手一本，查檢參考，亦有印證。故樂為之序。

二十三年一月二十日　阮貽炳於浙江教育廳

序

杭州西湖名勝聞天下，春秋佳日，中外士女來遊者。摩頂接踵。他日東方大港告成，商業輻輳，其繁榮當不減歇浦，是則豈僅以名勝見稱耶？

同學張君光釗，旅杭有年，曩曾實地測繪杭州市街圖暨杭州西湖圖兩幀，出版發行，閱者稱之。近更編著杭州市指南一書，囑余校閱一過。 其中不僅全杭名勝，羅列無遺；即關于交通經濟文化諸項亦闡述極詳。欲遊覽杭地者，得此一書，固可按圖索驥，瞭如指掌；即留心社會學者，翻閱一過，亦可明瞭整個杭地社會之情形。是則此書之印行，又豈僅導遊而已耶？

民國二十二年十二月二十六日　陶叔淵于航空署

序

我自以為老杭州。可是和光釗談起掌故來，簡直是小巫見了大巫。他不僅有一雙粗大的健腿會實地去步行考察，而且他是精于統計調查以及繪製圖表的人；現在杭州市各機關常在應用的實測杭州市街圖和西湖圖，就是他的手筆。

靜江先生主浙時，舉行過一次轟動宇內的西湖博覽會，當時他就在協助劉旣漂建築師繪製了不少的圖表，尤其是關于杭州市方面。

一年以前，他在西湖藝專訓育處和我同事；因為藝專的教職員宿舍是在金沙港的王莊，他每天往返，老是步行。記得有一天對我說：「由藝專到王莊共計五百三十步，回來的步數也一樣，每次都很正確」，從這一點可以曉得他治事的精密。

今晚，我正在整理行裝的當兒，他挾着一大包杭州市指南的原稿來給我看，並且要我寫篇序；看，我當然非常高興，很迅速的涉臘了一通，給我老杭州增廣了許多閱歷；寫序，實在是抽不出時間，因為明天一早要回新昌去；他等待着必須要我寫，就這樣拉雜地寫了幾行。

民國二十二年十二月二十四日午夜　張彭年于西湖藝專

序

友人張光釗君曾編繪過最近實測杭州市街圖及西湖圖，近聞該圖行將再版，其受社會人士之歡迎，可想而知，近又編著杭州市指南——是應社會的需要而產生的。

近年來杭州市政的進步，突飛猛晉，交通文化……等新興事業，正在拼命衝向前去；如寶石塔的重建，游泳池，飛機場，京杭國道……等的開闢；最近全線長達三百十七公里之杭江鐵道，亦開始通車，這都是近三五年來的事。不久大規模之錢江鐵橋，亦將興工，新興浙江之建設事業的將來，正方興未艾，交通既便，四方來遊者必衆，坊間所出類似指南等的書籍，雖說不少，然都囿于時間性，未免興明日黃花之感；對於近來的種種新興事業，為往昔的作者，非但無法羅入，且是夢想不到的事，因此我說張君著杭州市指南，是應社會的要需而產生的。

我以為編著這樣的書要有，二大骨幹：一、過去，二、現在——過去和現在的事，先把它詳細叙明，然後再佐之以將來，我以為第一點，祇要書籍多，肯做書蠹蟲，不難做到盡善盡美的境地，可是第二點要做得討好，那就不易了，因現在的事物，日日在推進之中，既無成書可以參攷，雖有時零星的報章上或雜誌上披露過，可是倘使你平日不去留心，是極不容易捉住的！

張君是有資格編這類的書的，他生性有兩大特點：

一、肯跑路——除生病或因時間關係外，絕不見他坐車。二、肯留心——在常人視為無足重輕的事，有時竟使他感到高亢的興趣來，正和獵犬般的在尋求野獸一樣，決不肯放鬆絲毫的，因此第二點，在常人視為極艱難的事，在張君是不成問題的了。

我拉雜寫了這些，杭州市指南究竟怎樣？諸君讀此，大概胸中已早有了成竹，用不着我再細述了。

周茂齋于西湖　二十二年十二月三十日

杭州市指南目錄

第一章　區域

第一節　沿革

沿革

禹貢揚州之域，春秋時屬吳，吳滅入越，越滅入楚，秦幷天下屬會稽郡，漢因之，至東漢順帝之後隸吳郡，三國時屬吳。吳大帝分餘杭置臨水縣，又分富春置新城縣，旣而廢。晉太康元年改臨水縣為臨安縣，時鹽官錢唐富陽隸吳郡。臨安餘杭於潛隸吳興郡，咸和中復置新城縣，宋齊梁因之，陳置錢唐郡。隋開皇九年，平陳廢郡。割吳興吳郡之地置杭州。初治餘杭，未幾轉治錢唐，後改餘杭郡。唐置杭州，又改餘杭郡，乾元元年復為杭州。五代時錢鏐建吳越國。宋仍改杭州餘杭郡，分治錢唐仁和二縣。建炎三年，升臨安府，統縣九，錢唐仁和餘杭臨安富陽於潛新城鹽官昌化，元改杭州路，明置杭州府，淸因之，為浙江省治。民國初年，廢府幷仁和錢唐二縣為杭縣，仍為浙江省治。十六年，國軍底定浙江以後，五月間改杭州市。古稱臨安之杭州，一名武林，又名虎林，區域較廣；今則劃城區及附郭為市區，鄉區仍稱杭縣。城垣甚廣，舊分內外二城。外城周三十五里有一千尺，開十門；內城舊為駐防旗人所居，民國興拆去其城闢為市場。地居錢唐江下流北岸，當運河終點，為全浙扼要地，我國政治文化藝術之中心。流風餘韻，一千百年未衰。內包吳山，西臨西湖，風景靈秀，世所艷稱，外人嘗以東方日內瓦湖目之。若再加以人工整理，壯麗觀瞻，改良交通，及遊覽設備，則不難吸引世界遊客，成為國際市。

杭州市政之創辦，發軔於辛亥革命以後。當時設有省會警察廳，及省會工程局，掌理公安警捐衛生及馬路工程等事項；並在城西舊旗營一帶，拆除城垣，建築馬路，開闢市場。市政方面，略具雛形。迨民國十六年，五月間杭州市政廳始行成立。嗣奉國府令改廳為府，分設財政工務公安教育公用衛生六局，掌理市財政工務公安教育公用衛生各項行政，並於府內設總務科，掌理文牘編輯會計庶務等事項；另設市參事會，為諮詢及代議機關。劃定杭州所屬之城區，與西湖全部。東南沿海塘，至錢塘江邊閘口一帶，西至天竺雲棲，北至筧橋湖墅及拱宸橋，為市區範圍。是年八月，因市財政困難，奉省令裁撤財政教育公用衛生四局，以公用事項改歸工務局兼管，衛生事項歸併公安局辦理。嗣於府內增設財政教育工商三科。十七年四月，財政科復擴充為局，同年七月，市組織法經國府公布以後，至九月遂奉令改組市政府，將總務科改為秘書處，工商科改為社會科，並將市參事會取消。十八年三月又增設土地衛生兩科，將公安局原有之衛生科裁撤。十九年四月，杭州市公安局改為浙江省會公安局，直隸省政府。同年五月，市組織法經國府重行公布以後，依照市組織法分區原則，將全市劃分為十三區。二十年一月，為厲行緊縮起見，裁撤土地衛生兩科，以土地事項劃歸財政局管轄，衛生事項併入秘書處辦理。同年九月，財政工務改局為科，並將衛生科恢復。現時市政府組織，計有秘書處，暨社會，財政，工務，教育，衛生五科。附屬機關有自來水廠，市立病院，市立殘廢院，及市立各教育機關。

第二節　浙江

浙江

古漸水，以其多曲折，故曰浙江。其曲折之形如之字，故又曰之江。有二源，北曰新安江，水清，南合婺港衢港為蘭溪，水濁。一清一濁，合流於建德縣城之東南而北流，始總稱浙江，水口如丁字。自此以下，過桐廬曰桐江，過富陽曰富春江，至蕭山合錢清江，東北流至杭縣城東南，則曰錢塘江。江之兩岸，有龕赭二山，南北對峙如門，幅廣五十里，曰鼈子門，舊日江水由此分三道入海，兩岸皆築堤捍海水，謂之海塘。潮汐因龕赭二山之鍵束，其來漂急惴悍，勢如萬馬奔騰。八月望日，午潮尤甚。故曲江八月觀潮，古來相傳以為勝跡。清乾隆時江勢北趨，由赭山北入海，龕赭間及龕山南二水道，已涸成田矣。

第三節　城闉

城闉

杭市襟山帶河，舊有城垣界域。南北廣，東西縮，有城門十。在東有候潮，望江，舊名新門，又名永昌門，俗稱草橋門；清泰，舊名東新門，俗稱荐橋門，又稱螺螄門；慶春，舊名東青門，俗稱菜市門，又稱太平門；艮山，俗稱壩子門；西有清波，湧金，舊名豐豫門；錢塘，此三門今已廢；南有鳳山，舊名正陽門，今已廢；北有武林，俗稱北關門，今已廢。自滬杭鐵路通後，更於望江清泰二門之旁，各啟一門通車入城。水門凡六，亦在鳳山候潮清泰艮山武林湧金各門之旁。恐以後市政發達，建設進展，舊有城垣，必需逐段拆廢。

第四節　分區

分區

杭州全市劃分為十三區，茲將各區界域，略述於下：

第一區　自鳳山門向東，沿舊城垣，經候潮望江，達清泰門一帶城垣以西；清泰門直街，經焦棋杆，薦橋大街，過新水漾橋，至三元坊折南以南；三元坊，保佑坊，太平坊，清河坊，出鼓樓，經水師前直街，察院前直街，太廟巷直街，倉直橋街，大學士牌樓，至鳳山門止以東一帶。

第二區 自鳳山門頭起，經大學士牌樓，倉橋直街，接骨橋直街，太廟巷直街，察院前直街，水師前直街；進鼓樓，清河坊，太平坊，保佑坊，羊壩頭以西；羊壩頭，三橋址，鬧市口直街，湧金門直街，至湧金門頭止以南；折向南城脚下，經南山路，至清波橋以東；再由清波門，沿舊城垣，至鳳山門以北一帶。

第三區 自清泰門至慶春門一段舊城垣以西；慶春門直街，菜市橋直街，忠清大街，聯橋大街，和合橋街以南；折向衆安橋，弼教坊，里仁坊，官巷口，壽安坊，三元坊以東，新水漾橋，荐橋街，焦棋干，清泰門直街以北一帶。

第四區 三元坊，官巷口，里仁坊，弼教坊，衆安橋以西；折向衆安橋河下，法院路，性存路，過小車橋，大車橋，教場路，至聖塘橋東河下以南；沿湖濱公園，經公衆運動場，澄廬，至湧金橋以東；再由湧金門外，經湧金門直街，鬧市口直街，三橋址，至羊壩頭巷以北一帶。

第五區 自慶春門沿舊城垣向北至艮山門以西；再由艮山門沿舊城垣，至水星閣以南，經田家橋，梅東高橋，烏龜尾橋，大營前，大東門直街，福聖菴巷，忠清巷以東；菜市橋直街，忠清大街，慶春門直街以北一帶。

第六區 忠清巷，福聖菴巷，大東門直街，大營前，由梅東高橋折北過田家橋，至水星閣後以西，沿舊城垣至武林門一段以南；由舊武林門沿砲台灣一帶河，至聖塘橋東河下以東；教場路，大車橋，小車橋，性存路，法院路，衆安橋河下，和合橋街，聯橋大街，忠清大街以北一帶。

第七區 包括西湖全部，南自鳳山門外萬松嶺，鳳凰山，將台山，玉皇山，丁婆嶺，虎跑寺，貴人峯，螺螫峯以北，與第八區為界；西至五雲山，獅子峯，白雲峯，石頭山，美人峯，北高峯，扇子山，炮台山，秦亭山，老和山，古蕩橋，與杭縣上泗區欽履區為界；北沿餘杭塘，東自觀音橋沿拱三段汽車路，經砲台灣，聖塘路，湖濱路，西山路，至清波門。湖山奇勝，均在此區。

第八區 鳳山門候潮門以南，沿江干至閘口。背山面江，京滬滬杭甬鐵路之終點，杭江鐵路之起點，兩浙交通之中樞，省會之咽喉也。

第九區 望江門清泰門慶春門以東，沿捍海塘至已字號一帶沙地，南沿錢塘江邊至三郎廟附近一帶。

第十區 慶春門艮山門外彭家埠，皐塘一帶，接杭縣喬司區皐亭區，東憑捍海塘，西連第十二區。

第十一區 為筧橋鎮，有滬杭甬鐵路，及杭平長途汽車路通過。東接杭縣喬司區，北連杭縣皐亭區，南毗第十區，中央航空學校設在此，並築有飛機場。

第十二區 為湖墅一帶，在武林門外北部，北接杭縣西鎮區及皋亭區，東連第十區，西毗第十三區第七區，滬杭甬鐵路，杭拱支綫經過。

第十三區 為拱宸橋一帶，又可稱拱埠，西界杭縣調露區，北接杭縣西鎮區，東及南毗第十區，有滬杭甬鐵路支綫終點，拱三汽車路起點，構通冀魯江浙四省之運河亦由此起點。清光緒二十一年，中日馬關條約訂定開作商埠，有杭州關，及日租界。今因商業未見起色，租界無形由吾國自管。

第五節　杭市分區計劃

分區意義，近世市政學者，莫不舉分區計劃為興辦市政之首要。誠以國外各大都市，當其建設之初，向採放任主義，無所謂分區。馴至今日，棧房工廠，學校住宅，凌亂雜處，毫無秩序，而事實既成，變更非易。市民深感精神上之痛苦，復蒙物質上之損失，因而發生交通，衛生，治安，經濟，居住，以及社會，思想，風紀種種問題，俱難得根本之解決，於是分區制度，應運而生。其內容，係將全市面積，按其使用之性質，劃為若干區，另行規定條律。對於市內建築，加以地域限制，使市民分區居住，秩序井然。

而上述各種問題，乃得整個或一部份之解决焉。

當前急務

我杭市經歷年建設，各項設施，略見端緒；但以國步艱難，民生枯竭，工業未見十分發達。人口總數，尚不過鉅。世界大都市現所感受之痛苦，似尚未深切感到。雖然，依人口增加率觀之，最近二十五年來已增至一倍。且東方大港，目下正在進行，一俟將來完成後，其影響於本市之發展者，自可斷言。又省市當局努力於建設之結果，省境以內及與鄰接省市間之交通，日見便利，而泰半集中於我杭市，故其最初目的，雖非專在繁榮杭市，而杭市將因之更臻於繁榮，似無可疑。一俟經濟困厄稍見復蘇，勢必工業勃興，人口增加更速，則為奉行總理之遺訓，即速制定分區規律，劃定各種區域，切實執行，以免重蹈國外各都市之覆轍，當為關心杭市建設諸君子之所樂許耳。

本市計劃

本市於行政上已分為十三區，但性質上，務求與最新市計劃原理，不相背馳。一面仍能切近事實，以期施行時不致有重大阻礙之發生；第與計劃有關事項之調查統計，除實地勘察外，所得往往有欠完備與精確，因與將來發展趨勢之推斷，未敢自信十分可靠。為審慎起見，仍擬從事此類圖表之調製，再與另草之分區規劃，陳供市政專家，地方碩彥，暨有關各機關之研究指正，以求完善，而免抵觸。庶幾百年大計，於以樹立。嗣後衡量財力，循序建設，則三民主義下之大杭州，不難實現。市民安居樂業，熙熙攘攘，誠天堂不啻矣！

計劃說明

都市分區，第一步須假定都市之中心。惟所謂市中心，乃指交通集中點而言，幷非指都市地域之中心也。

市中心區

本市城北一帶，艮山門為滬杭江墅兩鐵路之交，武林門乃公路總車站所在地，而地面空曠，無名勝古蹟及已成之大建築物存在其間，為從容布置之障礙，尤宜擇定為市中心區。市中心區地點既定，乃可進而為其他各種區域之劃定，如下所述：

一、政治區

依通例設在市中心區之核心。區內地勢平曠，便於擴展。且如大營盤，火藥局等，俱屬官產，幷有水星閣等大量廟產，故政治區域設在該處，較其他地點，可免收用民產不少。

二、商業區

商業區域形成之唯一主要條件，厥維交通便利，故車站輪埠之附近，往往卽為商業滙萃之處。茲擬劃市中心區內政治區域之四周，為未來之大商業區。而拱宸橋處運河鐵路之交，工廠林立之中，商業上地理之要素已備；及江干三郎廟一帶，現在商務已具規模，將來曲江不足為車輛來往之梗，海輪或能直駛抵埠，則發達更無限量，兩處均擬劃為商業區域。又中由路緯三路之交叉口，當為區域內之商業中心，而現在各主要街路之兩旁，均已商舖櫛比，貿易鼎盛，擬仍其舊，而名之曰商業區域。即住宅區內幹路之旁，亦擬准許建造二層以下之市房，開設專售日用物品之商店，取其不甚喧囂，兼阻車聲之傳佈也。此外筧橋、七堡、五堡、五米山橋、堯典橋、新塘、二堡、清泰門外各處，均有成為商業區域之可能；第當有待於自然之發展，再為區界之劃定耳。

三、工業區

工業區需取運輸便捷，地價低廉，兼處於頻數風向之下方之地域為宜。又西子湖畔，遊侶如雲，實不應工廠設在附近，致滿目烟突林立，墨煙繚繞，令遊客生不快之感。此則本市特有之點。似亦應予顧到。茲所規劃之工業區域計有：

1. 湖墅區內拱宸橋四周一帶。因該處水陸交通運輸均便，離湖頗遠，且欲求大量空地，未見困難，故擬劃為工業區。
2. 二涼亭至擬定飛機站沿江一帶，該處現擬劃為商港區。惟所謂商港區者，除備輪船椗泊及起卸貨物之港塢外，與工業區之性質相同，應准人民建造性質相當之工廠。再如東方大港不久完成，而錢塘江口濬深工程過鉅，暫從緩辦，則航洋船一時既不直達，船塢祗供江輪之用，面積毋須如所計劃之廣大，猶可從事縮小；而將劃出面積，作為工業區之用。至將來再需建造海輪港塢。其地位亦可向飛機站迤東之處發展也。

3. 製造火藥、假象牙、鹽素酸、火油、動物質原料、化裝品，及其他有引火性、發火性之物品，或有臭有毒之工廠，擬指定祇准在筧橋至七堡直出幹路東首塘外地區內建築之。油池及上述各種貨品之堆棧，則准建設在該幹路西首附近之地，暫不劃出固定區域，以期顧全業主之產權利益。

4. 住宅區，除上述各區及西湖風景區域以外之地，擬悉劃為住宅區。城廂一帶，除住宅區外，另有准許設立小工廠之混合區一種。茲擬廢去混合區之名，而於分區規劃中，列舉普通住宅區所准開設立小工商業之類別，以資限制。又自楊家廟堯典橋，新塘以東及古蕩東北之地，實際均為未決定區，該區內之普通建築，暫依住宅區之限件。其他各種用途之建築物，如經市政府查勘認可，亦得建造，庶幾聽其自然發展中，仍加監督，以免妨礙多數人之安甯與衛生。此外於風景區域內，另加風景區住宅區及新村區之劃定，風景區說明。

5. 風景區。西湖風景區域，為目下杭市命脈所繫，是以規劃務求遠大，限制亦應從嚴。茲擬規定北至西溪，東至砲台灣，湖濱路，南山路，緯四路，江墅路，商業地帶背面及饅頭山麓之林蔭道路；南至江干工業區北面及錢塘江邊；西至市界，悉屬該區範圍以內。另劃松木場南首，裏西湖及南山路一帶，為風景住宅區，即別墅區。淨心亭，白樂橋，岳坟，茅家埠，于墳，八卦田，六和塔等地勢平坦，交通便利之處，為新村區。各准建造住宅及開設分區規則內列舉之合作社與小規模商店。工業建築，則除公益上不可少者，如電氣變壓所等外，無論何種，概在禁止之列。至在上述二種，特定區域以外之地，惟不連屬之房屋，其性質為臨時者，得市政府之特許，始准營建。

第六節　未來之杭州

未來之杭州

杭州地濱東海，南有錢塘江，橫貫浙西，北有運河，直通北平，交通便利，民殷物阜，兼以西湖名勝，甲於全國，所謂六橋三竺，山水之秀，盡人皆知。昔金主亮使人竊繪臨安山水，而題句其上，有「立馬吳山第一峯」之語，可見西湖名勝，在中國歷史上，早已占有相當地位。近自歐風東漸，五口通商以後，交通日便，風氣漸開，中外人之來者日衆，杭州之地位更蒸蒸而日上。離杭州之東一百餘公里，戶浦與澉浦之間，即為先總理所定之東方大港。將來該港建築完成，其商業上發展之所及，將與杭州聯絡成為一大市場。如是杭州之地位。不特超過上海，即紐約倫敦，亦不能專美於前矣。今將杭州地位歷來之變遷，及今後之發展，分述於后：

1. 幽禁時期

杭州地位歷來之變遷，在歷史上可分為三期：

第一期為幽禁時期。滿清以前，杭州地位為中國舊式處女，幽禁家內，國人祇知杭州之美，而不知杭州之所以美。所謂「上有天堂，下有蘇杭」，人不知杭州之美與不知天堂之美，固如此一轍也。即偶有到者亦不過酒後飯餘，借作談助而已，且非獨他省人為然，即本省人士，近在咫尺。詢以「上有天堂，下有蘇杭」二語之來由，亦復瞠目不知所對。蓋因當時風氣未開，交通不便，人民素少往還，以致大好湖山，沒沒無聞，故名之曰幽禁時期。

2. 風景時期

第二時期為風景時期。民國以來，舊旗營闢為新市場，開放孤山公園，新築湖濱公園，西湖景象，煥然一新；加以交通進步之速，上海商埠發展之快，西湖風景之美，方得公之於世，而西子之名，遂轟動於世界焉。杭州人士，至是亦稍知家珍之可貴，逐漸整理，以資號召。

故今日之西湖，已非滿清時代可比，不但居民日增，遊人蟻集，即歐美各國人士，慕名而來者，亦不可勝計。然在此期內，杭州之發展，除西湖之自然風景外，固毫無足述者，故名之曰風景時期。

3. 大杭州時期

第三時期即為大杭州時期，自先總理建國方略定東方大港於乍浦澉浦之間，杭州地位將來之重要，已為一般世人所注意當初在普通人之目光，以為杭州究非通商碼頭，所賴以號召者，不過西湖風景而已。專賴遊客振興市場，其力量殊屬有限，故其今日之繁盛，已可稱為極盛時代，更無發展之餘地。當民國元二年，湖濱旗下營標賣時，每畝千元，尚無人顧問，可想見矣。殊不知此種觀念，錯誤殊甚。今後之杭州，不特為交通要道，軍事重鎮，及工商業會集之地，且將為東方第一大市場，超過今日東方之上海，而與紐約倫敦比美。今日之繁盛，正如嬰孩才呱呱墮地耳。此種言論，聞者必謂為誇大欺人之談，今試詳述理由於下，當知言之不謬。

4. 水陸空交通

凡欲求一地之發展，必須完備交通，此盡人皆知，無贅言。杭州地居錢江下流，東北有滬杭鐵路，直達上海；東南則杭甬鐵路，通達甯波；西有杭江鐵路，上通江西；西南則有錢塘江，橫貫浙西。公路則有滬杭，京杭，杭餘，杭富，杭紹等路，此現有之交通情形也。近浙江建設廳計劃之公路網，擬由杭州通行全省，幷及江蘇安徽江西及福建等省，現已着手建築，一旦告成，則杭州交通地位之重要，可想而知。至於航空，則杭州西湖之天然水面飛機場，筧橋已有陸地飛機場及航空學校，是將來浙江之航空事業及空軍之力量，因交通關係，均將以杭州為中心。至於海口，則總理所定之東方大港，相距密邇。將來商埠發達，聯絡成為一埠，則所有東方之工商業，均將集中於杭州；更疏浚運河，使水運可直達鎮江，完成杭蕪鐵路，使陸運直達蕪湖，則杭州與揚子江水陸均通，將來所有揚子江流域各省內地之貨物，均將由杭州以達歐美各國。在此時期之杭州，外有東方大港，以通歐美；內有海陸空之交通，其成為軍事重鎮，工商業集中之地，必為當然之事實，豈獨區區以西湖風景號召遊客而已哉，故名之為大杭州時期。

5. 毋忽視風景

然杭州向以風景聞於世，且風景對於地方，關係極大。如歐洲瑞士羅馬等地，全年收入，大部賴於風景。故今後杭州市政計劃，仍當以風景為前提，勿使秀麗湖山，淪為俗地。現杭州市政府對於市區分區及交通計劃，均有詳細計劃。將來如能一一建築成就，以目下土地之廉，自必有大好發展。一面整理西湖，嚴禁營葬，免大好湖山，成為鬼域。沿湖除種桃李外，並徧植楓竹，以增夏秋之景。闢吳山孤山全部為公園，疏浚通湖河流，以通遊船。兩旁均建公園，以與秦淮媲美。修築避暑處於天目山及莫干山，建造海濱游泳池於乍浦，如是則遊人可日遊於湖，晚俗於海，而夜宿於山，便利孰甚焉。如是遊者必益衆，成為東方之第二瑞士，而一面因東方大港已成之故，工商業之發展，一日千里，其必成為東方第一大市場，而超過今日之上海者，固可操券而預卜也。

第二章　交通

第一節　交通計劃

交通計劃應與界外交通及界內分區計劃和適應，並需在可能範圍以內，盡量利用已有之設備。查杭州市陸上交通，現有滬杭鐵路自市界東北隅入境，經筧橋至艮山門，循城過南星橋而抵閘口；又支綫自艮山門至拱宸橋止。京杭，滬杭，杭餘，杭富，杭徽等各公路，則均以武林門之全省公路總車站為出發或總迄點。又拱三段自拱宸橋至三郎廟止，自三郎廟即蕭山縣屬之西興鎮，杭江鐵路及蕭紹公路，均由此發軔。至市有新式街路，可以通行汽車者計程五五・〇公里；水道則北有運河，南有錢塘江，其他次要河流，亦大都可以通行船隻；飛行設備，則筧橋航空學校，已有飛機場，滬杭遊飛機，即由此升降。茲將所擬杭市交通計劃，分別陸地、水上、空中三部說明如下：

甲、陸地交通

A. 鐵路

滬杭鐵路，已有路綫，大體維持原狀，但將清泰門望江門間一段路軌，仍行拆出城外。江墅綫（閘口艮山門間一段幹綫及艮山門至拱宸橋間支綫之總稱），仍行維持原狀，惟自湖墅區之萬年橋至筧橋相近之小馮家橋間，擬築一綫，俾工業區內貨物之輸向上海一帶者，得最便捷之經路；又自筧橋向南過五米山橋經二堡走塘外至南星橋已接路軌，亦擬添築一綫，以減輕江墅線之運輸負擔，兼便江干工業區及商港區內之貨物輸送。艮山門站在市中心區域之內，擬擴展為客運總站，筧橋站則改設貨運總站，取其扼幹支各線之總匯，車輛調度便利。又距城廂西湖一帶較遠，現有之住宅區，不致為轆轆車聲，擾攘不甯也。

又擬將路軌自拱宸橋西展至楊家橋折南過留下鎮外桐塢，轉東經范村徐村至六和塔接現有軌道，俾成一鐵路環，則市內運輸更見暢利，而將來經行杭市之鐵路，如杭蕪綫等，均可切接於該環之任何適宜一點也。錢塘江橋基址，依鐵路局計劃，係在閘口西首，惟從市區交通便利及商務發展之立足點觀察，則在二涼亭渡江，似較優勝。橋面並宜略寬，除舖設鐵路軌道外，應兼有汽車路及人行路之設備。

B. 省公路與市有幹路

茲將計劃中路線較長之各幹路列舉于左：

中山北路及中山南路　中山北路自政治區北界正中，過東勝關，達皋亭壩，南路自梅東高橋，沿中河至鳳山門，利用江墅路之一段，至三郎廟，與沿江幹路聯絡。

皋亭壩　（小蔡賢壩幹路）自皋亭壩沿河至小蔡賢壩，入杭縣境通臨平。

環城路　（環城東路）自艮山門客運總站就城墻

基地至清泰門，利用拆去之鐵路路基，過望江門，仍入城基至候潮門。（南路）自候潮門走興家兒巷至鳳山門南，利用拱三段省公路之一段，卽萬松嶺至江蘇會館門前。（西路）自江蘇會館門前，利用南山路及湖濱路至錢塘門，經教場路入城墻基而達武林門公路總車站。（北路）自公路總車站就城墻基至艮山門客運總站。

艮山門——筧橋幹路 自艮山門客運總站沿鐵路至筧橋貨運總站，經吉慶橋入杭縣境通臨平，又自筧橋至宣家埠，利用公路至邊界，通杭縣之喬司。

湖濱——九堡幹路 自湖濱路迎紫路口起，利用迎紫新民兩已成路，出城至一堡，入杭海公路，而達市邊界之九堡，通海甯及上海。

武林門——杜子橋幹路 自武林門總車站經左家橋沿運河經湖墅，大關，拱宸橋，而達市邊界之杜子橋，由此入杭縣境通塘棲，又自大關過康家橋接省公路通長興及南京。

武林門——古蕩幹路 自武林門總車站至松木場，利用杭餘公路至市邊界之古蕩通餘杭及昌化。

環湖路 （環湖北路）自錢塘門築堤至石塔兒頭，利用白公路之一段及北山路至博覽會橋，沿湖過西冷橋垸岳墳前至金沙港。（環湖西路）自金沙港沿湖循丁家山山脚，過景行橋，至濬源橋南，與南山路相交。（環湖南路）自濬源路南起，利用南山路之一段，至淨慈寺前，折北沿夕照山脚過汪莊築橋渡港，至學士港，南接現成之南山路。（環城東路）自學士港南起，沿湖至湧金門，北接環城西路。

夕照山——徐村幹路　自萬松嶺江蘇會館門前起至長橋，利用淨慈寺前南山路之一段及杭富公路，至市邊界之徐村，以達富陽。

武林門——艮山門幹路　自武林門總車站，沿貼沙河北岸至艮山客運總站。

以上十綫，均係一等路，計寬念四公尺。

緯一路　自環城西路銅元路口起，利用銅元路等舊街路，至慶春門北與環城東路相接。

緯二路　自環湖東路學士港北起，進城利用西河坊路及東河坊路之一段出城至打靶場接沿江幹路。

鳳山門——六和塔幹路　自鳳山門起，沿饅頭山烏龜山脚達六和塔，與夕照山——徐村幹路銜接。

沿江幹路　暫自七堡塘外起，沿江經二凉亭三郎廟，達六和塔接夕照山——徐村幹路。

金沙港——白樂橋幹路　自金沙港環湖西路起，中間利用而靈路之一段，至白樂橋與武林門——靈隱幹路相銜接。

武林門——靈隱幹路　自武林門總車站起松木場南淨心亭至白樂橋，利用靈隱路之一段而達靈隱。

左家橋——金沙港幹路　自湖墅左家橋起經湖平橋淨心亭達金沙港與環湖路相接。

以上十一至十七線均係二等路計寬二〇・〇公尺。

市中心——佑聖觀路幹路　自市中心政治區，東北角起，循佑聖觀巷，梅花碑，而達緯四路。

東勝關——上河路幹路　自中山北路東勝關起，經艮山門入城，利用已成之東街路至薦橋路，經填起上河所築之兩等路而達緯四路。

艮山門——候潮門幹路　自艮山門客運總站起，利用已成省公路，沿貼沙河河東至清泰門附近，緊傍未來鐵路軌而達候潮門之未來鐵路車站。

艮山門——觀音堂幹路　自艮山門——筧橋幹路之起點附近起，經嚴家弄一堡觀音堂而達沿江幹路線。

觀音橋——二堡幹路　自拱三段公路之觀音橋起，經湖墅至堯典橋，再經財神堂，新塘，二堡，至未來之飛機場。

三德橋——五堡幹路　自拱宸橋北首之三德橋起，經皋亭壩，楊家廟，太平橋，雙涼亭，至五米山橋，越鐵路達五堡，直出至塘外接沿江幹道。

杜子橋——嚴家橋幹路　自市界西北角之杜子橋起，沿河至嚴家橋，出境與皋亭壩——小蔡賢壩幹路之延展線相接。

施行橋——筧橋幹路　自市北界之施行橋起，向南至許家橋，經行杭縣境至長行村橋，過錢家橋達筧橋貨運總站。

筧橋——三堡幹路　自筧橋貨運總站起與鐵路並行，經白石鎮，五米山橋東，至三堡，延出達未來之飛機站。

筧橋——七堡幹路　自筧橋貨運總站起，經梁家埠達七堡，直出塘外，與沿江幹路相銜接。

二圍塘幹路　自市邊界外筧橋——宣家埠幹路之延展線起，白南走二圍塘至九堡接滬杭省公路。

堯典橋長行村橋幹路　自堯典橋經楊家廟至長行

村橋，入杭縣境接皋亭壩——小蔡賢壩幹路之延長線。

艮山門——矮菩薩幹路　自艮山門客運總站起利用矮菩薩之一段接觀音橋——二堡幹路。

草塘——七堡幹路　自艮山門——觀音堂幹路之草塘西起，沿未來飛機場東首至觀音橋——二堡幹路循小路達五米山橋，直出接七堡省公路。

接塘頭——陳家道埭幹路　自環城東路緯一路口經接塘頭，新塘，至五米山橋，越鐵路過潮冲潭至陳家道埭，接二圍塘幹路。

望江門——二堡幹路　自望江門北艮山門——候潮門幹路與緯四路交點起，經觀音堂，祝家園，達二堡，接觀音橋——二堡幹路。

松木場——陳衙營幹路　自松木場南起經興福寺巷至梅東高橋，利用已成之大營盤及大倉前路，自陳衙營與環城東路相接。

緯二路　自錢塘門起利用已成之錢塘路性存路衆安橋河下及慶春路，出慶春門接艮山門——候潮門幹路。

湧金橋——觀音堂幹路　自環湖西東路湧金橋起，利用已成之開元路薦橋路至清泰門，利用省公路之一段，直出達觀音堂。

市中心——鳳山門幹路　自市中心政治區之西北角起，沿政治區西界至天漢洲橋，經已成之江墅路達鳳山門接環城南路。

皋亭壩——運司河下路　自皋亭壩起經姚家壩至沈塘灣，向南過日暉壩，進城至緯二路利用已成之延齡一等路，經鬧市口折入運司河下接緯四路。

西大街路　自武林門總車站起，利用已成之西大街路達緯二路，直下至長生路口接環城西路。

白公路　自環湖北路之斷橋堍起經白堤沿孤山至西泠橋，仍接環湖北路。

蘇公路　自環湖北路之跨虹橋堍起，經蘇堤接環湖南路。

拱宸橋——武林門幹路　自武林門——杜子橋幹路之拱宸橋堍起，向西東折南利用拱三公路之一段，達武林門總車站。

七家橋——觀音橋幹路　自拱宸橋商業區東界過七家橋，沿河至湖墅折西而達觀音橋。

永安橋——艮山門幹路　自市北界之永安橋東首起經七古登萬年橋，萬安橋，至內河輪船客運碼頭，向東南行轉東，沿政治區北界，直達艮山門客運總站。

拱宸橋　楊家廟幹路，自拱三公路拱宸橋西南之小橋起，沿鐵路過七家橋，姚家壩，至楊家廟東南，與三德橋，五堡幹路相接。

淨心亭——慶隆橋幹路　自淨心亭起，向北經古蕩灣，達市邊界之慶隆橋，入杭縣境接京杭公路。

以上十八至四十六線均係三等路，計寬一六·〇公尺，此外幹路之路線，較短者不備列。

乙、水上交通

現由上江入市之水運客貨，概在三郎廟閘口間登陸，但此地狹仄，不敷展布；且將來東方大港落成後，貨物轉運必更形繁多，故現擬在二涼亭，至未來飛機站之商港區內，建設船塢，供江輪起卸，及錢塘江口濬深以後，海輪直駛抵埠時碇泊之用。

運河為腹地運輸要道，現在行駛該河之內河小輪，均在拱宸橋南傍岸，擬仍其舊，作為貨運碼頭。再將拱宸橋左家橋間一段河身，疏濬整理，于日暉壩設立客運碼頭，使輪舟直駛市中心區，則客運自將更見便利。

丙、空中交通

近來吾國航空事業，進展頗速，抑在國難期中所得之教訓，則飛機不特為交通上之利器，亦為抵抗侵略不可少之工具。是飛機站之基址，不能不於相當地點及早劃定，以免將來地價增漲，建築物加多以後，再行圈劃，則公私交困矣。茲擬劃

1. 二堡外半徑七百公尺之地為水陸飛機場，該場兼可作為飛機總站之用，雖地勢低窪，然可築堤防水，而在堤上造路，以通市內各處。
2. 矮菩薩附近寬七百公尺長一千三百公尺之地，為陸上飛機場，該處都接市中心區，交通既便，且有政治上之價值。
3. 筧橋現成之飛機場，已有相當設備，自宜保存。且薦橋亦為交通集中點之一，將來發達為工商業區，實意中事，機場設立，更形需要。並需特定場之四周三百五十尺以內之建築物高度限制，不得超過五十尺，以利升降。

第二節　市內交通

甲、省辦公共汽車

A. 各路路線

省辦公共汽車，行駛市內者，已有六路，均在車上買票，價目低廉，班次頗多，茲將各路所經路徑，分述於下：

第一路——拱宸橋至三郎廟　經過小河，觀音橋，三官弄，武林門直街，西大街，錢塘路，湖濱路；折東過迎紫路，至官巷口轉南，經三元坊，洋壩頭，保佑坊，太平坊，清河坊，穿鼓樓，經水師前直街，察院前直街，太廟巷直街，接骨橋直街，倉橋直街，大學士牌樓，出鳳山門，經鳳山門外直街，過南星橋，至三郎廟浙江第一碼頭前為終點。中間共有：小河，觀音橋，三官弄，武林門，西大街，湖濱，官巷口，保佑坊，鼓樓，鳳山門等十站，並在製種場，錢塘門，倉橋，得臨時停車。

第二路——拱宸橋至湖濱　經過小河，觀音橋，三官弄，武林門直街，西大街，錢塘路，湖濱路，轉至迎紫路口，公路汽車分站前為終點。中間分小河，觀音橋，三官弄，武林門，西大街等五站。並在製種場，錢塘門，得臨時停車。

第三路——武林門至三郎廟　自武林門公路汽車總站為起點，向東過洗馬橋，經北倉橋河下，健康路體育場路，大倉前，過寶善橋後折南，沿東街路，至慶春門直街相交十字路口轉西，過菜市橋，經菜市橋大街，忠清大街，聯橋大街，和合橋大街，過和合橋折南，經衆安橋，弼教坊，里仁坊，官巷口，壽安坊，三元坊，洋壩頭，保佑坊，太平坊，清河坊，穿鼓樓，經水師前直街，察院前直街，太廟巷直街，接骨橋直街，倉橋直街，大學士牌樓，出鳳山門，經鳳山門外直街，過南星橋，至三郎廟浙江第一碼頭前為終點。中間共有：胭脂橋，新橋弄，十字路口，衆安橋，官巷口，保佑坊，鼓樓，鳳山門等八站，並在體育場，寶善橋，六克巷，倉橋，得臨時停車。

第四路——湖濱至六和塔　此路利用杭富線公路，自湖濱分站向南駛，經湖濱路，湧金路，南城脚下，南山路，過清波橋，至長橋折西，經淨慈寺前，赤山埠，四眼井，虎跑，越嶺經金童橋，至六和塔下江邊，中間共有：湧金門，清波門，淨慈寺，赤山埠，四眼井，虎跑，金童橋等七站。並在長橋，小天竺，得臨時停車。

第五路——湖濱至筧橋　自湖濱分站向東經迎紫路，新民路，至葵巷口，折南經東街路之一段，至板兒巷口交叉處轉東，經清泰門直街，出清泰門向北，過慶春門，經河土) 罕，下菩薩，弄口，至筧橋為終點。中間共有官巷口，葵巷口，清泰路，慶春門，河垺，下菩薩，弄口等七站。

第六路——湖濱至留下　自湖濱分站沿湖濱路，經錢塘門，聖塘路，昭慶寺前，石塔兒頭，蓮花涼亭、松木場，依杭餘路綫，經財神殿，古蕩，砲台新橋，新涼亭，東嶽，龍駒塢，花塢路口，楊家牌樓，至留下鎮，中間共有昭慶寺，松木場，財神殿，古蕩，砲台新橋，新涼亭，東嶽，龍駒塢，花塢路口，楊家牌樓等十站。此路綫為杭昌路一帶旅客，逕赴新市場最便之路，凡昌化於潛臨安餘杭等處旅客，欲直到市內湖濱者，可購票至留下，轉乘此路，可免赴武林門總車站之煩也。

B. 各路價目表

市區第一路公共汽車價目表

	拱宸橋	小河	觀音橋	三官弄	武林門	西大街	湖濱	官巷口	保佑坊	鼓樓	鳳山門
小　河	.03										
觀音橋	.06	.03									
三官弄	.09	.06	.03								
武林門	.12	.09	.06	.03							
西大街	.15	.12	.09	.06	.03						
湖　濱	.18	.15	.12	.09	.06	.03					
官巷口	.21	.18	.15	.12	.09	.06	.03				
保佑坊	.24	.21	.18	.15	.12	.09	.06	.03			
鼓　樓	.27	.24	.21	.18	.15	.12	.09	.06	.03		
鳳山門	.30	.27	.24	.21	.18	.15	.12	.09	.06	.03	
三郎廟	.33	.30	.27	.24	.21	.18	.15	.12	.09	.06	.03

市區第二路公共汽車價目表

	拱宸橋	小河	觀音橋	三官弄	武林門	西大街
小　河	.03					
觀音橋	.06	.03				
三官弄	.09	.06	.03			
武林門	.12	.09	.06	.03		
西大街	.15	.12	.09	.06	.03	
湖　濱	.18	.15	.12	.09	.06	.03

市區第三路公共汽車價目表

	武林門	胭脂橋	新橋弄	十字路口	衆安橋	官巷口	保佑坊	鼓樓	鳳山門
胭脂橋	.03								
新橋弄	.06	.03							
十字路口	.06	.06	.03						
衆安橋	.09	.09	.06	.03					
官巷口	.12	.12	.09	.06	.03				
保佑坊	.15	.15	.12	.09	.06	.03			
鼓　樓	.18	.18	.15	.12	.09	.06	.03		
鳳山門	.21	.21	.18	.15	.12	.09	.06	.03	
三郎廟	.24	.24	.21	.18	.15	.12	.09	.06	.03

市區第四路公共汽車價目表

	湖濱	湧金門	清波門	淨慈寺	赤山埠	四眼井	虎跑	金童橋
湧金門	.03							
清波門	.06	.03						
淨慈寺	.09	.06	.03					
赤山埠	.12	.09	.06	.03				
四眼井	.15	.12	.09	.06	.03			
虎　跑	.18	.15	.12	.09	.06	.03		
金童橋	.21	.18	.15	.12	.09	.06	.03	
六和塔	.24	.21	.18	.15	.12	.09	.06	.03

市區第五路共汽車價目表

	湖濱	官巷口	葵巷口	清泰路	慶春門	河墿	下菩薩	衖口	筧橋
官巷口	.03								
葵巷口	.06	.03							
清泰路	.09	.06	.03						
慶春門	.12	.09	.06	.03					
河　墿	.15	.12	.09	.06	.03				
下菩薩	.18	.15	.12	.09	.06	.03			
衖　口	.21	.18	.15	.12	.09	.06	.03		
筧　橋	.24	.21	.18	.15	.12	.09	.06	.03	

市區第六路公共汽車價目表

	湖濱	昭慶寺	松木場	財神殿	古蕩	砲台新橋	新涼亭	東嶽	龍駒塢	花塢路口	楊家牌樓	留下
昭慶寺	.03											
松木場	.06	.03										
財神殿	.12	.09	.06									
古　蕩	.15	.12	.09	.03								
砲台新橋	.18	.15	.12	.06	.03							
新涼亭	.21	.18	.15	.09	.06	.03						
東　嶽	.24	.21	.18	.12	.09	.06	.03					
龍駒塢	.27	.24	.21	.15	.12	.09	.06	.03				
花塢路口	.30	.27	.24	.18	.15	.12	.09	.06	.03			
楊家牌樓	.33	.30	.27	.21	.18	.15	.12	.09	.06	.03		
留　下	.36	.33	.30	.24	.21	.18	.15	.12	.09	.06	.03	

乙、商辦公共汽車

A. 路線

商辦公共汽車行駛市內者，祗有永華公司一家。但祗在西湖區內行駛，專供遊覽，路線尚不普通。初時以湖濱為起為，靈隱為終點。最近已延長至迎紫路為起點，經湖濱路，聖塘路，過斷橋，白堤，錦帶橋，平湖秋月，公園前，沿湖過西冷橋，岳墳前，玉泉山門，洪春橋，石蓮亭，直至靈隱，全綫共分：迎紫路，湖濱，昭慶寺，公園，岳墳，玉泉山門，洪春橋，石蓮亭，靈隱九站。車上買票，價以小洋計算。且湖濱靈隱間有來回票，價稍廉。上午第一次車起至下午末班車止，均生効力。每站均可自由上落，遊覽附近名勝。欲至孤山放鶴亭，在平湖秋月可以停車，順道經西湖博覽會大木橋，是裏西湖，又在西冷橋，亦得臨時停車。

該公司又開大禮堂電影專車，自湖濱直達大禮堂，行裏西湖馬路。中間無分站停車，專售來回票，價洋一角二分。開車時刻，依照每班電影開映時刻，提早一小時。

B. 各站價目表

永華公共汽車價目表

	迎紫路	湖濱	昭慶寺	公園	岳坟	玉泉	洪春橋	石蓮亭	靈隱
湖　濱	.04								
昭慶寺	.08	.04							
公　園	.12	.08	.04						
岳　坟	.16	.12	.08	.04					
玉泉山門	.20	.16	.12	.08	.04				
洪春橋	.24	.20	.16	.12	.08	.04			
石蓮亭	.28	.24	.20	.16	.12	.08	.04		
靈　隱	.32	.28	.24	.20	.16	.12	.08	.04	

C. 乘客須知

一　乘客上車須即購票所購車票須即查閱如有錯誤立刻更換過後概不承認。

一　無票不得乘車。

一　每票准用一人不得越站或中途分程。

一　乘客須將車票保管達到下車之站將車票交給收票人。

一　車行動時切勿上下並不得探身車外以免危險如有發生意外與公司無涉。

一　車未到站不得停車下車。

一　上車下車時務須依次而行切勿爭先競走。

一　遇查驗車票須即交驗不得留難。

一　無票及廢票乘車一經查明概作該車起點站上車價目加倍補票。

一　越站下車照越過之站票價加倍補費。

一　票價折合大洋或銅元悉照市情銅元數以下四捨五取。

一　孩童乘車四歲以下在懷抱者免費但不得佔有座位惟一客攜帶孩童二人以上時除一人免費外其餘均照章收價。

一　乘客除手荷物外不得携帶笨重物件及危險品違禁物並有妨礙衛生之腥臭物品。

一　乘客攜帶物件應自行保管如有遺失公司不負責任但發見拾遺隨時在湖濱站宣示招領。

一　車行動時不得與司機人談話。

一　車內不得吸煙吐痰並不得將食物皮壳放置。

一　車上設備機件及器具不得移動如有毀損等情當照數賠償。

一　左列人士不得乘車。

甲　衣服污穢狼藉者。

乙　裸體者。

丙　病在垂危者。

丁　孩童在五歲以內或龍鐘老人無人伴領者。

戊　酗酒或狀似有精神病者。

己　身患惡疾者。

丙、營業汽車

A. 營業汽車行

杭州汽車營業，近四五年來，始見發達。自西湖博覽會開過以後，驟見興盛。現在營業汽車行已有二十餘家之多，將來全市路網成功，路面建設改良，交通益便，此業前途真不可限量，茲將各汽車行名稱，及行址列表於下，以便讀者參攷。

公司名稱	開設地點
三友汽車行	吳山路一五六號
大亞汽車行	仁和路三三號
之江汽車行	延齡路一五四號
上海汽車公司租車部	延齡路二二五號
中央汽車行	吳山路四四號
永華汽車行	湖濱仁和路一二八號
中國汽車行	花市路五六號
西湖汽車行	延齡路一〇〇號
無敵汽車行	延齡路一八〇號
浙江汽車行	平海路八九號
赫金汽車行	延齡路一二六號
海豐汽車行	延齡路一四五號
海豐松記汽車公司	城站九二號
黑貌汽車公司	平海路一〇九號
龍飛汽車行	岳墳街五〇號
浙江南洋汽車行	花市路三六號
東方汽車行	延齡路
摩登汽車行	平海路

B. 汽車出租價目

營業汽車包鐘點，大都每小時三元，出行時起至回行時止並算起碼大洋一元，以三公里為限，每逾二公里加五角。長途價目，恐須面議。至接送章程，以路之遠近作價。現以新市場為起點，查得各行最公平價目，列表于下：

所列地點	價目	所到地點	價目
西湖公園	一元	岳墳	一元
裏西湖	一元	玉泉	一元五角
茅家埠	一元五角	靈隱	一元五角
淨慈寺	一元	虎跑	二元
閘口	二元五角	江干	一元五角
鳳山門	一元	鼓樓	一元
大學路	一元五角	東街	一元五角
城站	一元	菜市橋	一元
聯橋	一元	武林門	一元
觀音橋	一元五角	小河	一元五角
拱宸橋	一元七角	松木場	一元
老東嶽	三元五角		

C. 主要規程

1. 杭州市汽車管理規則

I 總則

1. 本規則凡以汽車營業或自用者須導守。
2. 凡欲開設汽車行者于聲請工務局核准後限兩個月內填具聲明書連同車輛經工務局審查檢驗合格給予許可證及牌號方准營業聲

明書式另定之。

3. 市內原有汽車行須于本規則公布後十五日內向工務局領取聲明書照式填寫連同原領許可證送由工務局定期檢驗車輛其合格者給予許可證及牌號。
4. 凡機關團體旅店商號及市民備有自用汽車者須向工務局領取聲明書照式填寫連同車輛經工務局檢驗合格給予許可證及牌號方准行駛聲明式另定之。
5. 汽車領取許可證後如欲變更聲明書內任何一項者須聲請工務局換給許可證。
6. 營業汽車于領取許可證時每輛須繳納保證金一百元（其原有汽車已繳保證金者可呈驗收据）俟停止營業繳銷許可證及牌號後發還之。
7. 許可證費自用車每輛一元營業車每輛二元牌號費自用車每輛一元營業車每輛二元。
8. 營業汽車每輛應月納十二元之車照捐自用汽車每輛三個月應預納十二元之車照捐前項捐照由財政局徵發之。
9. 許可證應置在車內牌號應釘附于車盤前後方捐照應掛在牌照上。
10. 汽車行減用車輛或車主停止使用應卽將許可證及牌號繳銷于工務局卽由工務局通知財政局停止征捐。
11. 許可證牌號捐照不得轉用於他車。

12. 許可證牌號捐照如有遺失應分別向工務局及財政局補領仍依照第二條至第八條辦理。
13. 自用汽車不得營業。
14. 汽車如有損壞其修理時間須在五日以上以其他無許可證之車輛代替行駛者須報請工務局發給臨時許可證與原有許可證同時隨車攜帶。
15. 臨時許可證期滿卽應繳還同時須將修復原車駛至工務局重受檢驗。
16. 在臨時許可證有效期內原車不及修理完竣時須先報請工務局展期並換給臨時許可證（臨時許可證每張徵費五角其時間以二十日為限）。
17. 汽車試行時須先期向工務局領取試車許可證及試車牌號（試車許可證及牌號各徵費一元）。
18. 試車許可證期限為一年每三個月應繳車照捐二十元。
19. 試車不得載客營業。
20. 試車許可證及牌號准在該車行內任何汽車於試車時使用。
21. 試車許可證及牌號如有效期內停止使用時應於每三個月終了之前十日內先行報告工務局屆時繳還牌證否則下期捐費仍須照繳。
22. 試車許可證有效期滿仍欲繼續使用時亦應于十日內將原證繳還換領新證如不欲繼續

使用亦應于十日內繳還證牌不得棄毀。

II 車體及附屬品設備之制限

23. 車體及其附屬品之設備如左：

(1) 車體須堅固整齊機器須良好完備。

(2) 汽車應裝置電氣喇叭及手壓喇叭各一個。

(3) 汽車前方應置燈兩盞以上後方應置紅色尾燈一盞。

(4) 汽車應裝置速度表及電流表各一隻。

(5) 汽車中制動機應堅固完備。

III 司機

24. 汽車行駛區域以已成新路為限其舊有道路非經工務局指定者不准行駛。

25. 汽車應靠左行駛。

26. 汽車駛至轉灣交叉及上下坡道時均須揚聲緩行。

27. 凡遇火災建築人衆羣集一切禁止通行之場所須遵警察之指揮繞道行駛。

28. 兩車以上連續進行時前車與後車須有三公尺以上之距離。

29. 兩車以上連續進行時前車如欲停車司機人須用信號通知後車。

30. 後車欲超過前車時須揚聲在前車右方通過。

31. 汽車行駛時如遇工務局交通標記或警察之指揮均應遵守。

32. 途遇左列各項應即停車或讓避之：

(1) 各界遊行隊。

(2) 赴火場之消防隊及救火會。

(3) 清道或郵政使用之車馬。

(4) 其他應行讓避者。

33. 經過交叉路口時司機人應用信號表示其進行之方向。

34. 汽車速度在城市內每小時不得超過十五英里。

35. 汽車須停止于指定停車場內或不妨礙交通之處。

36. 汽車如遇有危險情事應立卽報告就近崗警並須服從該警之指揮。

37. 營業汽車如乘客有物件遺留時應由司機人檢送就近警察區署出示招領不得隱匿。

38. 汽車除乘客上下外須將車門關閉。

IV 乘載制限與乘客價格

39. 無論營業或自用之汽車均不得裝載突出車體外之長大物件及超過規定之重量其限制詳載貨車管理規則中。

40. 營業汽車應將載客定額揭示車內不得逾額。

41. 營業汽車應將車體內外及坐位等處隨時收拾清潔不得稍有污穢並對於左列各項不得乘載：

(1) 認為有容易傳染之病者。

(2) 瘋癲及泥醉者。

(3) 危險物品。

(4) 可污染車體或遺留惡臭之物品。

(5) 其他不得乘載之物件。

42. 營業汽車之價目應列表請工務局核准並將價目表懸掛車內不得別立名目或擅加車價。

V 罰則

43. 凡違反本規則者依左列規定由公安局處罰之：

(1) 違反第二第三第四各條者處以五百元以下一百元以上之罰金。

(2) 違反第五條者處以百元以下二十元以上之罰金。

(3) 違反第八第十八各條者每輛處以五十元以下十元以上之罰金。

(4) 違反第第九第二十三條之第四款第二十四各條者處以罰金五元。

(5) 違反第十一第十二各條者每輛處罰金十元。

(6) 違反第十三第十九各條者處以三百元以下五十元以上之罰金。

(7) 違反第十四條至第十七條第二十二條者處以五十元以下二十元以上之罰金。

(8) 違反第二十三條之第一款第二款第三款第五款者處罰金十元。

(9) 違反第二十五條至第三十五條者處以五元以下五角以上之罰金。

(10) 違反第三十六第三十七各條者處以二十元以下一元以上之罰金仍追繳原贓。

(11) 違反第三十八條者處罰金一元。

(12) 違反第三十九條者處以五元以下一元以上之罰金。

(13) 違反第四十一條各款之一者處以三元以下五角以上之罰金。

(14) 違反第四十二條者處以百元以下二十元以上之罰金。

44. 汽車司機人因不注意致發生危險事故者除依照第四十三條處罰外並按其情節輕重將所領司機人許可證扣留一個月至六個月或吊銷之。

45. 汽車行違反本規則屢罰不悛或查有其他違法舞弊者工務局得吊銷其許可證會同公安局勒令停業。

VI 附則

46. 汽車司機人除遵守本規則外並須遵守杭州市取締汽車司機人規則。

47. 本規則自經浙江省政府公布後施行。

2. 杭州市取締汽車司機人規則

1. 本規則凡在本市區域內行駛之汽車司機人皆須遵守。

2. 凡欲充汽車司機人者應具真聲明書連同最近二寸半身軟膠相片二張送候工務局定期考驗合格給予司機人許可證方准執業聲明書另定之。

3. 市內原有汽車司機人須于本規則公布後十五

日內向工務局領取聲明書照式填寫連同原領司機人許可證并最近二寸半身軟膠相片二張送候工務局定期考驗其合格給予司機人許可證但領有工務局認可之法定機關所發司機人許可證者得免考驗。

4. 司機人須具有左列資格：
   (1) 年齡十八歲以上五十歲以下。
   (2) 身體健全而無廢疾者。
   (3) 有一定住所者。
5. 司機人許可證期限為一年每張應納證費二元。
6. 司機人在開車時應隨身攜帶許可證遇崗警及管理人員查驗時應即交閱。
7. 司機人許可證如有遺失或損毀時應聲請工務局補給仍須依照第二條至第五條辦理。
8. 汽車行或車主僱用司機人以領有司機人許可證者為限。
9. 司機人于酗酒泥醉時不得司機。
10. 司機人除遵守本規則外再須遵守修正杭州市汽車管理規則。
11. 違反本規則者依照左列規定由公安局處罰之。
    (1) 違反第二第三各條者處罰金二十元。
    (2) 違反第六條者處罰金二元。
    (3) 違反第七條者處罰金五元。
    (4) 違反第八條者每人處五十元以下二十元以上之罰金。
    (5) 違反第九條者處罰金十元。

12. 一本規則經浙江省政府公佈後施行。

丁、其他車輛

A. 馬車

馬車營業，在杭州本來如鳳毛麟角。近五六年來，杭州建設突飛猛進，道路日見加寬改善，人力車已異常發達，汽車亦驟見增多，獨馬車無形銷沈，今已絕跡。市政府雖有杭州市馬車管理規則之制定，也無從執行，故本書亦不錄入。

B. 自由車

自由車卽脚踏車，各機關公司商號之送信人，以及郵差多用之。間有公務人員或學校教師，為省經濟起見，多用以代步者。此外在熱鬧市街，以及學校附近必有若干車行出租自由車，租價每小時約兩角，專供自由遊玩之用。市政府為管理周密起見，有管理規則之制定，錄之於后：

杭州市脚踏車管理規則

1. 本規則凡以脚踏車營業或自用者皆須遵守。
2. 凡欲開設脚踏車行者于聲請工務局核准後限一個月內填具聲明書連同車輛經工務局審查檢驗合格予許可證及牌號方准營業聲明書式另定之。
3. 市內原有脚踏車行須于本規則公布後十五日內向工務局領取聲明書照式寫寫連同原領許可證送由工務

局定期檢驗車輛其合格者給予許可證及牌號。

4. 凡機關團體旅店商號及市民備有自用脚踏車者須向工務局領取聲明書照式填寫連同車輛經工務局檢驗合格給予許可證及牌號方准行駛聲明書式另定之。
5. 脚踏車領取許可證後如欲變更聲明書內任何一項者須聲請工務局換給許可證。
6. 工務局發給之牌號須釘附後輪葉子板上（牌號費每輛征小洋二角）。
7. 營業脚踏車每輛應月納車照捐五角自用脚踏車除機關團體屬于公用者得免捐外每輛每半年應納車捐一元。
8. 脚踏車行減用車輛及車主停止使用時應即將許可證及牌號繳銷于工務局即由工務局通知財政局停止徵捐。
9. 許可證不得貸與他人牌號捐照亦不得轉用於他車。
10. 許可證牌照捐照如有遺失應分別向工務局及財政局補領仍須依照第三條至第七條辦理。
11. 營業脚踏車貸與坐客其貸金每小時不得超過二角。
12. 自用脚踏車不得營業。
13. 脚踏車車體及輪軸均須堅固清潔每車並應備前後制動機及鈴釘各一個。
14. 脚踏車不得于繁盛或道路交叉轉灣之處任意疾馳如遇對面之車輛等須互避于左方。
15. 脚踏車應靠左行駛不得馳逐盤旋競賽。
16. 酗酒泥醉者不得踏車。
17. 兩車以上連續進行時前車與後車須有四尺以外之距離。
18. 欲車超過前車時須鳴鈴從前車右方通過之。

19.一車不得乘載二人但未滿十二歲之幼孩不在此限。

20.脚踏車在交通要道中不得練習。

21.凡公園及人衆聚集或為警察禁止之場所不得行駛脚踏車。

22.凡乘脚踏車者不得依附其他車輛而行。

23.人行道上上不得行駛脚踏車。

24.脚踏車遇有左列各項應卽停車或讓避之：

(1) 各界遊行隊。

(2) 赴火場之消防隊及救火會。

(3) 淸道或郵政使用之車輛。

(4) 其他應行避讓者。

25. 脚踏車於夜間街市上燈後皆須點燈行駛。

26. 脚踏車在途中停車時須置放停車場內或不甚妨礙交通之路旁不得置放於人行道上。

27. 凡違反本規則者依左列規定由公安局處罰之：

(1) 違反第二第三各條者處二百元以下二十元以上之罰金。

(2) 違反第四第九第十各條者處罰金二元。

(3) 違反第五條者每輛處罰金一元。

(4) 違反第六條者處罰金一元。

(5) 違反第七條者除補徵應繳之捐外處罰金五元。

(6) 違反第十一條者處十元以下一元以上之罰金。

(7) 違反第十二條者吊銷許可及牌號。

(8) 違反第十三條至第十六條者處一元以下二角以上之罰金。

(9) 違反第十七第十八條者處罰金二角。

(10) 違反第十九條至第二十六條者處一元以下一角以上之罰金。

28. 本規則經浙江省政府公佈後施行。

杭州市機器脚踏車管理規則

1. 本規則凡以機器脚踏車營業或自用者皆須遵守。
2. 不論營業或自用之機器脚踏車均須經工務局之檢驗（其有邊車須帶同邊車）其合格者給予許可證及牌號（牌號費每輛徵小洋四角）。
3. 營業機器脚踏車每輛應年納車照捐二十四元自用者年納十二元。
4. 車體及其附屬品之設備如左：
   (1) 本車及邊車須堅固整齊。
   (2) 車身前方須置白色燈一盞後方須置紅色尾燈一盞。
   (3) 須裝喇叭一個。
   (4) 制動機應堅固完備。
5. 機器脚踏車速度在城市內每小時不能超過十英里。
6. 機器脚踏車不拖邊車時除司機械者外只准附乘一人。
7. 機器脚踏車之邊車乘坐者不得超過額定位置。
8. 機器脚踏車行駛區域以已成新路為限但因人衆雜踏有禁止機器脚踏車行駛之必要時亦不得行駛。
9. 營業機器脚踏車每小時租金不得超過六角。
10. 凡違反本規則者由公安局處罰之：
    (1) 違反第二條者處十元以下二元以上之罰金。
    (2) 違反第三條者除補征應納之捐外處十元以下五元以上之罰金。

(3) 違反第四條者處五元以下一元以上之罰金并限期修理完固裝配整齊其逾限不修裝完整者吊銷許可證。

(4) 違反第五條至第八條者處十元以下一元以上之罰金。

(5) 違反第九條者初次處罰金五元第二次加倍第三次吊銷許可證。

11. 汽車管理規則脚踏車管理規則除與本規則有抵觸者外機器脚踏車均適用之。

12. 本規則經浙江省政府公布後施行。

C. 人力車

人力車在市內最為普通，全市輛數總以萬計。以其關係一般苦力貧民之生計，萬難消滅。又以人力車小巧車身，狹仄之街路里衖，仍能通行無阻。即道路稍有崎嶇，亦可勉強過去。車資悉以路程論定，雨雪之時，價較昂。欲長時半日或全日雇用，價以時間計算較為便宜，每小時小洋二角。至普通價目，市府雖迭有預定程里地名，估計價目，立牌公布通衢要道，但事實上未必能照規定實行，至今已無形廢除。車價仍以車夫與顧主，兩願而行。茲以本人，寓杭近數年來，於公餘星假，調查考察或遊覽所得經驗，以新市場為出發點，擬定一最低限度之車價，俾得初來杭市者之指南，列表於下：

（起點以新市場迎紫路國貨陳列館門口計算）以銅元為單位算。

所到地點	付給車價	所到地點	付給車價
城站	三〇枚	薦橋街	二〇枚
大方伯	二〇枚	橫河橋	二五枚
大學路	三〇枚	聯橋	二〇枚
菜市橋	三五枚	保佑坊街	二〇枚
鼓樓	三五枚	鳳山門	二角
三郎廟江干	二角十二枚	梅花碑	三〇枚
南山路	三〇枚	聖塘路	二〇枚
西湖公園	四〇枚	裏西湖	四〇枚
岳墳	二角	玉泉山門	二角五枚
靈隱	三角五枚	西大街	二十四枚
武林門	三〇枚	貢院前	三〇枚
體育場路	四〇枚	慶春門	四〇枚
清泰門	四〇枚	艮山門	二角
淨慈寺	二角	大井巷	三〇枚
清河坊	三〇枚		

杭州市人力車管理規則

1. 本規則凡以人力車營業或自用者皆須遵守。
2. 凡欲開設人力車行者須開具車輛數目聲請工務局核准後限一個月由填具聲明書連同車輛經工務局審查檢驗合格給予許可證及牌號方准營業聲明式另定之。
3. 人力車行營業中如欲變更聲明書內任何一項者仍須聲請工務局核給許可證方准營業。
4. 市內原有人力車行須於本規則公布後十五日內向工務局領取聲明書照式填寫連同原領許可證送由工務局定期檢驗車輛其合格者給予許可證及牌號。
5. 營業人力車之牌號須釘附左側葉子板上每輛徵小洋三角。
6. 凡營業人力車每輕應月納五元以下三元以上車照捐

由市政府隨時酌定之。

7. 捐照應釘貼於車輛座位背後。

8. 捐照牌號許可證如有遺失應分別向財政局及工務局補領仍須依照第三條第五條至第七條辦理。

9. 全市營業人力車數目得內工務局會同公安局酌量情形呈准市政府限制之。

10. 人力車行減用車輛或車輛廢壞及車主售去舊車輛應將各該車輛之牌號捐照分別繳銷。

11. 許可證不得貸與他人牌號捐照亦不得轉用於他車。

12. 車行貸車於車夫其貸金由市政府核定之。

13. 旅店自備人力車除供旅客之用外不得營業。

14. 凡非人力車行不得以人力車營業。

15. 車體及附屬品之制限如左：

 (1) 車體須製造堅固。

 (2) 營業人力車車體須以黃色或黑色油漆塗之不得繪畫。

 (3) 營業人力車車身後面須有鐵製支架。

 (4) 營業人力車車中須備有白色布製坐褥並油布製之車篷及車簾。

 (5) 營業人力車車旁須備置前白色後紅色玻璃燈一盞以上。

16. 車夫須具有左列資格：

 (1) 年齡滿十八歲以上五十歲以下身體強壯而無疾病者。

 (2) 於市內有一定住所及有確實保證人者。

17. 車夫之服裝由各該車行置備不得向車夫收費並須遵

守左列制限：

(1) 須穿藍布製成之號衣。

(2) 雨具須用油布類製成。

(3) 號衣及雨具上須記入車行名稱及該車之號數。

(4) 號衣上另訂圓式白布黑字雨具上字用紅色。

(5) 破壞或污染的服裝不得着用。

18. 車夫就業中須攜帶車價表遇崗警成乘客及管理人員索覲時應立卽交閱。

19. 在停車場外不得停車但乘客因事暫停於交通不甚妨礙地方不在此限。

20. 不得挽空車於路上故意徘徊。

21. 未到乘客指定之場所不得無故請乘客下車。

22. 乘客若有遺漏物件須送交最近公安局報告認領不得隱瞞藏匿。

23. 凡遇火災建築人衆羣集及一切禁止通行之場所須遵警察之指揮繞道行駛。

24. 不得沿途爭攬來客或為侮慢之言。

25. 不得兩車爭駛或任意疾馳。

26. 不得酒後拉車。

27. 兩車以上連續進行時前車與後車須有四尺以外之距離。

28. 後車欲超過前車時須揚聲使前車避左始得通過。

29. 通衢街角橋架及往來雜沓或狹穿之處皆須緩行橋梁過高或街道傾斜陷落而不能行駛者得請乘客下車。

30. 無論何處車輛均須靠左側行駛。

31. 途遇對面之車馬橋擔須互避於左方。

32.夜間自街市上燈後除在停車場外皆須點燈。

33.無論何處空車均須避讓實車。

34.途遇左列各項應卽停車或讓避之：

(1) 各界遊行隊。

(2) 赴火場之消防隊及救火會。

(3) 清道或郵政所使用之車馬。

(4) 婚喪儀仗。

(5) 其他應行避讓者。

35.一車不得載兩人但未滿十二歲之幼孩不在此限。

36.左列各項不得乘載：

(1) 認為有容易傳染之病者。

(2) 瘋癲及泥醉者。

(3) 可污染車體或可遺留惡臭之物品。

(4) 危險物品。

(5) 突出於車體長大之物件。

(6) 其他應行取締不得乘載之物件。

37.乘車價格應由人力車行協議分別造列以里計算及以時計算之車價表送由工務局會同公安局核定後分給各車夫攜帶。

38.車夫對於乘客不得於定價外別立名目需索銀。

39.停車場由工務局指定之。

40.凡違反本規則者照左列各款之規定由公安局處罰之：

(1) 違反第二條第四條第十四條者處以五百元以下百元以上之罰金。

(2) 違反第三條第十二條者處以三百元以下五十元以上之罰金。

(3) 違反第五條第七條第十條者每輛處罰金三元。

(4) 違反第六條者每輛處罰金十元。

(5) 違反第八條者處罰金三元但許可證遺失不補領者依第二款處罰之。

(6) 違反第十一條者處罰金三元但許可證貸與他人者依第一款處罰之。

(7) 違反第十三條者吊銷牌照。

(8) 違反第十五條各款之一或數款者處罰金三元。

(9) 違反第十六條第一款者處車行五元以下一元以上之罰金。

(10) 違反第十七條第一款第二款者車行置備而車夫不着者處以一元以下一角以上之罰金車行不備者處罰金五元如查有私向車夫收費者除照數追償外加十倍處罰。

(11) 違反第十七條第三條第四第五各款者處罰金五元。

(12) 違反第十八條至第二十一條第二十三條至第三十六條及第三十八條者處以一元以下一角以上之罰金。

(13) 違反第二十二條者除追繳原物外處罰金一元。

41. 人力車行不遵守本規則屢罰不悛或查有違法舞弊情事者吊銷證照。

42. 本規則經浙江省政府公布後施行。

D. 貨車

貨車種類，頗為複雜，初時總以獨輪小車為最多，載貨乘客均可。自路政改進，此種小車已逐漸淘汰，惟鄉間尚多。稍進為塌車，有大小二種，裝貨稍多，然仍賴人力運動。近有賴機力運動者，為運貨汽車，大商號工廠亦有自備。各轉運公司亦多改用此車，專以出租為營業者，有運貨汽車行之開設，可隨用隨叫，便利敏捷，其價每小時約四元。路近出門，搬運一次價約三元，長路裝運，價面議。茲將杭市已有運貨汽車行，採錄於下：

名稱	開設地點
公益運貨汽車行	湖墅婆婆橋直街一二八號
江墅運貨汽車行	三郎廟五二號
江墅小河站	婆婆橋一三六號
江墅六和塔站	六和塔傍
江墅拱宸站	拱宸橫西大石橋六號
杭州汽車運貨行	龍翔橋二三五號
杭江興記武林運貨汽車行	婆婆橋一二三號

杭州市營業運貨汽車暫行規則

1. 凡市內營業運貨汽車均須遵守本規則。
2. 營業運貨汽車創辦人須將理由書計劃書章程預算書汽車圖說綫路圖說等呈由市政府工務局轉呈市政府核准後方得營業。
3. 營業運貨汽車創辦人須將各項辦事細則呈報市政府工務局並須將每月營業狀況呈報市政府財政局備查。
4. 營業運貨汽車除按照杭州市貨車管理規則納捐外並須繳納營業收入百分之十為補助養路費。

5. 財政局得隨時會同工務局派員稽查運貨汽車營業之賬目。
6. 營業運貨汽車暫以載重二噸以下之貨車為限。
7. 營業運貨汽車之車輪暫以配製汽胎者為限。
8. 營業運貨汽車不得拖帶車輛。
9. 營業運貨汽車於裝卸貨物時應立即搬運清楚不得堆積街路或人行道上。
10. 凡杭州市貨車管理規則及杭州市汽車管理規則與本規則不相抵觸者營業運貨汽車均適用之。
11. 營業運貨汽於搬運貨物時於貨主應自相當之責任。
12. 本規則呈請市政府核准施行。

杭州市貨車管理規則

1. 本規則凡以人力獸力機力之貨車營業或自用者皆須遵守。
2. 凡供運輸貨物之用而置備貨車者須先聲前請工務局核准填具聲明書連同車輛經工務局檢驗合格給予許可證及牌號方准行駛聲明書式另定之。
3. 市內原有貨車須於本規則公布後十五日內向工務局領取聲明書照式填寫連同原領許可證送由工務局定期檢驗車輛其合格者給與許可證及牌號。
4. 貨車領許可證後如欲變更聲明書內任何一項者須聲請工務局換給許可證。
5. 各貨車在許可證有效期內停止使用應即將許可證及牌號繳銷於工務局其期滿須繼續行駛者仍依本規則第二條辦理各種貨車許可證有效期限如左：

(1)	運貨汽車	一年	(2)	運水汽車	一年	(3)	脚踏機器貨車	一年
(4)	運貨拖車	一年	(5)	運貨馬車	一年	(6)	垃圾車	一年
(7)	救火車	一年	(8)	柩車	一年	(9)	人力大小貨車	半年
(10)	水車	半年	(11)	人力水車	半年	(12)	三輪脚踏貨車	半年
(13)	運水馬車	半年	(14)	糞車	半年			

6. 各種貨車於領取許可證及牌號時須一律繳納證牌費除工務局供修築公路用之車輛并公用垃圾車洒水車救火車及郵車外并須向財政局繳納車照捐其費額捐率及牌號釘附處所另表定之。
7. 許可證牌號捐照如有遺失應分別向工務局及財政局補領仍須依照第二條至第六條辦理但證牌費減半繳納。
8. 許可證牌照捐照不得轉用於他車。
9. 自用貨車不自營業。
10. 車體須清潔堅固貨物須裝戴整齊。
11. 人力貨車車前拖繩長度不得過三公尺。
12. 人力或獸力貨車載貨高度如超過二公尺以上者車旁須有二人防護。
13. 貨車須相隨行駛不得兩車並行。
14. 貨車裝卸貨物時須貼近路旁不得橫置路中。
15. 貨車裝卸貨物時不得損壞一切公物違則任賠償之責。
16. 各種貨車其重量不得超過四噸（每噸計一千六百八十斤）但遇有必要時須先將理由及經過路綫報請工務局核准。
17. 凡多輪貨車重量超過二噸或二輪貨車重量超過一噸者其車輪直徑須在四十公分以上輪邊闊度以載重為增減最少限度須照表所列并須鑲包鋼鐵樹膠及其他相當之

替代物但機力貨車用應一律用樹膠鑲包車輪。

18. 凡各種貨車其車上所載貨物及車身闊度不得超過二・三公尺高度不得超過三・六公尺。

19. 各種貨車均須靠左行駛途遇對面貨車須互避左左方并空車須避實車。

20. 各種貨車須遵守交通上一切規則其運貨汽車運貨馬車運貨脚踏車並須遵守各該車輛管理規則。

21. 運貨汽車司機人須遵守取締汽車司機人規則。

22. 水車車身須塗綠色車輪黑色糞車車身須塗黑色車輪紅色。

23. 途遇左列各項應避讓之：

    (1) 各界遊行隊。

    (2) 赴火場之消防隊及救火會。

    (3) 清道或郵政所使用之車馬。

    (4) 其他應行避讓者。

24. 各種貨車於街市上燈後行駛時須燃燈兩盞以上。

25. 凡遇火災建築人衆羣集及一切禁止通行之場所須遵警察之指揮繞道行駛。

26. 違反本規則者依左列規定由公安局處罰之：

    (1) 違反第二第三各條者每輛處以二百元以下五元以上之罰金。

    (2) 違反因第四至第七條第十條第十九第二十二各條者處以十元以下一元以上之罰金。

    (3) 違反第八條者每輛處以二十元以下二元以上之罰金。

    (4) 違反第九條者每輛處罰金十元并吊銷證牌。

(5) 違反第十一條至第十三條第二十三第二十五各條者處罰金一元。

(6) 違反第十四第二十四各條者處以五元以下一元以上之罰金。

(7) 違反第十六條者處以百元以下十元以上之罰金。

(8) 違反第十七第十八條者處以百元以下五元以上之罰金。

27.本規則經浙江省政府公佈後施行。

第三節　市外陸路交通

甲、滬杭鐵路

滬杭鐵路，卽滬杭甬鐵路。滬杭一段，由上海北站至麥根路，有支線與京滬接軌。計自上海南站起，經松江、嘉興、長安、而達杭州，以上為特別快必停之站。其間小站有二十一處：卽梵王渡、徐家滙、龍華、新龍華、梅隴、莘莊、新橋、明星橋、石湖蕩、楓涇、嘉善、王店、硤石、斜橋、周王廟、許村、臨平、筧橋、艮山門、南星橋、閘口。每日直達車開行五次，全路長約二百公里，合舊里三百五十里。在上海南北兩火車站，均可登車。而杭州南京兩處，每日直達聯絡快車一次。本路尚有由甯波，經慈谿、餘姚至曹娥江一段，長約一百五十里，也早已通車。本來渡曹娥江，再經東紹興西蕭山，而達錢江邊。後因歐戰關係，曹娥江鐵橋工程，忽告中斷，至今橋墩已廢，全線未接，最近省當局與鉄道部已有具體計劃，設法籌款，擬早日銜接，故本路全名，為滬杭甬鐵路。

A. 行車時刻表

1. 滬杭綫行車時刻表

幹　線　　　上行　　　閘口至上海北站

	站名	
到	上海北站	開
開	梵王渡	
	徐家滙	
開	龍華新站	
到	上海南站	開
開	龍華	
	龍華新站	
	梅隴	開
	莘莊	
	新橋	
	明星橋	
開	松江	到
到		開
開	石湖蕩	
	楓涇	
	嘉善	
	七星橋	
開	嘉興	到
到		開
開	王店	
開	硤石	到
到		開
開	斜橋	
	周王廟	
開	長安	到
到		開
開	許村	
	臨平	
	筧橋	
	艮山門	
開	杭州	到
到		開
開	南星橋	
開	閘口	

車次	42	31	2	38	36	40	32	44
公里	嘉滬區間混合車	快車"餐"	閘京聯運特快通車"餐"	三四等慢車	快車"餐"	閘口嘉興區間混合車	特別快車"餐"	新龍上南區間車
			15.00					
195.66	10.40	13.10	14.00	17.00	19.15		23.05	
186.53	10.25	12.55	13.46	16.42	19.00		22.50	
183.21	10.17	12.47	—	16.32	18.52		—	
179.06	9.59	12.37	—	16.21	18.42		22.36	
							32	J44
186.15	10.25	13.00	—	16.50	19.05		23.00	8.35
180.74	10.11	12.47	—	16.35	18.52		22.47	8.22
179.06	10.00	12.41	—	16.25	18.46		22.41	8.15
175.41	9.42	—	—	16.06	—		—	
170.30	9.31	12.15	—	15.54	18.24		—	
162.83	9.18	—	—	15.30	—		—	
154.00	9.04	—	—	15.14	—		—	
151.08	8.56	11.46	13.00	15.05	17.57		21.54	
	8.42	11.40	12.57	14.51	17.51		21.48	
140.25	8.28	—	—	14.34	—		—	
124.97	8.05	11.06	—	14.10	17.19		—	
115.63	7.50	10.45	—	13.53	17.04		21.05	
104.42	7.34	—	—	13.34	—		—	
97.14	7.20	10.19	11.52	13.20	16.30		20.39	
		10.07	11.42	13.10	16.22	18.50	20.29	
80.55		9.45	—	12.47	16.00	18.28	—	
70.34		9.29	—	12.30	15.44	18.12	19.56	
		9.27	—	12.25	15.42	18.03	19.54	
57.45		9.11	—	12.08	15.26	17.48	—	
51.21		—	—	11.57	—	17.38	—	
		8.53	10.41	11.46	15.08	17.28	19.24	
45.08		8.47	10.38	11.31	15.02	17.22	19.18	
36.61		—	—	11.17	—	17.13	—	
30.07		8.28	—	11.04	14.44	17.03	—	
17.24		8.10	—	10.44	14.28	16.48	—	
10.47		7.57	—	10.30	14.16	16.36	—	
6.09		7.45	9.50	10.15	14.05	16.25	18.25	
		7.38	9.38	10.07	13.55	16.22	18.16	
2.87		7.29	9.31	9.59	13.48	16.15	18.09	
		7.15	9.20	9.40	13.35	16.05	18.00	

讀法○由下向上

"餐"＝備有餐車

幹　線

	站　名	
到 開 開	上海北站 梵王渡 徐家匯 龍華新站	開
到 開	上海南站 龍華 龍華新站	開
	梅隴 莘莊 新橋	開
開 到 開	明星橋 松江 石湖蕩	到 開
	楓涇 嘉善 七星橋	
開 到 開 開 到	嘉興 王店 硤石	到 開 到 開
開 開 到	斜橋 周王廟 長安	到 開
開	許村 臨平 筧橋	
開 到	艮山門 杭州	到 開
開 開	南星橋 閘口	

上海北站至閘口　下行

讀法〇由上向下

車次	39	33	31	37	1	41	35	43	
	混合區間嘉興閘口車	快車"餐"	特別快車"餐"	三四等慢車	特快通車京滬聯運"餐"	混合區間嘉混車	快車"餐"	區間上南新龍車	公里
					14.20				
		7.25	9.15	9.45	15.15	16.05	18.00		
		7.44	9.33	10.06	15.32	16.24	18.18		9.13
		7.54	—	10.16	—	16.34	—		12.45
		8.10	0.54	10.34	—	16.50	18.39		16.60
		7.40	9.25	9.55	—	16.15	18.10	14.30	23.69
		7.55	9.40	10.15	—	16.34	18.25	14.46	18.28
		8.10	9.54	10.34	—	16.50	18.39	14.50	16.60
		—	—	10.43	—	16.57	—		20.25
		8.25	—	10.55	—	17.07	—		25.36
		8.38	—	10.09	—	17.20	—		32.83
		—	—	11.25	—	17.33	—		41.66
		8.54	10.29	11.32	16.16	17.38	19.14		44.58
		9.00	10.33	11.41	16.20	17.54	19.20		
		—	—	11.59	—	18.11	—		55.41
		9.39	—	12.27	—	18.33	19.55		70.69
		9.54	11.19	12.45	—	18.49	20.10		80.03
		—	—	13.03	—	19.05	—		
		10.18	11.43	13.15	17.26	19.15	20.34		91.24
	7.30	10.28	11.53	13.25	17.35		20.32		98052
	7.53	10.52	—	13.50	—		21.06		115.11
	8.06	11.05	12.27	14.05	—		21.21		
	8.08	11.11	12.29	14.08	—		21.23		125.32
	8.26	11.29	—	14.28	—		21.41		138.21
	8.36	—	—	14.40	—		—		144.45
	8.44	11.45	12.58	14.50	18.36		21.57		
	8.55	11.51	13.02	15.03	18.40		22.03		150.58
	9.08	—	—	15.19	—		—		159.05
	9.18	12.12	—	15.32	—		22.25		165.59
	9.35	12.29	—	15.52	—		22.42		178.42
	9.58	12.43	—	'16.08	—		22.56		185.19
	10.06	12.51	13.49	16.17	19.27		23.04		
	10.16	13.01	13.57	16.26	19.35		23.14		189.57
	10.29	13.14	14.09	16.43	19.44		23.24		192.79
	10.35	13.20	14.15	16.50	19.50		23.30		195.66

2. 拱宸橋支線行車時刻表

拱宸橋支線

名	站	
到開	拱宸橋	開到
到開	艮山門	開到
	杭州	
到開	南星橋	開
開	閘口	到

上行 閘口至拱宸橋

車次	72	38	36	40	32	82	
公里	區間車	三四等慢車	快車	閘嘉混合	特別快車	區間車	讀法○由上向下
16.35	9.15	10.40	14.40	16.50	20.00	23.15	
	9.02	10.27	14.27	16.37	19.47	23.02	
10.47		七四區間車	七六區間車	七八區間車	19.45		
	9.00	10.24	14.13	16.33	19.34		
	8.49	10.15	14.05	16.25			
6.09					八〇區間車		
	8.47	10.07	13.55	16.22	18.16		
2.87	8.39	9.59	13.48	16.15	18.09		
	8.30	9.40	13.35	16.05	18.00		

拱宸橋至閘口 下行

	71	73	75	77	79	81	車次
讀法○由下向上	區間車	區間車	區間車	區間車	區間車	區間車	公里
	7.01	9.40	12.15	15.45	17.45	22.30	
	7.23	9.53	12.28	15.58	17.58	22.43	
						三五快車	5.88
		九三區間車	三六，車	三七三四等	18.00		
					18.11	22.56	
	7.25	9.58	12.43	16.08		23.04	
	7.36	10.06	12.51	16.17			10.26
					一次通車		
	7.42	10.16	13.01	16.26	19.35	23.14	
	7.53	10.29	13.14	16.43	19.44	23.24	13.48
	8.00	10.35	13.20	16.50	19.50	23.30	16.35

甯波段

上行 甯波至曹娥江（讀法○由上向下）

站名	到/開	公里	56 甯慈區間車	52 甯曹快車	58 甯餘區間車附四等	54 甯曹慢車	60 甯餘區間車	62 餘曹區間車
曹娥江	到	77.90		11.15		16·40		19.35
百官	開	75.81		11.06		16.30		19.26
百官	到			11.01		16.25		19.25
驛亭		72.65		10.53		16.17		19.18
五夫		65.92		10.37		16.02		19.00
馬渚		59.02		10.23		15.50		18.45
餘姚	開			10.00		15.31		18.20
餘姚	到	47.61		9.49	11.50	15.23	17.40	
蜀山		39.68		9.35	11.35	15.10	17.26	
丈亭		33.11		9.22	11.20	14.58	17.12	
葉家		25.84		9.08	11.04	14.46	16.57	
慈谿	開			8.53	10.48	14.33	16.41	
慈谿	到	18.19	8.15	8.49	10.38	14.30	16.38	
洪塘		11.58	8.01	—	10.25	14.19	16.25	
莊橋		6.94	7.49	—	10.12	14.10	16.14	
甯波	開		7.30	8.15	9.55	13.55	16.00	

下行 曹娥江至甯波（讀法○由下向上）

站名	到/開	55 慈甯區間車	53 曹甯慢車	57 餘甯區間車附四等	51 曹甯快車	59 曹餘區間車	61 餘甯區間車	公里
曹娥江	開		8.35		12.25	16.10		
百官	到		8.42		12.32	16.17		2.09
百官	開		8.47		12.37	16.26		
驛亭			8.56		12.46	16.38		5.25
五夫			9.09		12.58	16.52		11.98
馬渚			9.22		13.12	17.06		18.88
餘姚	到		9.41		13.30	17.30		30.29
餘姚	開		9.50	12.30	13.36		18.00	
蜀山			10.05	12.46	13.51		18.15	38.33
丈亭			10.18	13.01	14.03		18.27	44.79
葉家			10.33	13.18	14.15		18.39	52.06
慈谿	到		10.47	13.33	14.28		18.52	59.71
慈谿	開	8.50	10.50	13.43	14.31		18.54	
洪塘		9.03	11.05	13.57	14.42		19.06	66.32
莊橋		9.13	11.17	14.09	14.51		19.17	70.96
甯波	到	9.25	11.30	14.25	15.05		19.30	77.90

B. 價目表

1. 滬杭鐵路各站客車價目表

滬杭鐵路各站客車價目表

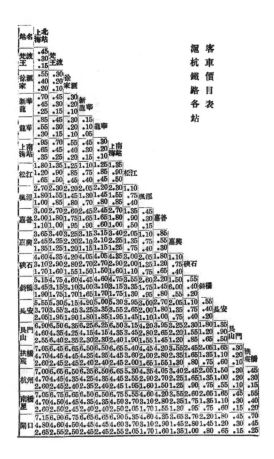

站名	上海北站	梵王渡	徐家匯	新龍華	龍華	上海南站	松江	楓涇	嘉善	嘉興	硤石	斜橋	長安	艮山門	拱宸橋
梵王渡	.45 .30 .15														
徐家匯	.55 .40 .20	.30 .20 .10													
新龍華	.70 .45 .25	.45 .30 .15	.30 .20 .10												
龍華	.85 .55 .30	.45 .30 .15	.30 .20 .10	.15 .10 .05											
上海南站	.95 .65 .35	.70 .45 .25	.55 .40 .20	.45 .30 .15	.30 .20 .10										
松江	1.80 1.20 .65	1.35 .90 .50	1.25 .85 .45	1.10 .75 .40	1.25 .85 .45	1.35 .90 .50									
楓涇	2.70 1.80 1.00	2.30 1.55 .85	2.20 1.45 .80	2.05 1.30 .70	2.20 1.45 .80	2.30 1.55 .85	1.10 .75 .40								
嘉善	3.00 2.00 1.10	2.70 1.80 1.00	2.60 1.75 .95	2.45 1.65 .90	2.45 1.65 .60	2.70 1.80 1.00	1.35 .90 .50	.45 .30 .15							
嘉興	3.65 2.45 1.35	3.40 2.25 1.25	3.25 2.20 1.20	3.15 2.10 1.15	3.15 2.10 1.15	3.40 2.25 1.25	2.05 1.35 .75	1.10 .75 .40	.85 .55 .30						
硤石	4.60 3.10 1.70	4.35 2.90 1.60	4.20 2.80 1.55	4.05 2.70 1.50	4.05 2.70 1.50	4.35 2.90 1.60	3.00 2.00 1.10	2.05 1.35 .75	1.80 1.20 .65	1.10 .75 .40					
斜橋	5.15 3.45 1.90	4.75 3.15 1.75	4.60 3.10 1.70	4.45 3.00 1.65	4.60 3.10 1.70	4.75 3.15 1.75	3.55 3.35 1.30	2.60 1.75 .95	2.20 1.45 .80	1.50 6.00 .55	.55 .40 .20				
長安	5.55 3.70 2.05	5.30 3.55 1.95	5.15 3.45 1.90	4.90 3.25 1.80	5.00 3.35 1.85	5.30 3.55 1.95	3.95 2.65 1.45	3.00 2.00 1.10	2.70 1.80 1.00	2.05 1.35 .75	1.10 .75 .40	.55 .40 .20			
艮山門	6.90 4.60 2.55	6.50 4.35 6.40	6.35 4.25 2.35	6.25 4.15 2.30	6.25 4.15 2.30	6.50 4.35 2.40	3.15 3.45 1.90	4.20 2.80 1.55	3.95 2.65 1.45	3.25 2.20 1.20	2.30 1.55 .85	1.80 1.20 .65	1.35 .90 .50		
拱宸橋	7.05 4.70 2.60	6.45 4.45 2.45	6.65 4.45 2.45	6.50 4.35 2.40	6.50 4.35 2.40	6.65 4.45 2.45	5.40 3.60 2.00	4.45 2.00 1.65	4.20 2.80 1.55	3.55 2.35 1.30	2.45 1.65 .80	2.05 1.35 .75	1.65 1.10 .60	.30 .20 .10	
杭州	7.00 4.70 2.60	6.65 4.45 2.45	6.50 4.35 2.40	6.35 4.25 2.35	6.50 4.35 2.40	6.65 4.45 2.45	5.30 2.55 1.95	4.35 2.90 1.60	4.05 2.70 1.50	3.40 2.25 1.25	2.45 1.65 .90	2.05 1.35 .75	1.50 1.00 .55	.30 .20 .10	.45 .30 .15
南星橋	7.05 4.70 2.60	6.75 4.50 2.50	6.65 4.45 2.45	6.50 4.35 2.40	6.50 4.35 2.40	6.75 4.50 2.50	5.55 3.70 2.05	4.60 3.10 1.70	4.20 2.80 1.55	3.55 2.35 1.30	2.60 1.75 .95	2.05 1.35 .75	1.65 1.10 .60	.45 .30 .15	.55 .40 .20
閘口	7.15 4.80 2.65	6.90 4.60 2.55	6.75 4.50 2.50	6.65 4.45 2.45	6.65 4.45 2.45	6.90 4.60 2.55	5.35 3.70 2.05	4.60 3.10 1.70	4.35 2.90 1.60	3.65 1.45 1.35	3.70 2.80 1.00	2.20 1.45 .80	1.80 1.20 .65	.45 .30 .15	.70 .45 .25

2. 滬杭鐵路特別快車價目表

滬杭鐵路特別快車價目表

站名	上海北站	梵王渡	徐家匯	新龍華	龍華	上海南站	松江	嘉善	嘉興	硤石	長安
松江	2.40 1.50 .80	1.95 1.20 .65	1.85 1.15 .64	1.70 1.05 .55	1.85 1.15 .60	1.95 1.20 .65					
嘉善	3.60 2.30 1.25	3.30 2.10 1.15	3.20 2.05 1.10	3.05 1.95 1.05	3.05 1.95 1.05	3.30 2.10 1.15	1.65 1.20 .65				
嘉興	4.35 2.75 1.50	4.00 2.55 1.40	3.85 2.50 1.35	3.75 2.40 1.30	3.75 2.40 1.30	4.00 2.55 1.40	2.65 1.65 .90	1.45 .85 .45			
硤石	5.80 3.70 2.00	5.55 .503 1.90	5.40 3.40 1.85	5.80 3.30 1.35	5.25 3.30 1.80	5.55 3.50 1.90	3.65 2.30 1.20	2.40 1.50 .80	1.70 1.05 .55		
長安	6.75 4.30 2.35	6.50 4.15 2.25	6.35 4.05 2.20	6.10 4.85 2.10	6.20 3.95 2.15	6.50 4.15 2.25	5.15 3.25 1.75	3.30 2.10 1.15	2.65 1.65 .90	1.70 1.05 .55	
拱宸橋	8.25 5.30 2.90	7.85 5.05 2.75	7.85 5.05 2.75	7.70 4.95 2.70	7.70 4.95 2.70	7.85 5.00 2.70	6.50 4.20 2.30	5.40 3.40 1.85	4.15 2.65 1.45	3.05 1.95 1.05	2.25 1.40 .75
杭州	8.25 5.30 2.90	7.85 5.05 2,75	7.70 4.95 2.70	7.55 4.85 2.65	7.70 4.95 2.70	7.85 5.05 2.75	6.50 4.15 2.25	5.25 3.30 1.80	4.00 2.55 1.40	3.05 1.95 1.05	2.10 1.30 .70
南星橋	2.25 5.30 8.90	7.95 5.20 2.80	7.85 5.05 2.75	7.70 4.95 2.70	7.70 4.95 2.70	7.95 5.10 2.80	6.75 4.30 2.35	5.40 3.40 1.85	4.15 2.65 1.45	3.20 2.05 1.10	2.25 1.40 .75
閘口	8.35 5.40 2.95	8.10 5.20 2.85	7.95 5.10 2.80	7.85 5.05 2.75	7.85 5.00 2.70	8.10 5.20 2.85	6.75 4.30 2.35	5.55 3.50 1.90	4.25 2.75 1.50	3.30 2.10 1.15	2.40 1.50 .80

價目表

3. 京滬路客票價目表

表註數字係三等車票價頭等加二倍二等加一倍

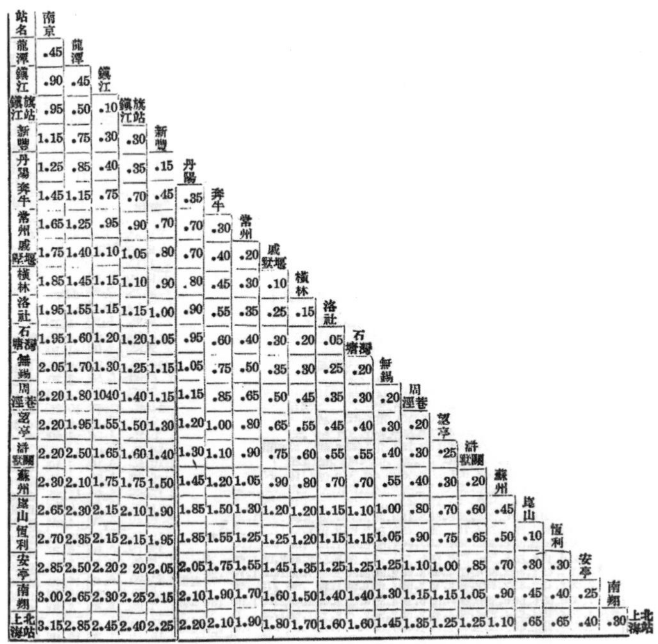

站名	南京	龍潭	鎮江	鎮江旗站	新豐	丹陽	奔牛	常州	戚墅堰	横林	洛社	石塘灣	無錫	周涇巷	望亭	滸墅關	蘇州	崑山	恒利	安亭	南翔
龍潭	.45																				
鎮江	.90	.45																			
鎮江旗站	.95	.50	.10																		
新豐	1.15	.75	.30	.30																	
丹陽	1.25	.85	.40	.35	.15																
奔牛	1.45	1.15	.75	.70	.45	.35															
常州	1.65	1.25	.95	.90	.70	.70	.30														
戚墅堰	1.75	1.40	1.10	1.05	.80	.70	.40	.20													
横林	1.85	1.45	1.15	1.10	.90	.80	.45	.30	.10												
洛社	1.95	1.55	1.15	1.15	1.00	.90	.55	.35	.25	.15											
石塘灣	1.95	1.60	1.20	1.20	1.05	.95	.60	.40	.30	.20	.05										
無錫	2.05	1.70	1.30	1.25	1.15	1.05	.75	.50	.35	.30	.25	.20									
周涇巷	2.20	1.80	1040	1.40	1.15	1.15	.85	.65	.50	.45	.35	.30	.20								
望亭	2.20	1.95	1.55	1.50	1.30	1.20	1.00	.80	.65	.55	.45	.40	.30	.20							
滸墅關	2.20	2.50	1.65	1.60	1.40	1.30	1.10	.90	.75	.60	.55	.55	.40	.30	.25						
蘇州	2.30	2.10	1.75	1.75	1.50	1.45	1.20	1.05	.90	.80	.70	.70	.55	.40	.30	.20					
崑山	2.65	2.30	2.15	2.10	1.90	1.85	1.50	1.30	1.20	1.20	1.15	1.10	1.00	.80	.70	.60	.45				
恒利	2.70	2.35	2.15	2.15	1.95	1.85	1.55	1.25	1.25	1.20	1.15	1.15	1.05	.90	.75	.65	.50	.10			
安亭	2.85	2.50	2.20	2 20	2.05	2.05	1.75	1.55	1.45	1.35	1.25	1.25	1.25	1.10	1.00	.85	.70	.30	.30		
南翔	3.00	2.65	2.30	2.25	2.15	2.10	1.90	1.70	1.60	1.50	1.40	1.40	1.30	1.15	1.15	1.05	.90	.45	.40	.25	
上海北站	3.15	2.85	2.45	2.40	2.25	2.20	2.10	1.90	1.80	1.70	1.60	1.60	1.45	1.35	1.25	1.25	1.10	.65	.65	.40	.30

4. 京滬鐵路特別快車客票價目表

自左至右為頭二三等價目以下仿此

站名	上海北站	註山	蘇州	無錫	常州	丹陽	鎮江旗站	鎮江	龍潭
註山	2.55 1.60 .80								
蘇州	3.90 2.50 1.25	1.95 1.20 .60							
無錫	5.55 3.5‘ 1.75	3.60 2.30 1.15	2.25 1.40 .70						
常州	6.90 4.40 2.20	5.10 3.20 1.60	3.75 2.40 1.20	2.10 1.30 .65					
丹陽	8.40 5.30 2.65	6.75 4.30 2.15	5.55 3.50 1.75	3.75 2.40 1.20	2.40 1.50 7.5				
鎮江旗站	9.00 5.70 2.85	7.50 4.80 2.40	6.45 4.10 2.05	4.95 3.10 1.55	3.30 2.10 1.05	1.65 1.00 .50			
鎮江	9.15 5.80 2.90	7.65 4.90 2.45	6.45 4.10 2.05	5.10 3.20 1.60	3.45 2.20 1.10	1.80 1.10 .55	.95 .50 .25		
龍潭	11.35 6.60 3.30	8.70 5.50 2.75	7.50 4.80 2.40	6.30 4.00 2.00	4.95 3.10 1.55	3.15 2.00 1.00	2.10 1.30 .65	1.95 1.20 .60	
南京	11.85 7.50 3.75	9.75 6.20 3.10	8.70 5.50 2.75	7.35 4.70 2.35	6.15 3.90 1.95	4.35 2.80 1.40	3.45 2.20 1.10	3.30 2.10 1.05	1.95 1.20 .60

5. 京滬滬杭甬鐵路特快頭二三等游覽來回票價目表

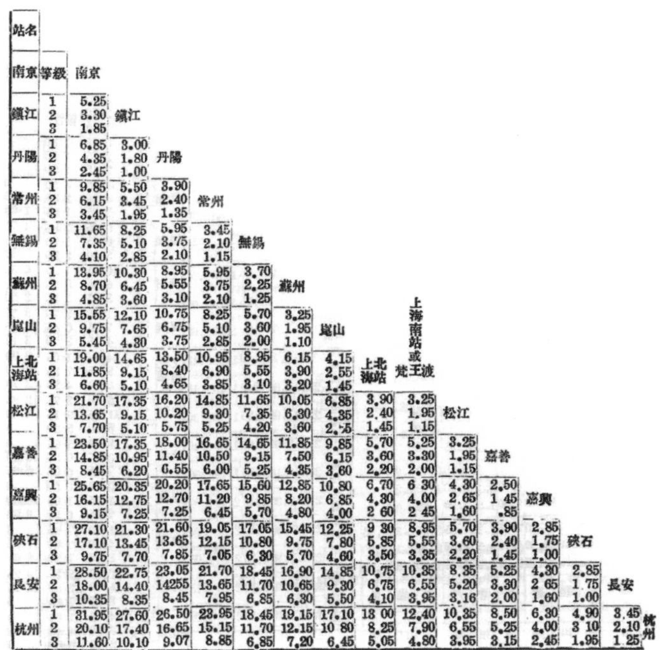

站名	等級	南京	鎮江	丹陽	常州	無錫	蘇州	崑山	上海北站	上海南站或梵王渡	松江	嘉善	嘉興	硤石	長安
鎮江	1	5.25													
	2	3.30													
	3	1.85													
丹陽	1	6.85	3.00												
	2	4.35	1.80												
	3	2.45	1.00												
常州	1	9.85	5.50	3.90											
	2	6.15	3.45	2.40											
	3	3.45	1.95	1.35											
無錫	1	11.65	8.25	5.95	3.45										
	2	7.35	5.10	3.75	2.10										
	3	4.10	2.85	2.10	1.15										
蘇州	1	13.95	10.30	8.95	5.95	3.70									
	2	8.70	6.45	5.55	3.75	2.25									
	3	4.85	3.60	3.10	2.10	1.25									
崑山	1	15.55	12.10	10.75	8.25	5.70	3.25								
	2	9.75	7.65	6.75	5.10	3.60	1.95								
	3	5.45	4.30	3.75	2.85	2.00	1.10								
上海北站	1	19.00	14.65	13.50	10.95	8.95	6.15	4.15							
	2	11.85	9.15	8.40	6.90	5.55	3.90	2.55							
	3	6.60	5.10	4.65	3.85	3.10	3.20	1.45							
松江	1	21.70	17.35	16.20	14.85	11.65	10.05	6.85	3.90	3.25					
	2	13.65	9.15	10.20	9.30	7.35	6.30	4.35	2.40	1.95					
	3	7.70	5.10	5.75	5.25	4.20	3.60	2.75	1.45	1.15					
嘉善	1	23.50	17.35	18.00	16.65	14.65	11.85	9.85	5.70	5.25	3.25				
	2	14.85	10.95	11.40	10.50	9.15	7.50	6.15	3.60	3.30	1.95				
	3	8.45	6.20	6.55	6.00	5.25	4.35	3.60	2.20	2.00	1.15				
嘉興	1	25.65	20.35	20.20	17.65	15.60	12.85	10.80	6.70	6 30	4.30	2.50			
	2	16.15	12.75	12.70	11.20	9.85	8.20	6.85	4.30	4.00	2.65	1 45			
	3	9.15	7.25	7.25	6.45	5.70	4.80	4.00	2 60	2 45	1.60	.85			
硤石	1	27.10	21.30	21.60	19.05	17.05	15.45	12.25	9 30	8.95	5.70	3.90	2.85		
	2	17.10	13.45	13.65	12.15	10.80	9.75	7.80	5.85	5.55	3.60	2.40	1.75		
	3	9.75	7.70	7.85	7.05	6.30	5.70	4.60	3.50	3.35	2.20	1.45	1.00		
長安	1	28.50	22.75	23.05	21.70	18.45	16.90	14.85	10.75	10.35	8.35	5.25	4.30	2.85	
	2	18.00	14.40	14255	13.65	11.70	10.65	9.30	6.75	6.55	5.20	3.30	2 65	1.75	
	3	10.35	8.35	8.45	7.95	6.85	6.30	5.50	4.10	3.95	3.16	2.00	1.60	1.00	
杭州	1	31.95	27.60	26.50	23.95	18.45	19.15	17.10	13 00	12.40	10.35	8.50	6.30	4.90	3.45
	2	20.10	17.40	16.65	15.15	11.70	12.15	10 80	8.25	7.90	6.55	5.25	4.00	3 10	2.10
	3	11.60	10.10	9.07	8.85	6.85	7.20	6.45	5.05	4.80	3.95	3.15	2.45	1.95	1 25

站名	等級	南京	鎮江	丹陽	常州	無錫	蘇州	崑山	上海北站	上海南站或梵王渡	松江	嘉善	嘉興	硤石	長安
鎮江	1	4.05													
	2	2.70													
	3	1.55													
丹陽	1	5 65	1.80												
	3	2.75	1.20												
	3	2.15	.20												
常州	1	7.45	4.30	2.70											
	3	4.95	2.85	1.80											
	3	2.85	1.65	1.05											
無錫	1	9.25	5.85	4.75	2.25										
	3	6.15	3.90	3.15	1.50										
	3	3.50	2.25	1.80	.85										
蘇州	1	10.35	7.90	6.55	4.75	2.50									
	2	6.90	5.25	4.35	3.15	1.65									
	3	3.95	3.90	2.50	1.80	.95									
崑山	1	11.95	9.70	8.35	5 85	4.50	2.05								
	2	7.95	6.45	5.55	3.90	3.00	1.35								
	3	4.55	3.70	3.15	2.25	1.70	.80								
上海北站	1	14.20	11.05	9.90	8.55	6.55	4.95	2.95							
	2	9.45	7.35	6.60	5.70	4.35	3.30	1.95							
	3	5.40	4.20	3.75	3.25	2.50	1.90	1 15							
松江	1	16.90	13.75	12.60	11.25	9.25	7.65	5.65	2.70	2.05					
	2	11.25	9.15	8.40	7.50	6.15	5.10	3.75	1.80	1.35					
	3	6.50	5.30	4.85	4.35	3.60	3.00	2.25	1.15	.85					
嘉善	1	18.70	15.55	14.40	18.05	11.05	9.45	7.45	4.50	4.05	2.05				
	2	12.45	10.35	9.60	8.70	7.35	6.30	4.95	3.00	2.70	4.35				
	3	7.25	6.05	5.65	5.10	4.35	3.75	3.00	1.90	1.70	.85				
嘉興	1	19.65	16.50	15.40	14.05	12.00	10.45	8.40	5.50	5.10	3.10	1.30			
	2	13.15	11.05	10530	9.40	8.05	7.00	5.65	3.70	3.40	2.05	.85			
	3	7.65	6.50	6.05	5.55	4.80	4.20	3.40	2.30	2.15	1.30	.55			
硤石	1	21.10	17.95	16.80	15.45	13.45	11.85	9.85	6.90	6.55	4.50	2.70	1.65		
	2	14.10	12.00	11.25	10.35	9.00	7.95	6.60	4.65	4.35	3.00	1.80	1.15		
	3	8.25	7.10	6.65	6.15	5.40	4.80	4.00	2.90	2.75	1.90	5.15	.70		
長安	1	22150	19.35	18.25	16.90	14.85	13.30	11.25	8.35	7.95	5.95	4.05	3.15	1.65	
	2	15.00	12.90	12.15	11.25	9.90	8.85	7.50	5.55	5.35	4.00	2.70	2.05	1.15	
	3	8.85	7.65	7.25	6175	5.95	5.45	4.60	3.50	3.35	2.50	1.70	1.30	.70	
杭州	1	24.75	21.64	20.50	19.15	17.10	5.55	13.50	10.60	10.00	7.95	6.10	5.10	1565	2.25
	2	16.50	14.40	13.65	12.75	11.40	10.35	9.00	7.05	6.70	5.35	4.05	3.40	1515	1 50
	3	9.80	8.60	8.20	7.65	6.90	6.30	5.55	4.45	4.20	3.25	2.55	2.15	570	.95

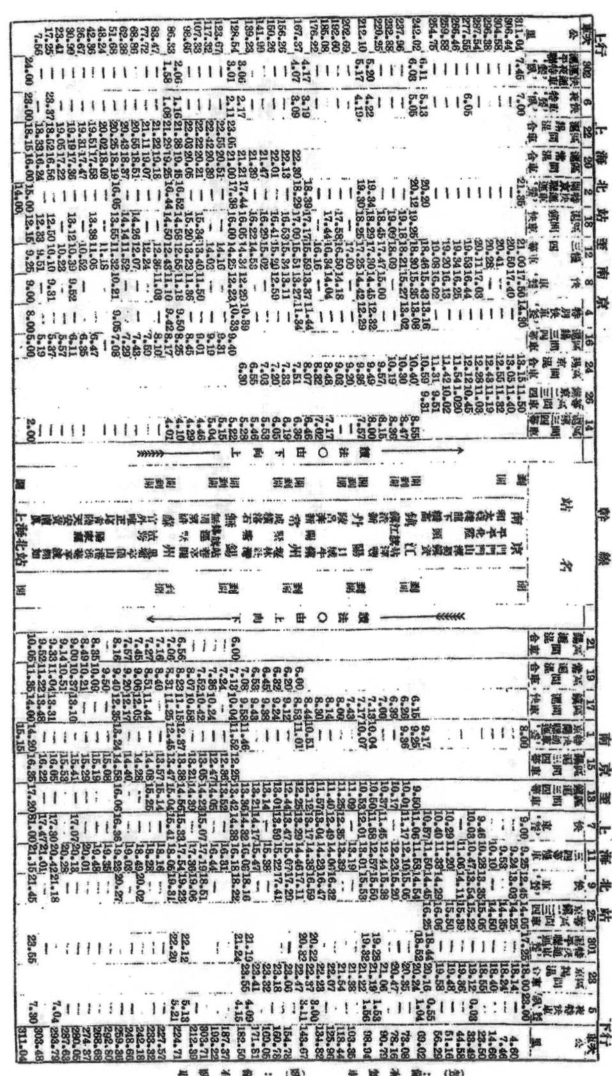

幹線

上海北站至南京

南京至上海北站

火車時刻表

乙、杭江鐵路

A. 沿革

緣起——浙江位於我國東南膏腴之地，人煙稠密，物產富饒。全省區域，因其天然形勢，分為浙東、浙西。浙西毗連江南，港汊交錯，且有滬杭鐵路，及因京杭滬杭等國道，相繼完成。水陸交通，均稱便利。浙東則僅甯紹兩屬，運輸尚便。至如金衢一帶，暨與贛閩接壤各縣，則山嶺伏起，溪流狹隘，運輸極感困難。故浙東之物質文明，及企業發展，均難與浙西並駕齊驅。自民國十六年革命軍到達江浙以後，歷任浙江省行政長官，莫不秉承總理遺訓，視建設為前提，尤以前主席張靜江先生，籌謀建設浙江計劃，最為宏遠。蓋張先生主浙時，鑒於浙西畸形之發展，欲使浙東共繁共榮，抑因汽車長途運輸，力量究屬有限，故謀建築鐵路，以便輸送大量客貨，此卽本路之緣起。

萌芽——浙省經營鐵路動議，肇始於民國十六年。其時國軍北伐，肅清江浙，張靜江先生受命來主浙政，鑒於兩浙交通，為山川形勢所限，爰命建設廳派員勘浙贛浙皖兩路綫，計劃建築狹軌輕便鐵路。嗣以張公去浙；案遂擱置，至十七年冬，張公方長建設委員會，兼秉浙政；卽於是年十二月，電調鎮遠來浙，仍循前測浙贛路線，重行踏勘，起自杭州閘口，遵錢塘江左岸，經富陽、桐廬、建德、蘭谿、龍游、衢縣，迄於江山，再延至江西之玉山，以通信江。全路約長三百十七公里，經兩閱月而勘畢，於十八年二月八日，提經浙江省政府委員會第二〇三次會議，議決，依照部定標準制，建築鐵道，定名浙江省杭江鐵路。

籌備——十八年二月念五日，浙江省政府委員會第二〇七次會議，通過杭江鉄路籌備處組織大綱，並任命鎮遠為本路籌備處主任。三月一日，籌備處立，先後組成四個測量隊，分段擔任全線初複測工作，五月念九日，省政府委員會决議，杭江鐵路籌備處限於五月底結束，應即改組工程局，着手計劃本路工程事宜，並任命鎮遠為浙江省杭江鐵路工程局局長兼總工程司。六月一日，工程局成立，七月念九日，各測量隊初複測，次第報竣，一律回局製圖。是時省政府因本路建築經費，尚未籌有的款，擬發行浙江省建設公債一千萬元，並指定該項公債六百二十八萬元為杭江鐵路建築費用；雖經呈奉中央核准照辦，究以債額既鉅，驟難募足，致陷停頓狀態。

改道——同年十二月十日，轉奉省政府令，飭以杭江鐵路工程局原有人員，辦理蕭常公路工程，並將已經指撥建築鐵路之一部分經費，移充建築蕭常公路之用。——情勢至此，杭江鐵路工程局名義雖未撤消，實施建築，殆屬無望，距不久復因建設廳提案，以蕭常公路里程較長，所經各地，人煙稠密，物產豐饒，客運而外，尤應兼顧貨運，任重致遠，殊非公路汽車所克負荷，擬循此綫，仍按標準軌間，改用輕軌，改築蕭常輕便鐵路，應於節省財力之中，兼寓徐圖發展之意，當經省政府委員會議通過，着即動工修築。惟查此綫與前定杭江路綫，係趨同一方向而行，差別僅在杭江係循江左，蕭常係循江右，現既改循江右以進，蕭諸義金間，地勢平坦，工程便易；為貫澈最初計劃接通贛東起見，乃就原定蕭常路綫北段，延至杭州對岸西興江邊為起點經蕭山、諸暨、義烏、金華、越金華江，改經湯溪以達龍游；自龍游而西，因衢常常玉間均有商辦汽車路，抑且常玉之間，山嶺重疊，工程較難；為節省工費及避免競爭計，决仍採用前測江左綫之一段，從衢縣迄江山，展延而玉山。是為本路幹綫，計長一百三十六公里，又由金華築一支路，以通蘭谿，是為金蘭支線，長約二十四公里。經茲改變以後，蓋已不復以蕭常兩邑為全路起訖，於是仍稱杭江鐵路，以符名實。

B. 運輸

1. 車輛

本路現有車輛，係用江蘭段建築資本購買者，共計機車九輛，客車三十輛，貨車八十輛；其用金玉段建築資本卽借中英庚款訂購者，共計機車六輛，客車底架二十四輛，貨車底架五十輛，現除貨車底架五十輛，已於十月間運到，裝置完竣，卽可加入運輸外，機車年內只能運到一輛，其餘機車五輛及客車底架二十四輛，均須於明春運到。

2. 客運

（一）**注重三等客車**　各路客運等級，多分三等或四等，客運收入，則三四兩等幾佔全部百分之九十。故杭江路認清此點，以全副精神，整理三等客車，空氣光綫，及清潔設備，均在他路之上，此為一般所公認者。

（二）**冬季開駛小工車** 京滬杭路均開駛四等車，便利平民，杭江鐵路雖無此項設備，然於冬季特開工人專車，因沿線人民，多出外工作，冬季回鄉，其性質與各路之四等無異。

（三）**三等中式飯車** 客車膳食設備，各路多用西式菜饌，不特暢銷外貨，且定價昂貴，又不合國人習慣，旅客多感不便，杭江路不售西菜，並將中式飯菜，分成三等，以便各級旅客，此外取銷三等車之叫賣雜食，以整秩序。

（四）**添設二三等臥車** 各路臥車設備，僅限於頭二等，杭江路現正添置二三等臥車，以便夜車旅客。

3. **貨運**

由鐵路營業之本身言，發達貨運，較客運尤為重要，因客運之設備費用，較貨運為大，故貨運之發展，尤應注意。杭江路之發展貨運設施，亦可分成左列數點：

（一）**實行負責運輸** 杭江路於開辦貨運之時，即辦理負責運輸，初為有限制之規定；自二十二七月起，貨物完全由路負責，如果損失，照章賠償。然實行以來，絕少賠償之事發生，可見負責運輸，並非難辦，祇須員工之管理手續完備可耳。且負責運輸，並不加價，蓋認為路局應負之責任也。

（二）**擴展貨運範圍** 其辦法分下列三點：（一）鉄路路綫所經地點，並非全屬名都巨鎮，故須設法吸收較遠之貨物。杭江路於蕭山、臨浦、義烏、金華、蘭谿各站，均建築接運碼頭或岔道，直達水埠，實行水陸接運。（二）在杭州之三郎廟及閘口兩處，分設車站，承運貨物，並經辦渡江手續，（三）計劃於都市中心地點，設立營業辦事處，接收貨物，代客運往車站，此皆便利商人，擴展貨運範圍之辦法。

（三）**貨運辦法商業化**　我國鐵路，以多屬官辦，且有獨占性質，因之營業方法，不免沾染官場習氣。杭江路對於營業，純從商業原理着手，一方面糾正員司對待商人之方法，一方面灌輸鐵路運輸知識於客商。其實施辦法，一為將鐵路運輸簡章，印成廣告，到處露佈，且遠及沿綫各鄉鎮，以免轉運公司上下其手。二為予商人以發表意見之機會，在沿綫重要城市，召集運輸會議。由路局與商人共同討論溝通彼此意見。三為訓練員工，注重商業實慣。以和平誠摯之態度對待運商。

4. **聯運**

杭江鐵路與京滬杭路旅客聯運辦法，自二十一年十月起，卽已實行，至負責貨物聯運辦法，於二十二年七月實行；中途既可免報運手續，又可省轉運公司佣金，商貨負擔減輕，貨物銷售增旺，鐵路營業亦因而增加，全線通車以後又擬加入全國聯運，貨運必更見起色，如沿綫出產紙類，可以直接運銷北方，至與杭江路銜接各公路之聯運，如蕭紹、金永武、義東、江浦各路，均擬分別進行商訂辦法。惟水陸聯運，以水道船舶，尚無正式之組織，一時不能實現。

分站——本路全綫共設三十六站，閘口三廊廟兩站，專為便利渡江客貨而設僅以營業有限：其在江蘭段內者，計有靜江、江邊、蕭山、白鹿塘、臨浦、尖山、湄池、直埠、白門、諸暨、牌頭、安華、蘇溪、義烏、義亭、孝順、塘雅、金華、竹馬館、蘭谿等二十站：在金玉段內者，計有古方、湯溪、湖鎮、龍游、安仁、樟樹潭、衢縣、念里街、後溪街、江山、賀村、新塘邊、下鎮、玉山等十四站。

車次——現在江蘭段每日開行直達旅客列車往返各二次，江邊金華間區間混合列車往返各一次，金華衢縣間，暫用材料列車載運客貨。十二月二十八日全綫通車以後，江邊玉山間每日開行直達旅客列車往返各二次，江邊金華間，金華玉山間，及金華蘭溪間每日各開混合列車往返各一次。

C. 行車時刻表

上行車

車次／站名	1	3	3	11	13
	江 蘭	江 玉	金 蘭	江 金	金 玉
江邊	9.25	17.25		14.00	
蕭山	9.45	16.43		14.27	
白鹿塘	10.02			14.49	
臨浦	10.17	18.21		15.32	
尖山	10.35	18.40		15.51	
湄池	10.53			16.10	
直埠	11.15	19.20		19.33	
白門	11.34			16.52	
諸暨	11.55	20.05		17.18	
牌頭	12.32	20.43		18.00	
安華	12.50	21.01		18.26	
鄭家塢	13.07	21.19		18.48	
蘇溪鎮	13.55	22.14		19.53	
義烏	14.18	22.42		20.40	
義亭	14.46	23.15		21.25	
孝順	15.12	23.42		22.03	
塘雅	15.36	10.10			
金華	16.14	1.10	2.20	22.30	5.50
竹馬	16.30		2.38	23.00	
蘭溪	17.00		3.10		
古方		1.50			6.35
湯溪		2.38			7.26
湖鎮		3.04			8.00
龍游		3.54			9.05
安仁		4.30			9.47
樟樹潭		5.04			10.30
衢縣		5.45			11.28
廿里街		6.13			12.00
後溪街		6.45			12.42
江山		7.55			14.05
賀村		8.50			15.15
新塘邊		9.22			15.54
下鎮		9.47			16.18
玉山		10.55			17.30

下行車

車次／站名	2	4	4	12	14
	蘭 江	玉 江	蘭 金	金 江	玉 金
玉山		13.00			7.35
下鎮		14.12			8.54
新塘邊		14.37			9.25
賀村		15.10			10.10
江山		16.16			11.38
後溪街		17.18			12.50
廿里街		17.48			13.25
衢縣		18.26			14.20
樟樹潭		18.54			14.55
安仁		19.27			15.35
龍游		20.10			16.40
湖鎮		20.50			17.30
湯溪		21.16			18.00
古方		22.06			18.56
蘭溪	6.20		21.00		
竹馬	6.52		21.32		
金華	7.30	23.35	21.48	2.30	19.35
塘雅	7.58	0.08		3.04	
孝順	8.22	0.35		3.39	
義亭	8.48	1.02		4.30	
義烏	9.18	1.37		5.40	
蘇溪鎮	10.00	2.17		6.30	
鄭家塢	10.34	2.54		7.06	
安華	10.52	3.12		7.35	
牌頭	11.09	3.34		7.55	
諸暨	12.05	4.14		8.37	
白門	12.22			8.55	
直埠	12.41	4.50		9.14	
湄池	13.03			9.37	
尖山	13.21	5.29		9.58	
臨浦	13.45	5.52		10.45	
白鹿塘	13.59			11.00	
蕭山	14.24	6.24		11.28	
江邊	14.40	6.40		11.45	

D. 客車價目表

本表賣價，係三等客座價目，二等應照加一倍，頭等照加二倍。本路發售車票徵收運費，概收本地通用銀元及銀行鈔票，但以本路規定者為限。銀輔幣及銅元，應照本路規定行市核算。孩童來滿四歲者免費，已滿四歲至未滿十二歲者半價，已滿十二歲及十二歲以上者全價，但免收票價之孩童，不得佔用座位。

凡旅客託運行李，超過本路規定免費重量限度者，每二十公斤每公里收運費二厘，不及二十公斤者，亦按二十公斤計算。

包裹運價，二百五十公里以內，每公斤每五十公里，或不及五十公里七厘；二百五十一公里，至五百公里，每公斤每五十公里，或不及五十公里五厘五毫。

杭江鐵路客票價目及各站里程表

	靜江	江邊	蕭山	白鹿塘	臨浦	尖山	湄池	直埠	白門	諸曁	牌頭	安華	鄭家塢	蘇溪	義烏	義亭	孝順	塘雅	金華	竹馬	蘭谿	古方	湯溪	湖鎮	龍游	安仁	樟樹潭	衢縣	廿里街	後溪街	江山	賀村	新塘邊	下鎮	玉山
江邊	.10
蕭山	.15	.15
白鹿塘	.25	.25	.15
臨浦	.35	.35	.25	.10
尖山	.50	.50	.35	.25	.15
湄池	.60	.60	.50	.35	.25	.15
直埠	.75	.75	.65	.50	.45	.30	.15
白門	.85	.85	.75	.60	.55	.40	.25	.10
諸曁	1.00	1.00	.75	.75	.65	.55	.40	.25	.15
牌頭	1.35	1.35	1.25	1.10	1.00	.90	.75	.60	.50	.40
安華	1.50	1.50	1.35	1.25	1.15	1.05	.90	.75	.65	.50	.15
鄭家塢	1.65	1.65	1.55	1.40	1.30	1.20	1.05	.90	.80	.70	.30	.20
蘇溪鎮	1.90	1.90	1.75	1.65	1.55	1.45	1.30	1.15	1.05	.90	.55	.40	.25
義烏	2.15	2.15	2.00	1.90	1.80	1.65	1.55	1.40	1.30	1.15	.80	.65	.50	.25
義亭	2.45	2.45	2.30	2.20	2.10	1.95	1.85	1.70	1.60	1.45	1.10	.95	.80	.55	.30
孝順	2.65	2.65	2.60	2.45	2.35	2.25	2.10	1.95	1.85	1.75	1.40	1.25	1.10	.85	.60	.30
塘雅	2.75	2.75	2.70	2.65	2.60	2.50	2.35	2.20	2.10	2.00	1.60	1.50	1.30	1.10	.85	.55	.25
金華	2.85	2.75	2.80	2.75	2.70	2.65	2.60	2.50	2.40	2.30	1.90	1.80	1.60	1.40	1.15	.85	.55	.30
竹馬	2.90	2.90	2.85	2.80	2.75	2.70	2.65	2.60	2.55	2.45	2.10	1.95	1.80	1.55	1.30	1.00	.75	.50	.20
蘭谿	3.00	3.00	2.95	2.90	2.85	2.80	2.75	2.70	2.65	2.60	2.35	2.20	2.05	1.80	1.60	1.30	1.00	.75	.45	.30
古方	3.15	3.15	3.10	3.05	3.00	2.95	2.90	2.80	2.70	2.60	2.20	2.10	2.60	1.70	1.45	1.15	.85	.60	.30	.35	.55
湯溪	3.45	3.45	3.40	3.35	3.30	3.25	3.20	3.10	3.00	2.90	2.50	2.40	2.20	2.00	1.75	1.45	1.15	.90	.60	.65	.75	.35
湖鎮	3.60	3.60	3.55	3.50	3.45	3.40	3.35	3.25	3.15	3.05	2.65	2.55	2.35	2.15	1.90	1.60	1.30	1.05	.75	.80	.90	.50	.20
龍游	3.85	3.85	3.80	3.75	3.70	3.65	3.60	3.50	3.40	3.30	2.90	2.80	2.60	2.40	2.15	1.85	1.55	1.30	1.00	1.05	1.15	.75	.45	.30
安仁	4.10	4.10	4.05	4.00	3.95	3.90	3.85	3.75	3.65	3.55	3.15	3.05	2.85	2.65	2.40	2.10	1.80	1.55	1.25	1.30	1.40	1.00	.70	.50	.25
樟樹潭	4.35	4.35	4.30	4.25	4.20	4.15	4.10	4.00	3.90	3.80	3.40	3.30	3.10	2.90	2.65	2.35	2.05	1.80	1.50	1.55	1.65	1.20	.90	.75	.50	.25
衢縣	4.50	4.50	4.45	4.40	4.35	4.30	4.25	4.15	4.05	3.95	3.55	3.45	3.25	3.05	2.80	2.50	2.20	1.95	1.65	1.70	2.80	1.40	1.10	.90	.65	.40	.20
廿里街	4.70	4.70	4.65	4.60	4.55	4.50	4.45	4.35	4.25	4.15	3.75	3.65	3.45	3.25	3.00	2.70	2.40	2.15	1.85	1.90	2.00	1.60	1.25	1.10	.85	.60	.40	.20
後溪街	4.90	4.90	4.85	4.80	4.75	4.70	4.65	4.55	4.45	4.35	3.95	3.85	3.65	3.45	3.20	2.90	2.60	2.35	2.05	2.10	2.20	1.80	1.45	1.30	1.05	.80	.60	.40	.20
江山	5.20	5.20	5.15	5.10	5.05	5.00	4.95	4.85	4.75	4.65	4.25	4.15	3.95	3.75	3.50	3.20	2.90	2.65	2.35	2.40	2.50	2.10	1.80	1.60	1.35	[illegible]	.90	.70	.55	.35
賀村	5.50	5.50	5.45	5.49	5.35	5.30	5.25	5.15	5.05	4.95	4.55	4.45	4.25	4.05	3.80	3.50	3.20	2.95	2.65	2.70	2.80	2.40	2.05	1.90	1.65	1.40	1.20	1.00	.80	.60	.30
新塘邊	5.65	5.65	5.60	5.55	5.50	5.45	5.40	5.30	5.20	5.10	4.70	4.60	4.40	[illegible]	3.95	3.65	3.35	3.10	2.80	2.85	2.95	2.55	2.20	2.05	1.80	1.55	1.35	1.15	1.00	.80	.45	.20
下鎮	5.75	5.75	5.70	5.65	5.60	5.55	5.50	5.40	5.30	5.20	4.80	4.70	4.50	[illegible]	4.05	3.75	3.45	3.20	2.90	2.95	3.05	2.65	2.35	2.20	1.90	1.70	1.45	1.30	1.10	.90	.60	.30	.15
玉山	6.15	6.15	6.10	6.05	6.00	5.95	5.90	5.80	5.70	5.60	5.20	5.10	4.90	4.70	4.45	4.15	3.85	3.60	3.30	3.35	3.45	3.00	2.70	2.55	2.30	2.05	1.80	1.65	1.45	1.25	.95	.65	.50	.40
各站間	公里	6	14	23	29	37	46	56	63	71	89	96	104	116	128	143	157	169	184	193	206	190	213	221	234	246	257	266	275	285	301	315	323	329	347

丙、長途汽車

武林門之汽車總站，為全省公路汽車之總站，亦即全省公路網網中樞，已如上述，現與杭市直接通車者，有京杭綫，滬杭線，杭長線，杭平線，杭富線，杭塘線，杭徽線，蕭紹曹線等，茲將各路線經過地，行車時刻及價目一覽等，詳載于後，以便讀者之應用。

A. 各路長途汽車經過地點，行車時刻及價目表

1. 京杭線

京杭綫利用已成之杭長線，與蘇省江南汽車公司京宜線銜接，由杭州可直達南京，每日各開直達通車一次，上午七時開出，至下午五時可到，經過大站如吳興，長興，宜興，溧陽，句容，湯山等，除宜興停車休息一小時外，概不停車，該處專設餐社可任意進餐，上車地點武林門總站或湖濱分站均可，票價每人五元　角，行李在二十公斤以下者免費，小件可隨身攜帶，京杭交通上新展之捷經也，其他小站，詳京宜綫及杭平線。

京杭直達車行車時刻表

京杭直達車行車時刻表

站名	時間	上行車
湖濱	開	上午 7.20
杭州	開	7.30
三橋埠	開	9.00
湖州	開	10.10
長興	開	10.50
宜興	開 到	下午 12.20 12.50
溧陽	開	1.50
句容	開	4.10
南京	開	5.30

站名	時間	下行車
南京分站	開	上午 7.00
南京	開	7.30
句容	開	9.00
溧陽	開	11.40
宜興	開 到	下午 12 40 1.10
長興	開	2.10
湖州	開	2.50
三橋埠	開	4.00
杭州	開	5.30

京杭直達車客票價目表

站名 \ 票價 \ 站名	南京	句容	溧陽	宜興
杭州	5.85	5.00	3.60	2.90
三橋埠	4.90			
湖州	4.20			

京杭直達車客票價目表

2. 滬杭線

滬杭綫即由杭州可直達上海之公路，分滬閔，閔南，南柘，柘金，乍金，杭乍六大段，共設三十六站。全路約長二百十六公里，汽車五小時可達。于民國二十一年十月十日全線通車，本路風景區域以柘林至金絲娘橋一段為最佳。

本路貫穿蘇浙兩省，由二省分區建築。其行車營業，全路可分為三部份，一為滬閔南柘段，由滬市至閔行二十五公里，二為平乍閔段，由閔行至乍浦六十七公里，三為杭乍段，由乍浦至杭州一百十八公里，今將各段行車時刻及價目表分列于後。

滬閔南柘段行車時刻每日夏秋間九次，冬春間八次上午為八，九，十，十一時，下午為一，二，三，四，五時。

滬閔南柘段客車價目表

上海								
20	土山灣							
25	15	[illegible]						
30	20	15	吳家巷					
40	30	20	15	錢糧廟				
50	40	30	25	15	顓橋			
60	50	45	40	35	25	北橋		
70	60	50	45	40	35	15	閔行	
75	70	60	50	45	40	25	20	

滬杭路平乍閔段客票價目表

滬杭路平乍閔段客票價目表

站名	平湖	虹霓堰	乍浦	興興鎮	全公亭	金絲娘橋	金山衛	金山嘴	漕涇	柘林	西新市	南橋	蕭塘
虹霓堰	.17												
乍浦	.27	.17											
興興鎮	.36	.36											
全公亭	.53	.53	.38	.17									
金絲娘橋	.64	.64	.49	.28	.11								
金山衛	.78	.78	.62	.42	.25	.14							
金山嘴	.89	.89	.74	.53	.36	.25	.12						
漕涇	1.06	1.06	.91	.70	.53	.42	.29	.17					
柘林	1.24	1.24	1.08	.88	.71	.60	.46	.35	.17				
西新市	1.32	1.32	1.17	.96	.79	.68	55	.43	.26	.09			
南橋	1.48	1.48	1.33	1.12	.95	.84	.71	.59	.42	.25	.14		
蕭塘	1.61	1.61	1.34	1.25	1.08	.97	.83	.72	.55	.37	.29	.18	
閔行	1.63	1.63	1.34	1.34	1.17	1.06	.92	81	.63	.46	.33	.21	.09

滬杭路平乍閔段各站行李價目表

滬杭路平乍閔段各站行李價目表

站名	平湖	虹霓堰	乍浦	興興鎮	全公亭	金絲娘橋	金山衛	金山嘴	漕涇	柘林	西新市	南橋	蕭塘
虹霓堰	.02												
乍浦	.03	.02											
興興鎮	.04	.04	.02										
全公亭	.05	.05	04	.02									
金絲娘橋	.06	06	.05	.03	.01								
金山衛	.08	.08	.06	.04	.03	.01							
金山嘴	.09	.09	07	.05	.04	.03	01						
漕涇	.11	.11	.09	.07	.05	04	.03	.02					
柘林	.12	.12	.11	.09	.07	.06	.05	.04	.02				
西新市	.13	.13	.12	.10	.08	.07	.06	.04	.03	.01			
南橋	.15	.15	.13	.11	.10	.08	.07	.06	.04	.03	.01		
蕭塘	.16	.16	.13	.13	.11	.10	.08	.07	.06	.04	.03	.01	
閔行	.16	.16	.13	.13	.12	.11	.09	.08	.06	.05	.03	.02	.01

滬杭路平乍閔段小包車價目表

滬杭路平乍閔段小包車價目表

	平湖	虹霓堰	乍浦	興興鎮	全公亭	金絲娘橋	金山衛	金山嘴	漕涇	柘林	西新市	南橋	蕭塘
虹霓堰	1.36												
乍浦	2.16	1.36											
興興鎮	2.88	2.88	1.66										
全公亭	4.24	4.24	3.04	1.36									
金絲娘橋	5.12	5.12	3.92	2.24	1.00								
金山衛	6.24	6.24	4.96	3.36	2.00	1.12							
金山嘴	7.12	7.12	5.92	4.24	2.88	2.00	1.00						
漕涇	8.48	8.48	7.28	5.60	4.24	3.36	2.32	1.36					
柘林	9.92	9.92	8.64	7.04	5.68	4.80	3.68	2.80	1.36				
西新市	10.56	10.56	9.36	7.68	6.32	5.44	4.40	3.44	2.08	1.00			
南橋	11.84	11.84	10.64	8.96	7.60	6.72	5.68	4.72	3.36	2.00	1.12		
蕭塘	12.88	12.88	10.72	10.00	8.64	7.76	6.64	5.76	4.4	2.96	2.32	1.04	
閔行	13.04	13.04	10.72	10.72	9.36	8.48	7.36	6.48	5.04	3.68	2.64	1.68	1.00

滬杭路平乍閔段各站里程表

滬杭路平乍閔段各站里程表

	平湖	虹霓堰	乍浦	興鎮	全公亭	金絲娘橋	金山衛	金山嘴	漕涇	柘林	西新市	南橋	蕭塘
虹霓堰	7.75												
乍浦	14.33	6.58											
興鎮	23.24	15.49	8.91										
全公亭	30.74	22.99	16.41	7.50									
金絲娘橋	35.45	27.70	21.12	12.21	4.71								
金山衛	41.45	33.70	27.12	18.21	10.71	6.00							
金山嘴	46.45	38.70	32.12	23.21	15.70	11.00	5.00						
漕涇	53.85	46.10	39.52	30 61	23.11	18.40	12.46	7.40					
柘林	61.45	53.70	47.12	38.21	30.71	26.00	20.00	15.00	7.60				
西新市	65.15	57.40	50.82	41.91	34.41	29.70	23.70	18.70	11.30	3.70			
南橋	72.15	64.40	57.82	48.91	41.41	36 70	30.70	25.70	18.30	10.70	7.00		
蕭塘	77.75	70.00	63 42	54.51	47.01	42.30	36.30	31.30	23.90	16.30	12.60	5.60	
閔行	81.45	73.70	67.12	68.21	50.71	46.00	40.00	35.00	27.60	20.00	16.30	9.30	3.70

滬杭路平乍閔段行車時刻表

滬杭路平乍閔段行車時刻表　上行車

閔行	蕭塘	南橋	西新市	柘林	漕涇	金山衛	金山嘴	金絲娘橋	全公亭	興興鎮	乍浦	虹霓堰	平湖
點分開	點分開	點分開	點分開	點分開	點分開	點分開	點分開	點分開	點分開	點分開	點分開	點分開	點分開
											上午7.20	7.32	[illegible].46
		上午7.00	7.13	7.19到									
											上午8.50	9.02	9.16
上午 8.00	8.08	8.19到											
											上午 10.30	10.32	10.46
上午 8.20	8.28	8.39	8.52	8.58到									
上午 9.10	9.18	9.29	9.42	9.48	10.02到								
上午 9.20	9.28	9.39	9.52	9.58	10.12	10.25	10.34	10.45	10.54	11.07	11.24	11.36	11.50
											上午 11.40	11.52	下午12.06
上午 10.00	10.08	10.19	10.32	10.38到									
上午 10.20	10.28	10.39	10.52	10.58	11.12	11.25	11.34	11.45	11.54	下午12.[illegible]	12.24	12.36	12.50
上午 11.20	11.28	11.39到											
											下午2.00	2.12	2.26
下午 12.20	12.28	12.39到											
											下午3.40	3.52	4.06
下午 2.10	2.18	2.29到											
下午 2.20	2.28	2.39	2.52	2.58	3.12到								
下午 2.20	2.28	2.39	2.52	2.58	3.12	3.25	3.34	3.45	3.54	4.07	4.24	4.36	4.50
下午 3.20	3.28	3.39	3.52	3.58	4.12	4.25	4.34	4.45	4.54	5.07	5.24	5.36	5.50
下午 4.00	4.08	4.29到											
下午 4.30	4.38	4.49	5.02	5.08到									
下午 5.00	5.08	5.19到											
下午 5.30	5.38	5.49到											

下行車

平湖	虹霓堰	乍浦	興興鎮	全公亭	金絲娘橋	金山衛	金山嘴	漕涇	柘林	西新市	南橋	蕭塘	閔行
點分開	點分開	點分開	點分開	點分開	點分開	點分開	點分開	點分開	點分開	點分開	點分開	點分開	點分到
											上午7.00	7011	7.19
											上午7.30	7.41	7.49
									上午 7.30	7.36	7.49	8.00	8.08
											上午8.30	8.41	8.49
上午 7.00	7.14	7.26	7.43	7.56	8.05	8.16	8.25	8.38	8.52	8.58	9.11	9.22	9.30
									上午 9.10	9.16	9.29	9.41	9.49
上午 8.00	8.14	8.26到											
								上午 10.10	10.24	10.30	10.43	10.54	11.02
									上午 11.20	11.26	11.39	11.50	11.58
上午 9.30	9.44	9.56	10.13	10.26	10.35	10.46	10.55	11.08	11.22	11.28	11.41	11.52	12.00
上午 9.40	9.54	10.06到											
											下午 12.20	12.31	12.39
上午 11.00	11 14	11.26到											
											下午1.20	1.31	1.39
											下午2.40	2.51	2.59
下午 12.30	12.44	12.56	1.13	1.26	1.35	1.46	1.55	2.08	2.22	2.28	2.41	2.52	3.00
下午 1.00	1.14	1.26到											
								下午 3.30	3.44	3.50	4.03	4.14	4.22
下午 2.00	2.14	2.26	2.43	2.56	3.05	3.16	3.25	3.38	3.52	3.58	4.11	4.22	4.30
											下午4.30	4.41	4.49
下午 3.00	3.14	3.26到											
									下午 5.30	5.36	5.49到		
下午 5.00	5.14	5.26											

黃山段各站一覽表

站名＼類別	客票	小包車	行李	里程
平湖	.35	2.80	.04	17.78
虹霓堰	.23	1.84	.02	10.03
乍浦	.08	1.00	.01	3.45
興興鎮	.21	1.68	.02	9.20
全公亭	.38	3.04	.04	16.70
金絲娘橋	.49	3.92	.05	21.41
金山衛	.63	5.04	.06	27.41
金山嘴	.75	6.00	.08	32.41
漕涇	.92	7.36	.09	39.81
柘林	1.09	8.72	.11	47.41
西新市	1.18	9.44	.12	51.11
南橋	1.34	10.72	.13	58.11
蕭塘	1.47	11.76	.15	63.71
閔行	1.55	12.40	.16	67.41

黃山段各站一覽表

3. 杭長線

杭長線卽京杭綫之一段，由杭州至長興，全長一百十六公里另二六，分小河，彭公，東篁，上柏，武康，三橋埠，埭溪，菁山，施家橋，湖州，楊家埠，李家巷等十二站，避署勝地莫干山，可由三橋埠站換車而進，計七・〇七公里，客票價二角，小包車一元六角。亦有由杭州直達莫干山專車，茲將里程價目等，列表於下。

杭長路各站客票價目表

杭長路各站客票價目表

	杭州	小河	彭公	東篁	上柏	武康	三橋埠	埭溪	菁山	施家橋	湖州	楊家埠	李家巷
東篁	.94	.80	.08										
上柏	1.12	.98	.26	.18									
武康	1.32	1.18	.46	.38	.21								
三橋埠	1.41	1.27	.57	.49	.31	.10							
埭溪	1.69	1.55	.90	.82	.64	.43	.31						
菁山	1.90	1.78	1.15	1.07	.90	.68	.55	.25					
施家橋	2.09	1.96	1.36	1.28	1.11	.90	.75	.44	.22				
湖州	2.53	2.21	1.67	1.59	1.41	1.20	1.05	.70	.52	.33			
楊家埠	2.35	2.39	1.88	1.81	1.62	1.42	1.25	.89	.72	.54	.18		
李家巷	2.75	2.61	2.12	2.04	1.87	1.66	1.48	1.11	.95	.79	.41	.23	
長興	3.05	2.90	2.40	2.33	2.15	1.94	1.75	1.41	1.26	1.12	.70	.53	.34

杭長路各站小包車價目表

杭長路各站小包車價目表

	杭州	小河	彭公	東篁	上柏	武康	三橋埠	埭溪	菁山	施家橋	湖州	楊家埠	李家巷
東篁	7.52	6.40	1.00										
上柏	8.96	7.84	2.08	1.44									
武康	10.56	9.44	3.68	3.04	1.68								
三橋埠	11.28	10.16	4.56	3.92	2.48	1.00							
埭溪	13.52	12.40	7.20	6.56	5.12	3.44	2.48						
菁山	15.20	14.24	9.20	8.56	7.20	5.44	4.40	2.00					
施家橋	16.72	15.68	10.88	10.24	8.88	7.20	6.00	3.52	1.76				
湖州	18.80	17.68	13.36	12.72	11.28	9.60	8.40	5.60	4.16	2.64			
楊家埠	20.24	19.12	15.04	14.48	13.04	11.36	10.00	7.12	5.76	4.23	1.44		
李家巷	22.00	20.88	16.96	16.32	14.96	13.28	11.84	8.88	7.60	6.32	3.28	1.84	
長興	24.40	23.20	19.20	18.64	17.20	15.52	14.00	11.28	10.08	8.96	5.60	4.24	7.72

杭長路各站每單位行李價目表

杭長路各站每單位行李價目表

	杭州	小河	彭公	東篁	上柏	武康	三橋埠	埭溪	菁山	施家橋	湖州	楊家埠	李家巷
東篁	.09	.08	.01										
上柏	.11	.10	.03	.02									
武康	.13	.12	.05	.04	.02								
三橋埠	.14	.13	.06	.05	.03	.01							
埭溪	.17	.16	.09	.08	.06	.04	.03						
菁山	.19	.18	.12	.11	.09	.07	.06	.03					
施家橋	.21	.20	.14	.13	.11	.09	.08	.04	.02				
湖州	.24	.22	.17	.16	.14	.12	.11	.07	.05	.03			
楊家埠	.25	.24	.19	.18	.16	.14	.13	.09	.07	.05	.02		
李家巷	.28	.26	.21	.20	.19	.17	.15	.11	.10	.08	.04	.02	
長興	.31	.29	.24	.23	.22	.19	.18	.14	.13	.11	.07	.05	.03

杭長路各站里程表

杭長路各站里程表

	杭州	小河	彭公	東篁	上柏	武康	三橋埠	埭溪	菁山	施家橋	湖州	楊家埠	李家巷
東篁	33.58	28.75	3.41										
上柏	39.95	35.12	9.78	6.37									
武康	47.43	42.61	17.27	13.85	7.48								
三橋埠	51.05	46.22	20.88	17.47	11.10	3.61							
埭溪	62.72	57.89	32.55	29.14	22.77	15.28	11.67						
菁山	71.72	66.90	41.56	38.14	31.77	24.29	20.67	9.00					
施家橋	79.27	74.45	49.11	45.69	39.32	31.84	28.22	16.55	7.54				
湖州	90.12	85.30	59.96	56.54	50.17	42.69	39.07	27.40	18.39	10.85			
楊家埠	97.63	92.81	67.46	64.05	57.68	50.19	46.58	34.91	25.90	18.35	7.50		
李家巷	106.36	101.54	76.19	72.78	66.41	58.92	55.31	43.64	34.63	27.08	16.23	8.72	
長興	116.26	111.44	86.09	82.68	76.31	68.82	65.21	53.54	44.53	36.98	26.13	18.36	9.90

4. 杭平線

杭平路分杭海，海乍兩段，杭海段經過泰清，七堡，喬司，翁家埠，袁家壩，長安，胡家兜，海甯等八站，海乍段經過八堡，新倉，舊倉，閘口，袁化，黃灣，角里堰，澉浦，長川壩，場前，乍浦等十二站茲將行車時刻價目，里程等表，附列于后：

杭平路杭海段行車時刻表

上行車

海寧	胡家兜	長安	袁家壩	翁家埠	喬司	七堡	清泰	杭州
點分開	點分開	點分開	點分開	點分開	點分開	點分開	點分開	點分到
上午 7.20	7.35		7.46	7.56	8.08	8.23	8.41	8.55
上午 7.20	7.35	7.48						
上午 10.00	10.15	10.28						
上午 10.00	10.15		10.26	10.36	10.48	11.03	11.21	11.35
上午 12.20	12.35		12.46	12.56	1.08	1.23	1.41	1.55
下午 12.30	12.45	12.58						
下午 2.20	2.35	2.48						
下午 3.30	3.45		3.56	4.06	4.18	4.33	4.51	5.05
下午 4.25	4.40	4.53						

下行車

杭州	清泰	七堡	喬司	翁家埠	袁家壩	長安	胡家兜	海寧
點分開	點分開	點分開	點分開	點分開	點分開	點分開	點分開	點分開
						上午 8.20	8.34	8.48
上午 7.20	7.36	7.53	8.09	8.20	8.30		8.41	8.55
						上午 10.40	10.54	11.08
上午 9.40	9.56	10.13	10.29	10.40	10.50		11.01	11.15
						下午 1.30	1.44	1.58
下午 12.40	12.56	1.13	1.29	1.40	1.50		2.01	2.15
						下午 3.30	3.44	3.58
下午 3.40	3.56	4.13	4.29	4.40	4.50		5.01	5.15
						下午 5.20	5.34	5.48

杭平路海乍段行車時刻表

上行車

乍浦	場前	海鹽	長川壩	澉浦	角里堰	黃灣	袁化	閘口	舊倉	新倉	八堡	海寧
點分開	點分開	點分開	點分開	點分開	點分開	點分開	點分開	點分開	點分開	點分開	點分開	點分到
							上午 8.35	8.45到				
上午 7.30	7.46	8.04	8.25	8.38	8.44	8.57		9.08	9.19	9.25	9.39	9.52
							上午 9.30	9.40到				
							上午10.30	10.30到				
上午 9.00	9.16	9.34	9.55	10.08	10.14	10.27		10.39	10.49	10.55	11.09	11.22
							下午12.50	1.00到				
							下午 2.20	2.30到				
下午 1.00	1.16	1.24	1.55	2.08	2.14	2.27		2.39	2.49	2.55	3 09	3.22
							下午 3.50	4.01	4.11	4.17	4.31	4.44
下午 5.10	5.26	5.44	6.05	6.15	到							

下行車

海寧	八堡	新倉	舊倉	閘口	袁化	黃灣	角里堰	澉浦	長川壩	海鹽	場前	乍浦
點分開	點分開	點分開	點分級	點分開	點分開	點分開	點分開	點分開	點分開	點分開	點分開	點分開
								上午7.30	7.41	8.04	8.20	8.35
上午 7.20	7.34	7.48	7.54	8.04	8.14							
				9.15	9125							
上午 9.00	9.14	9.28	9.34	9.46		9.56	10.09	10.17	10.28	10.51	11.07	11.22
				上午10.00	10.10							
				10.50	11.00							
下午12.30	12.44	12.58	1.04	11.16		1.26	1.39	1.47	1.58	2.21	2.37	2.52
				下午 1.30	1.40							
下午 2.30	2.44	2.58	3.04	3.16		3.26	3.39	3.47	3.58	4.21	4.37	4.52
				下午 3.20	3.30							

杭平路各站客票價目表

杭平路各站客票價目表

	杭州	清泰	七堡	喬司	翁家埠	袁家壩	胡家兜	海寧	八堡	新倉	舊倉	閘口	黃灣	角里堰	澉浦	長川壩	海鹽	塲前	乍浦	虹霓堰
清泰	.13																			
七堡	.36	.27																		
喬司	.54	.46	.22																	
翁家埠	.69	.61	.38	.16																
袁家壩	.85	.77	.54	.34	.19															
胡家兜	.99	.92	.70	.51	.27	.18														
海寧	1.16	1.09	.90	.72	.58	.40	.23													
八堡	1.33	1.25	1.08	.92	.78	.62	.46	.23												
新倉	1.49	1.41	1.23	1.08	.98	.81	.66	.44	.22											
舊倉	1.56	1.48	1.28	1.13	.99	.87	.72	.51	.29	.07										
閘口	1.68	1.59	1.38	1.23	1.09	.98	.83	.64	.43	.22	.14									
黃灣	1.77	1.69	1.48	1.32	1.18	1.07	.93	.74	.54	.34	.26	.12								
角里堰	1.94	1.86	1.65	1.48	1.34	1.22	1.08	.91	.73	.53	.46	33	.20							
澉浦	2.01	1.93	1.72	1.54	1.40	1.28	1.14	.97	.80	.61	.54	.40	.28	.08						
長川壩	2.14	2.06	1.86	1.68	1.54	1.40	1.26	1.10	.93	.76	.68	.56	.43	.25	.16					
海鹽	2.39	2.31	2.11	1.93	1.80	1.66	1.50	1.34	1.16	1.00	.93	.81	.70	.53	.46	.30				
塲前	2.60	2.52	2.32	2.15	2.[illegible]1	1.87	1.71	1.53	1.35	1.20	1.13	1.01	.90	.76	.68	.54	.24			
乍浦	2.8[illegible]	2.71	2.52	2.34	2.2[illegible]	2.07	1.91	1.72	1.53	1.38	1.31	1.19	1.09	.95	.88	.75	.46	.24		
虹霓堰	2 92	2.83	2.64	2.46	2.33	2.19	2.03	1.83	1.64	1.49	1.41	1.29	1.19	1.06	.99	.87	.59	.38	.17	
平湖	3.10	3.01	2.83	2.65	2.52	2.38	2.22	2.00	1.80	1.66	1.59	1.46	1.35	1.23	1.16	1.05	.79	.60	.44	.17

杭平路各站行李價目表

杭平路各站行李價目表

	杭州	清泰	七堡	喬司	翁家埠	袁家壩	胡家兜	海寧	八堡	新倉	舊倉	閘口	黃灣	角里堰	澉浦	長川壩	海鹽	塲前	乍浦	虹霓堰
清泰	.01																			
七堡	.04	.03																		
喬司	.05	.05	.02																	
翁家埠	.07	.06	.04	.02																
袁家壩	.09	.08	.05	.03	.02															
胡家兜	.10	.09	.07	.05	.03	.02														
海寧	.12	.11	.09	.07	.06	.04	.02													
八堡	.13	·13	.11	.09	.08	.06	.05	.02												
新倉	.15	.14	.12	.11	.09	.08	.07	.04	.02											
舊倉	.16	.15	.13	.11	.10	.09	.07	.05	.03	.01										
閘口	.17	.16	.14	.12	.11	.10	.08	.06	.04	.02	.01									
黃灣	.18	.17	.15	.13	.12	.11	.09	.07	.05	.03	03	01								
角里堰	.19	.19	.17	.15	.13	.12	.11	.09	.07	.05	05	.03	.02							
澉浦	.20	.19	.17	.15	.14	.13	.11	.10	.08	.06	05	04	.03	.01						
長川壩	.21	.21	.19	.17	.15	.14	.13	.11	.09	.08	07	.06	.04	.03	.02					
海鹽	.24	.23	.21	.19	.18	.17	15	.13	.12	.10	.09	08	.07	.05	.05	.03				
塲前	.26	.25	.23	.22	.20	.19	.17	.15	.13	.12	.11	.10	.09	.08	.07	.05	.02			
乍浦	.28	.27	.25	.23	.22	.21	.19	.17	.15	.14	.13	.12	.11	.10	.09	.08	.05	.02		
虹霓堰	.29	.28	.26	.25	.23	.22	.20	.18	.16	.15	14	.13	.12	.11	.10	.09	.06	.04	.02	
平湖	.31	.30	.28	.27	.25	.24	.22	.20	.18	.17	.16	.15	.14	.12	.12	.11	.08	.06	.04	.03

杭平路各站小包車價目表

	杭州	清泰	七堡	喬司	翁家埠	袁家壩	胡家兜	海寧	八堡	新倉	審倉	閘口	黃灣	角里堰	澉浦	長川壩	海鹽	場前	乍浦	虹霓堰
清泰	1.04																			
七堡	2.88	2.16																		
喬司	4.32	3.68	1.76																	
翁家埠	5.52	4.88	3.04	1.28																
袁家壩	6.80	6.16	4.32	2.72	1.52															
胡家兜	7.92	7.36	5.60	4.08	2.16	1.44														
海寧	9.28	8.72	7.20	5.76	4.64	3.20	1.84													
八堡	10.64	10.00	8.64	7.36	6.24	4.96	3.68	1.84												
新倉	11.92	11.28	9.84	8.64	7.52	6.48	5.28	3.52	1.76											
審倉	12.48	11.84	10.24	9.04	7.92	6.96	5.76	4.08	2.32	1.00										
閘口	13.44	12.72	11.04	9.84	8.72	7.84	6.64	5.12	3.44	1.76	1.12									
黃灣	14.16	13.52	11.84	10.56	9.44	8.56	7.44	5.92	4.32	2.72	2.08	1.00								
角里堰	15.52	14.88	13.20	11.84	10.72	9.76	8.64	7.28	5.84	4.24	3.68	2.64	1.60							
澉浦	16.08	15.44	13.76	12.32	11.20	10.24	9.12	7.76	6.40	4.88	4.32	3.20	2.24	1.00						
長川壩	17.12	16.48	14.88	13.44	12.32	11.20	10.08	8.80	7.44	6.08	5.44	4.48	3.44	2.00	1.28					
海鹽	19.12	18.48	16.88	15.44	14.40	13.28	12.00	10.72	9.28	8.00	7.44	6.48	5.60	4.24	3.68	2.40				
場前	20.80	20.16	18.56	17.20	16.08	14.96	13.68	12.24	10.80	9.60	9.04	8.08	7.20	6.08	5.44	4.32	1.92			
乍浦	22.40	21.68	20.16	18.72	17.68	16.56	15.28	13.76	12.24	11.04	10.48	9.52	8.72	7.60	7.04	6.00	3.68	1.92		
虹霓堰	23.36	22.64	21.12	19.68	18.64	17.52	16.24	14.64	13.12	11.92	11.28	10.32	9.52	8.48	7.92	6.96	4.72	3.04	1.36	
平湖	24.80	24.08	22.64	21.20	20.16	19.04	17.76	16.00	14.40	13.28	12.72	11.68	10.80	9.84	9.28	8.40	6.32	4.80	3.52	2.16

杭平路各站里程表

	杭州	清泰	七堡	喬司	翁家埠	袁家壩	胡家兜	海寧	八堡	新倉	審倉	閘口	黃灣	角里堰	澉浦	長川壩	海鹽	場前	乍浦	虹霓堰
清泰	2.90																			
七堡	11.99	9.09																		
喬司	19.39	16.49	7.40																	
翁家埠	25.03	22.13	13.04	5.64																
袁家壩	31.39	28.49	19.40	12.00	6.36															
胡家兜	37.90	35.00	25.91	18.51	12.87	6.51														
海寧	45.95	43.05	33.96	26.56	20.92	14.56	8.05													
八堡	54.08	51.18	42.09	34.69	29.05	22.69	16.18	8.13												
新倉	61.56	58.66	49.57	42.17	36.53	30.17	23.66	15.61	7.48											
審倉	64.22	61.32	52.23	44.83	39.19	32.83	26.32	18.27	10.14	2.66										
閘口	69.45	66.55	57.46	50.06	44.42	38.06	31.55	23.50	15.37	7.89	5.23									
黃灣	73.65	70.75	61.66	54.26	48.62	42.26	35.75	27.70	19.57	12.09	9.43	4.20								
角里堰	80.78	77.88	68.79	61.39	55.75	49.39	42.88	34.83	26.70	19.22	16.56	11.33	7.13							
澉浦	83.57	80.67	71.58	64.18	58.54	52.18	45.67	37.62	29.49	22.01	19.35	14.12	9.92	2.79						
長川壩	89.25	86.35	77.26	69.86	64.22	57.86	51.35	43.30	35.17	27.69	25.03	19.80	15.60	8.47	5.68					
海鹽	100.45	97.55	88.46	81.06	75.42	69.06	62.55	54.50	46.37	38.89	36.23	31.00	26.80	19.67	16.88	11.20				
場前	108.59	105.69	96.60	89.20	83.56	77.20	70.69	62.64	54.51	47.03	44.37	39.14	34.94	27.81	25.02	19.34	8.14			
乍浦	116.97	114.07	104.98	97.58	91.94	85.58	79.07	71.02	62.89	55.41	52.75	47.52	44.32	36.19	33.40	27.72	16.52	8.38		
虹霓堰	121.72	118.82	109.74	102.34	96.70	90.34	83.83	75.78	67.65	60.17	57.51	52.28	48.08	40.95	38.16	23.48	21.28	13.14	6.58	
平湖	129.48	126.58	117.49	110.09	104.45	98.09	91.58	83.53	75.40	67.92	65.26	60.30	55.83	48.70	45.91	40.28	29.03	20.89	14.33	7.75

杭平路各站里程價目表

	長安				袁化			
	里程	客票	小包車	行李	里程	客票	小包車	行李
杭州	44.85	1.15	9.2	.12	74.28	1.78	14.24	.18
筧泰	41.95	1.08	8.64	.11	71.38	1.70	13.60	.17
七堡	32.86	.87	6.96	.09	62.29	1.48	11.84	.15
喬司	25.46	.69	5.52	.07	54.89	1.34	10.72	.13
翁家埠	19.82	.56	4.48	.06	49.25	1.20	9.60	.12
[illegible]家壩	13.46	.37	2.96	.04	42.89	1.08	8.64	.11
[illegible]家兜	6.95	.22	1.76	.02	36.38	.93	7.44	.09
海寧	15.00	.41	3.28	.04	28.33	.74	5.92	.07
八堡	23.13	.63	5.04	.06	20.20	.54	4.32	.05
新倉	30.61	.81	6.48	.08	12.72	.32	2.56	.03
舊倉	33.27	.87	6.96	.09	10.06	.25	2.00	.03
關山	38.50	.97	7.76	.10	4.83	.14	1.12	.01
黄灣	42.70	1.07	8.56	.11	9.03	.25	2.00	.03
角里堰	49.83	1.21	9.68	.12	16.16	.45	3.60	.05
澉浦	52.62	1.26	6.08	.13	18.95	.52	4.16	.05
長川壩	58.30	1.37	10.96	.14	24.63	.67	5.36	.07
海鹽	69.50	1.65	13.20	.17	35.83	.91	7.28	.09
塲前	77.64	1.89	15.12	.19	43.97	1.14	9.12	.11
乍浦	86.02	2.10	16.80	.21	52.35	1.30	10.40	.13
虹霓堰	90.78	2.20	17.60	.22	57.11	1.41	11.28	.14
平湖	98.53	2.39	19.12	.24	64.86	1.58	12.64	.16

5. 杭富線

杭富路即自杭州至富陽之公路，全線分湖濱，湧金，清波，淨寺，赤山埠，四眼井，虎跑，金童橋，六和塔，之江，梵村，轉塘，凌家橋，滕村，金家嶺，祝家村，虎嘯杏，宋殿，高橋，新橋，富陽二十一站。

杭富路行車時刻表

上　　行　　車

富陽	7.30	8.30	9.30	10.30	11.30	13.00	14.00	15.00	16.00	
新橋	7.39	8.39	9.39	10.39	11.39	13.09	14.09	15.09	16.09	
高橋	7.44	8.44	9.44	10.44	11.44	13.14	14.14	15.14	16.14	
宋殿	7.49	8.49	9.49	10.49	11.49	13.19	14.19	15.19	16.19	
虎嘯杏	7.54	8.54	9.54	10.54	11.54	13.24	14.24	15.24	16.24	
祝家村	7.58	8.58	9.58	10.58	11.58	13.28	14.28	15.28	16.28	
金家嶺	8.06	9.06	10.06	11.06	12.06	13.36	14.36	15.36	16.36	
滕村	8.12	9.12	10.12	11.12	12.12	13.42	14.42	15.42	16.42	
淩家橋	8.22	9.22	10.22	11.22	12.22	13.52	14.52	15.52	16.52	
轉塘	8.29	9.29	10.29	11 29	12.29	13.59	14.59	15.59	16.59	
梵村	8.35	9.35	10.35	11.35	12.35	14.05	15.05	16.05	17.05	
之江	8.42	9.42	10.42	11.42	12.42	14.12	15.12	16.12	17.12	
六和塔	8.50	9.50	10.50	11.50	12.50	14.20	15.20	16.20	17.20	17.40
金童橋	8.52	9.52	10.52	11.52	12.52	14.22	15.22	16.22	17.22	17.42
虎跑	8.55	9.55	10.55	11.55	12.55	14.25	15.25	16.25	17.25	17.45
四眼井	8.57	9.57	10.57	11.57	12.57	14.27	15.27	16.27	17.27	17.47
赤山埠	9.00	10.00	11.00	12.00	13.00	14.30	15.30	16.30	17.30	17.50
淨寺	9.03	10.03	11.03	12.03	13.03	14.33	15.33	16.33	17.33	17.53
清波	9.07	10.07	11.07	12.07	13.07	14.37	15.37	16.37	17.37	17.57
湧金	9.10	10.10	11.10	12.10	13.10	14.40	15.40	16.40	17.40	18.00
杭州湖濱	9.12	10.12	11.12	12.12	13.12	14.42	15.42	16.42	17.42	18.02

下　行　車

站名										
杭州湖濱	7.30	8.30	9.30	10.30	11.30	13.00	14.00	15.00	16.00	17.00
湧金	7.33	8.33	9.33	10.33	11.33	13.03	14.03	15.03	16.03	17.03
清波	7.36	8 36	9.36	10.36	11.36	13.06	14.06	15.06	16.06	17.06
淨寺	7.40	8.40	9.40	10.40	11.40	13.10	14.10	15.10	16.10	17.10
赤山埠	7 43	8.43	9.43	10.43	11.43	13.13	14.13	15.13	16.13	17.13
四眼井	7.46	8.46	9.46	10.46	11.46	13.16	14.16	15.16	16.16	17.16
虎跑	7.48	8.48	9.48	10.48	11.48	13.18	14.18	15.18	16 18	17.18
金童橋	7.51	8.51	9.51	10.51	11.51	13.21	14.21	15.21	16.21	17.21
六和塔	7.58	8.58	9.58	10.58	11.58	13.28	14.28	15.28	16.28	17.28
之江	8.01	9.01	10.01	11.01	12.01	13.31	14.31	15.31	16.31	
梵村	8.08	9.08	10.08	11.08	12.08	13.38	14.38	15.38	16.38	
轉塘	8.14	9 14	10.14	11.14	12.14	13.44	14.44	15.44	16.44	
淩家橋	8.23	9.23	10.23	11.23	12.23	13.53	14.53	15.53	16.53	
滕村	8.31	9.31	10.31	11.31	12.31	14.01	15.01	16.01	17.01	
金家嶺	8.37	9.37	10.37	11.37	12.37	14 07	15.07	16.07	17.07	
祝家村	8.45	9.45	10.45	11.45	12.45	14.15	15 15	16.15	17.15	
虎嘯杏	8.49	9.49	10.49	11.49	12.49	14.19	15.19	16.19	17.19	
宋殿	8.54	9.54	10.54	11.54	12.54	14.24	15.24	16.24	17.24	
高橋	8.59	9.59	10.59	11.59	12.59	14.29	15.29	16.29	17.29	
新橋	9.04	10.04	11.04	12.04	13.04	14.34	15.34	16.34	17.34	
富陽	9.12	10.12	11.12	12.12	13.12	14.42	15.42	16.42	17.42	

杭富路各站客票價目表

杭富路各站客票價目表

	武林	湖濱	湧金	清波	淨慈	赤山埠	四眼井	虎跑	金童橋	六和塔	之江	梵村	轉塘	淩家橋	滕村	金家嶺	親家村	虎嘯杏	宋殿	高橋	新橋
湖濱	.06																				
湧金	.09	.03																			
清波	.12	.06	.03																		
淨慈	.15	.09	.06	.03																	
赤山埠	.18	.12	.09	.06	.03																
四眼井	.21	.15	.12	.09	.06	.03															
虎跑	.24	.18	.15	.12	.09	.06	.03														
金童橋	.27	.21	.18	.15	.12	.99	.06	.03													
六和塔	.30	.24	.21	.18	.15	.12	.09	.06	.03												
之江	.33	.27	.24	.21	.18	.15	.12	.09	.06	.03											
梵村	.36	.30	.27	.24	.21	.18	.15	.12	.09	.06	.03										
轉塘	.45	.39	.36	.33	.30	.27	.24	.21	.18	.15	.12	.09									
淩家橋	.51	.45	.42	.39	.36	.33	.30	.27	.24	.21	.18	.15	.06								
滕村	.60	.54	.51	.48	.45	.42	.39	.36	.33	.30	.27	.24	.15	.09							
金家嶺	.69	.63	.60	.57	.54	.51	.48	.45	.42	.39	.36	.33	.24	.18	.09						
親家村	.72	.66	.63	.60	.57	.54	.51	.48	.45	.42	.39	.36	.27	.21	.12	.03					
虎嘯杏	.72	.66	.66	.63	.60	.57	.54	.51	.48	.45	.42	.39	.30	.24	.15	.06	.03				
宋殿	.72	.66	.66	.63	.63	.60	.57	.54	.51	.48	.45	.42	.33	.27	.18	.09	.06	.03			
高橋	.72	.66	.66	.66	.66	.63	.60	.57	.54	.51	.48	.45	.36	.30	.21	.12	.09	.06	.03		
新橋	.72	.66	.66	.66	.72	.69	.66	.63	.60	.57	.54	.51	.42	.36	.27	.18	.15	.12	.09	.06	
富陽	.72	.66	.66	.66	.78	.75	.72	.69	.66	.63	.60	.57	.48	.42	.33	.24	.21	.18	.15	.12	.06

杭富路各站里程表

	武林	湖濱	湧金	清波	淨慈	赤山埠	四眼井	虎跑	金童橋	六和塔	之江	梵村	轉塘	淩家橋	滕村	金家嶺	親家村	虎嘯杏	宋殿	高橋	新橋
湖濱	2.33																				
湧金	3.20	0.87																			
清波	4.18	1.85	0.98																		
淨慈	6.38	4.05	3.18	2.20																	
赤山埠	7.98	5.65	4.78	3.80	1.60																
四眼井	8.14	6.80	4.94	3.96	1.76	0.16															
虎跑	8.77	7.92	5.57	4.59	2.39	0.79	0.63														
金童橋	10.54	9.28	7.34	6.36	4.16	2.56	2.40	1.77													
六和塔	10.59	10.64	7.39	6.41	4.21	2.61	2.45	1.82	.05												
之江	11.49	11.92	8.29	7.31	5.11	3.51	3.35	2.72	.95	.90											
梵村	14.20	12.48	11.00	10.02	7.82	6.22	6.06	5.43	3.66	3.61	2.71										
轉塘	17.20	13.44	14.00	13.02	10.82	9.22	9.06	8.43	6.66	6.61	5.71	3.00									
淩家橋	19.90	14.16	16.70	15.72	13.52	11.92	11.76	11.13	9.36	9.31	8.41	5.70	2.70								
滕村	23.80	15.52	20.60	19.62	17.42	15.82	15.66	15.03	13.26	13.21	12.31	9.60	6.60	3.90							
金家嶺	27.13	16.08	23.93	22.95	20.75	19.15	18.99	18.36	16.50	16.53	15.64	12.94	9.93	7.23	3.33						
親家村	29.30	17.12	26.10	25.12	22.92	21.32	21.16	20.53	18.76	18.71	17.81	15.10	12.10	9.40	5.50	2.17					
虎嘯杏	31.50	19.12	28.30	27.32	25.12	23.52	23.36	22.73	20.96	20.91	20.01	17.30	14.30	11.60	7.70	4.37	2.20				
宋殿	33.51	20.80	30.31	29.33	27.13	25.53	25.37	24.74	22.97	22.92	22.02	19.31	16.31	13.61	9.71	6.38	4.21	2.01			
高橋	35.40	22.40	32.20	31.22	29.02	27.42	27.26	26.63	24.86	24.81	23.91	21.20	18.20	15.50	11.60	8.27	6.10	3.90	1.89		
新橋	38.30	23.36	35.10	34.12	31.92	30.32	30.16	29.53	27.76	27.71	26.81	24.10	21.10	18.40	14.50	11.17	9.00	6.80	4.79	2.90	
富陽	41.50	24.80	38.30	37.32	35.12	33.52	33.36	32.73	30.96	30.91	30.01	27.30	24.30	21.60	17.70	14.37	12.20	10.09	7.99	6.10	3.20

杭富路大包車價目表

	武林	湖濱	湧金	清波	淨慈	赤山埠	四眼井	虎跑	金童橋	六和塔	之江	梵村	轉塘	凌家橋	滕村	金家嶺	觀家村	虎嘯杏	宋殿	高橋	新橋
湖濱	1.20																				
湧金	1.80	1.00																			
清波	2.40	1.20	1.00																		
淨慈	3.00	1.80	1.20	1.00																	
赤山埠	3.60	2.40	1.80	1.20	1.00																
四眼井	4.20	3.00	2.40	1.80	1.20	1.00															
虎跑	4.80	3.60	3.00	2.40	1.80	1.20	1.00														
金童橋	5.40	4.20	3.60	3.00	2.40	1.80	1.20	1.00													
六和塔	6.00	4.80	4.20	3.60	3.00	2.40	1.80	1.20	1.00												
之江	6.60	5.40	4.80	4.20	3.60	3.00	2.40	1.80	1.20	1.00											
梵村	7.20	6.00	5.40	4.80	4.20	3.60	3.00	2.40	1.80	1.20	1.00										
轉塘	9.00	7.80	7.20	6.60	6.00	5.40	4.80	4.20	3.60	3.00	2.40	1.80									
凌家橋	10.02	9.00	8.40	7.80	7.20	6.60	6.00	5.40	4.80	4.20	3.60	3.00	1.20								
滕村	12.00	10.80	10.20	9.60	9.00	8.40	7.80	7.20	6.60	6.00	5.40	4.80	3.00	1.80							
金家嶺	13.80	12.60	12.00	11.40	10.80	10.20	9.60	9.00	8.40	7.80	7.20	6.60	4.80	3.60	1.80						
觀家村	14.40	13.20	12.60	12.00	11.40	10.80	10.20	9.60	9.00	8.40	7.80	7.20	5.40	4.20	2.40	1.00					
虎嘯杏	15.00	13.80	13.20	12.60	12.00	11.40	10.80	10.20	9.60	9.00	8.40	7.80	6.00	4.80	3.00	1.20	1.00				
宋殿	15.60	14.40	13.80	13.20	12.60	12.00	11.40	10.80	10.20	9.60	9.00	8.40	6.60	5.40	3.60	1.80	1.20	1.00			
高橋	16.20	15.00	14.40	13.80	13.20	12.60	12.00	11.40	10.80	10.20	9.60	9.00	7.20	6.00	4.20	2.40	1.80	1.20	1.00		
新橋	17.40	16.20	15.60	15.00	14.40	13.80	13.20	12.60	12.00	11.40	10.80	10.20	8.40	7.20	5.40	3.60	3.00	2.40	1.80	1.20	
富陽	18.60	17.40	16.80	16.20	15.60	15.00	14.40	13.80	13.20	12.60	12.00	11.40	9.60	8.40	6.60	4.80	4.20	3.60	3.00	2.40	1.20

杭富路小包車價目表

杭富路小包車價目表

	武林	湖濱	湧金	清波	淨慈	赤山埠	四眼井	虎跑	金童橋	六和塔	之江	梵村	轉塘	凌家橋	滕村	金家嶺	觀家村	虎嘯杏	宋殿	高橋	新橋
湖濱	1.00																				
湧金	1.00	1.00																			
清波	1.00	1.00	1.00																		
淨慈	1.20	1.00	1.00	1.00																	
赤山埠	1.44	1.00	1.00	1.00	1.00																
四眼井	1.68	1.20	1.00	1.00	1.00	1.00															
虎跑	1.92	1.44	1.20	1.00	1.00	1.00	1.00														
金童橋	2.16	1.68	1.44	1.20	1.00	1.00	1.00	1.00													
六和塔	2.40	1.92	1.68	1.44	1.20	1.00	1.00	1.00	1.00												
之江	2.64	2.16	1.92	1.68	1.44	1.20	1.00	1.00	1.00	1.00											
梵村	2.88	2.40	2.16	1.92	2.68	1.44	1.20	1.00	1.00	1.00	1.00										
轉塘	3.60	3.12	2.88	2.64	2.40	2.16	1.92	1.68	1.44	1.20	1.00	1.00									
凌家橋	4.08	3.60	3.36	3.12	2.88	2.64	2.40	2.16	1.92	1.68	1.44	1.20	1.00								
滕村	4.80	4.32	4.08	3.84	3.60	3.36	3.12	2.88	2.64	2.40	2.16	1 90	1.20	1.00							
金家嶺	5.52	5.04	4.80	4.56	4.32	4.08	3.84	3.60	3.36	3.12	2.88	2.64	1.92	1.44	1.00						
觀家村	5.76	5.28	5.04	4.80	4.56	4.32	4.08	3.84	3.60	3.36	3.12	2.88	2.16	1.68	1.00	1.00					
虎嘯杏	6.00	5.52	5.28	5.04	4.80	4.56	4.32	4 08	3.84	3.60	3.36	3.12	2.40	1.92	1.20	1.00	1.00				
宋殿	6.24	5.76	5.52	5.28	5.04	4.80	4.56	4.32	4.08	3.84	3.60	3.36	2.64	2.16	1.44	1.00	1.00	1.00			
高橋	6.48	6.00	5.76	5.52	5.28	5.04	4.80	4.56	4.32	4.08	3.84	3.60	2.88	2.40	1.68	1.00	1.00	1.00	1.00		
新橋	6.96	6.48	6.24	6.00	5.76	5.52	5.28	5.04	4.80	4.56	4.32	4.08	3.36	2.88	2.16	1.44	1.20	1.00	1.00	1.00	
富陽	7.44	6.76	6.72	6.48	6.24	6.00	5.76	5.52	5.28	5.04	4.80	4.56	3.84	3.36	2.64	1.92	1.68	1.44	1.20	1.00	1.00

6. 杭塘綫

杭塘路自杭州至塘棲之公路，全線分清泰，七堡，喬司，湯家橋，臨平，小林，超山，塘棲八站，並在杭臨，杭塘間，發售來回票，價稍廉，四日內有效，杭臨七角，杭塘一元一角，餘詳下列各表。

杭塘行車時刻表

下行車

杭州	7.30	9.30	11.00	12.30	14.00	15.30	
清泰	7.46	9.46	11.16	12.46	14.16	15.46	
七堡	8.03	10.03	11.33	13.03	14.33	16.03	
喬司	8.19	10.19	11.49	13.19	14.49	16.19	
湯家橋	8.26	10.26	11.56	13.26	14.56	16.26	
臨平	8.38	10.38	12.08	13.38	15.08	16.38	16.50
小林	8.50	10.50	12.20	13.50	15.20	16.50	17.02
超山	8.58	10.58	12.28	13.58	15.28	16.58	17.10
塘棲	9.10	11.10	12.40	14.10	15.30	17.10	17.20

杭塘行車時刻表

上行車

塘棲	7.00	8.00	9.30	12.00	13.40	15.10	15.50
超山	7.12	8.12	9.42	12.12	13.52	15.22	16.02
小林	7.20	8.20	9.50	12.20	14.00	15.30	16.10
臨平	7.32	8.32	10.02	12.32	14.12	15.42	16.22
湯家橋	7.44	8.44	10.14	12.44	14.24	15.54	
喬司	7.51	8.51	10.21	12.51	14.31	16.01	
七堡	8.08	9.08	10.38	13.08	14.48	16.18	
清泰	8.26	9.26	10.56	13.26	15.06	16.36	
杭州	8.40	9.40	11.10	13.40	15.20	16.50	

杭塘路各站客票價目表

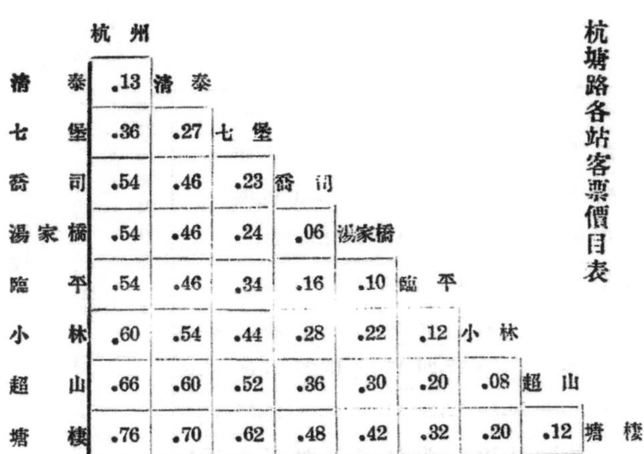

杭塘路各站客票價目表

	杭州	清泰	七堡	喬司	湯家橋	臨平	小林	超山
清泰	.13							
七堡	.36	.27						
喬司	.54	.46	.23					
湯家橋	.54	.46	.24	.06				
臨平	.54	.46	.34	.16	.10			
小林	.60	.54	.44	.28	.22	.12		
超山	.66	.60	.52	.36	.30	.20	.08	
塘棲	.76	.70	.62	.48	.42	.32	.20	.12

杭塘路各站小包車價目表

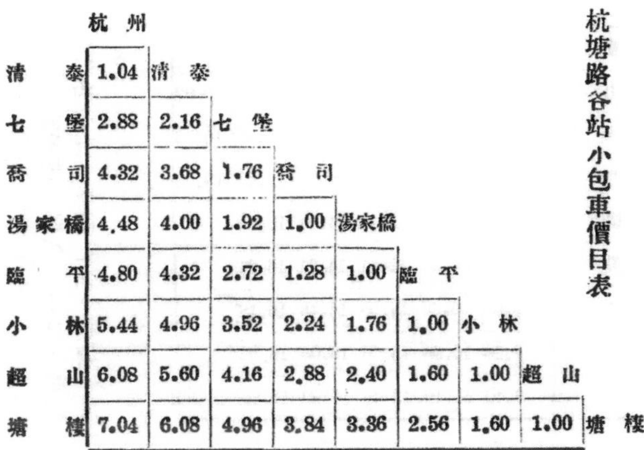

杭塘路各站小包車價目表

	杭州	清泰	七堡	喬司	湯家橋	臨平	小林	超山
清泰	1.04							
七堡	2.88	2.16						
喬司	4.32	3.68	1.76					
湯家橋	4.48	4.00	1.92	1.00				
臨平	4.80	4.32	2.72	1.28	1.00			
小林	5.44	4.96	3.52	2.24	1.76	1.00		
超山	6.08	5.60	4.16	2.88	2.40	1.60	1.00	
塘棲	7.04	6.08	4.96	3.84	3.36	2.56	1.60	1.00

杭塘路各站里程表

杭塘路各站里程表

	杭州	清泰	七堡	喬司	湯家橋	臨平	小林	超山
清泰	5.40							
七堡	14.36	8.96						
喬司	21.68	16.28	7.32					
湯家橋	24.57	19.17	10.21	2.89				
臨平	29.39	23.99	15.03	7.71	4.82			
小林	35.34	29.94	20.98	13.66	10.77	5.95		
超山	39.20	33.80	24.84	17.52	14.63	9.81	3.86	
塘棲	44.83	39.43	30.47	23.15	20.26	15.44	9.49	5.63

杭塘路各站行李價目表

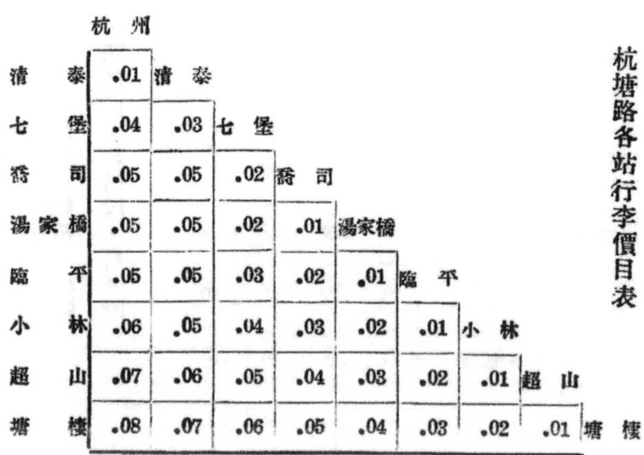

杭塘路各站行李價目表

	杭州	清泰	七堡	喬司	湯家橋	臨平	小林	超山
清泰	.01							
七堡	.04	.03						
喬司	.05	.05	.02					
湯家橋	.05	.05	.02	.01				
臨平	.05	.05	.03	.02	.01			
小林	.06	.05	.04	.03	.02	.01		
超山	.07	.06	.05	.04	.03	.02	.01	
塘棲	.08	.07	.06	.05	.04	.03	.02	.01

7. 杭徽線

杭徽路即由杭州通皖省之公路，自杭州，松木場，留下，閑林，餘杭，經臨安，於潛，昌化，至昱嶺關，而通安徽省境，分杭餘段，餘臨段，臨於段，於昌段，昌昱段。

杭餘段里程及價目表

杭餘段里程及價目表

		杭州（武林門）			
松木	里程	1.96			
	客票	.06			
	小包車	1.00			
	行李	.01			
留下	里程	12.00	10.04		
	客票	.36	.30		
	小包車	2.88	2.40		
	行李	.04	.03		
閒林	里程	19.20	17.24	7.20	
	客票	.58	.52	.22	
	小包車	4.64	4.16	1.76	
	行李	.06	.05	.02	
餘杭	里程	26.18	24.22	14.18	6.98
	客票	.78	.72	.42	.20
	小包車	6.24	5.76	3.36	1.60
	行李	.08	.07	.04	.02

8. 蕭紹曹線

蕭紹曹路即自江干第一碼頭對渡西興江邊起，經紹興，至曹娥江邊之公路。分蕭紹及紹曹二段。蕭紹段為浙江最早最完善之公路，始自民國十一年，為舊浙軍第六團兵士所築，省款經營，路面之平廣，路基之堅固為全省公路冠，故有模範公路之稱。今為商辦。紹曹段即紹曹嵊線之一段，為浙前省長張載陽氏所發起，由紹興直達新嵊。一切設施，尚稱完善。蕭紹段計有江邊，西興，蕭山，轉壩，莫家港，吟龍閘，衙前，鐵清，秦望，阮社，柯橋，彌陀寺，尊儀，西郭，紹興，北海，昌安，五雲十八站，紹曹段計有五雲，東湖，皋埠，樊江，陶堰，涇口，東關，曹娥，娥江，蒿壩十站，茲將行車時刻及價目等列表如左：

蕭紹段特快車價目表

五雲	1.42
昌安	1.37
北海	1.35
紹興	1.32
	錢江

蕭紹曹線蕭紹段行車時刻表

上行車

車別	開車時刻	附記
五江快車	7.50	接滬杭9·31特通快車
五江慢車	7.30	接杭江9·18車滬杭9 59車
五江快車	8.20	
蕭杭聯慢	9.04	
五江慢車	9.40	
娥杭聯慢	10.10	
五江慢車	10.30	
五江慢車	11.00	接13 48滬杭快車
五江慢車	11.40	
五江慢車	12.20	接蕭山14·17杭江路蕭義車
娥杭聯快	13.30	
五江快車	13.30	接16·15開嘉區間車
五江慢車	13.50	
蕭杭聯慢	14.15	
五江慢車	14.45	接南星開18·09夜快車
五江慢車	15.20	
五江慢車	15·40	
五江慢車	16·00	

下行車

車別	開車時刻	附記
江五慢車	7·30	接杭江路6.22蕭山來客
江五慢車	8 00	
江五快車	8·28	
江五快車	8·40	
杭娥聯慢	8·40	至曹娥接12.25甬曹火車
江五慢車	9·30	
杭蕭聯慢	9·30	
江五慢車	10.10	
江五慢車	11.00	接杭江10.53客
江五慢車	11.40	
杭娥聯慢	12.30	接滬杭10.29火車客
江五慢車	12.40	
江五慢車	13.10	
江五慢車	13.50	
江五慢車	15.00	接南星到13.14 14.09快車客
杭娥聯慢	15.30	
江五慢車	16.10	
江五慢車	16.50	

蕭紹段客車價目表

蕭紹段各站行李價目表

	錢江	西興	蕭山	轉壩	英家港	吟龍	衙前	錢淸	柰婁	阮社	柯橋	彌陀寺	尊儀	西郭	紹興	北海	昌安
西興	.11																
蕭山	.24	.12															
轉壩	.31	.20	.06														
英港家	.42	.30	.16	.12													
吟龍	.47	.40	.25	.20	.08												
衙前	.56	.46	.34	.30	.18	.10											
錢淸	.66	.56	.45	.42	.30	.22	.13										
柰婁	.73	.66	.55	.51	.40	.32	.24	.11									
阮社	.80	.72	.61	.56	.48	.41	.32	.20	.10								
柯橋	.86	.77	.66	.62	.54	.45	.37	.26	.15	.07							
彌寺陀	.94	.84	.72	.68	.58	.54	.46	.34	.24	.14	.10						
尊儀	.97	.88	.75	.70	.64	.55	.48	.39	.29	.20	.13	.08					
西郭	1.07	.98	.85	.81	.74	.66	.57	.47	.40	.30	.25	.18	.12				
紹興	1.10	1.01	.88	.85	.78	.69	.61	.52	.43	.34	.29	.22	.15	.05			
北海	1.12	1.03	.90	.87	.80	.71	.63	.54	.45	.36	.31	.24	.17	.07	.05		
昌安	1.15	1.07	.94	.90	.84	.75	.65	.58	.49	.41	.35	.30	.22	.10	.07	.05	
五雲	1.20	1.11	.98	.95	.88	.79	.70	.62	.53	.44	.39	.34	.25	.14	.10	.08	.05

五雲

蕭紹段各站行李價目表

	錢江	西興	蕭山	轉壩	莫家港	吟龍	衙前	錢清	秦望	阮社	柯橋	彌陀寺	尊儀	西郭	紹興	北海	昌安
西興	.07																
蕭山	.09	.08															
轉壩	.09	.09	.06														
莫家港	.12	.10	.08	.08													
吟龍	.13	.12	.10	.09	.06												
衙前	.14	.13	.11	.10	.08	.08											
錢清	.16	.15	.13	.12	.10	.09	.08										
秦望	.17	.16	.14	.14	.12	.11	.10	.08									
阮社	.19	.17	.15	.15	.12	.12	.11	.09	.08								
柯橋	.19	.18	.16	.16	.14	.12	.12	.10	.08	.06							
彌陀寺	.20	.18	.16	.16	.14	.14	.12	.10	.10	.08	.08						
尊儀	.21	20	.18	.18	.16	.15	.13	.12	.10	.09	.08	.06					
西郭	.23	.21	.19	.19	.16	.16	.15	.13	.12	.11	.10	.08	.08				
紹興	.23	.22	.20	.20	.18	.17	.15	.14	.12	.11	.10	.10	.09	.06			
北海	.24	.23	.21	.21	.18	.18	.16	.15	.13	.12	.12	.10	.10	.08	.05		
昌安	.24	.23	.21	.21	.18	.18	.16	.15	.13	.12	.12	.10	.10	.08	.06	.05	
五雲	.24	.23	.21	.21	.20	.18	.17	.15	.14	.12	.12	.12	.10	.08	.08	.08	.06

蕭紹段各站里程表

	錢江	西興	蕭山	轉壩	莫家港	吟龍	衙前	錢清	秦望	阮社	柯橋	彌陀寺	尊儀	西郭	紹興	北海	昌安
西興	4.21																
蕭山	8.85	4.64															
轉壩	11.57	7.36	2.72														
莫家港	16.50	12.29	7.65	4.92													
吟龍	19.51	15.30	10.66	7.93	3.01												
衙前	22.98	18.76	14.12	11.40	6.47	3.46											
錢清	27.88	23.67	19.02	16.30	11.37	8.36	4.90										
秦望	31.91	27.70	23.06	20.34	15.41	12.40	8.93	4.03									
阮社	36.18	30.96	26.32	23 60	18.67	15.66	12.20	7.29	3.26								
柯橋	37.35	33.14	28.49	25.77	20.84	17.83	14.37	9.47	5.43	2.17							
彌陀寺	40.37	36.16	31.52	28.79	23.87	20 86	17.39	12.49	8.45	5.19	3.02						
尊儀	42.39	38.18	33.53	30.81	25.88	22.87	19.41	14.50	10.47	7.21	5.04	2.01					
西郭	47.17	42.96	38.31	35.59	30.67	27.66	24.19	19.29	15.25	11.99	9.82	6.79	4.78				
紹興	48.57	44.36	39.71	36.99	32.06	29.05	25.59	20.69	16.65	13.39	11.22	8.19	6.18	1.39			
北海	49.23	45.02	40.37	37.65	32.72	29.71	26.25	81.35	17.31	14.05	11.88	8.85	6.84	2.05	0.66		
昌安	50.84	46.63	41.99	39.26	34.34	31.33	27.86	22.96	18.92	15.66	13.49	10.46	8.45	3.67	2.27	1.61	
五雲	52.34	48.13	43.49	40.77	35.84	32.83	29.36	24.46	20.43	17.16	14.99	11.97	9.95	5.17	3.77	3.11	1.50

蕭紹 紹曹嵊兩路聯運行李價目表

起至站名	錢江	西興	蕭山	轉壩	莫家港	吟龍	衙前	錢清	秦望	阮社	柯橋	彌陀寺	尊[illegible]	西郭	紹興	北海	昌安
五雲	.24	.23	.21	.21	.20	.18	.17	.15	.14	.12	.12	.12	.10	.08	.08	.08	.06
東湖	.29	.28	.26	.26	.25	.23	.22	.20	.19	.17	.17	.17	.15	.13	.13	.13	.11
皋埠	.31	.30	.28	.28	.27	.25	.24	.22	.21	.19	.19	.19	.17	.15	.15	.15	.13
樊江	.32	.31	.29	.29	.28	.26	.25	.23	.22	.20	.20	.20	.18	.16	.16	.16	.14
陶堰	.34	.33	.31	.31	.30	.28	.27	.25	.24	.22	.22	.22	.20	.18	.18	.18	.16
涇口	.37	.36	.34	.34	.33	.31	.30	.28	.27	.25	.25	.25	.23	.21	.21	.21	.19
東關	.41	.40	.38	.38	.37	.35	.34	.32	.31	.29	.29	.29	.27	.25	.25	.25	.23
曹娥	.43	.42	.40	.40	.39	.37	.36	.34	.33	.31	.31	.31	.29	.27	.27	.27	.25
娥江	.44	.43	.41	.41	.40	.38	.37	.35	.34	.32	.32	.32	.30	.28	.28	.28	.26
蒿壩	.46	.45	.43	.43	.42	.40	.39	.37	.36	.34	.34	.34	.32	.30	.30	.30	.28

B. 計劃及規程

1. 全省公路網計劃

公路網計劃以七省公路幹線及本省公路路線，互相連絡成公路網以杭市為中樞，總車站即武林門之汽車總站．現在已成者極多，計劃中京，滬，浙，蘇，皖，贛，閩七省，均各通幹路，再設支線。七省幹路中如由杭州起點，經喬司，胡家兜，海甯，閘口，海鹽，乍浦，金絲娘橋等而至上海已全線通車，由杭州起點，經瓶窰，上柏，武康，三橋埠，吳興，長興，來浦等而至南京，已全線通車。由杭州起點，經餘杭，臨安，于潛，昌化，昱嶺關等而至安徽歙縣，已全綫通車．由杭州起點，經富陽，新登，桐廬，建德，白沙，壽昌，龍游，衢縣，江山等而至江西廣豐，現已通車者有杭富段，龍廣段，其餘均求趕築中。再由杭州起點渡江至西興，蕭山，紹興，曹娥，蒿壩，嵊縣，新昌，天台，臨海，黃岩，海門，樂清，館頭，永嘉，瑞安，平陽，分水關，而至福建省境，現已通車者有蕭紹嵊新段，其餘亦在趕築中，或計劃中。本省公路路綫已通者有長安起經四安，達安徽廣德，杭州起，經筧橋，臨平，至塘棲，海甯至長安，海甯至袁化，乍浦至平湖。餘杭起，經雙溪至黃湖鎮，又至瓶窰鎮，鄞縣起經蟹浦，龍山衛至觀海衛。鄞縣起，經江口，至奉化，經溪口至人山亭。嵊縣至長樂，金華起經永康至縉雲，衢縣起，經常山，草萍，至江西玉山，江山至峽口鎮，正在建築中有平湖至嘉興，建德起經淳安，至遂安，常山至開化，壽昌至蘭溪，縉雲起，經麗水至雲和，麗水起，經青田，至館頭，長樂起，經東陽至義烏，新昌至溪口，餘姚至周巷，又至觀海衛。鄞縣至穿山等，計劃中有塘棲起，經德清至三橋埠，臨平起，經崇德，桐鄉，嘉興，嘉喜，楓涇而入江蘇境，吳興至南潯，桐鄉至袁化，嘉善至海鹽，崇德至長安，瓶窰至孝豐，孝豐起，經安吉至泗安，分水至于潛，至桐廬，至淳安，遂安至開化，常山至江山，龍泉至雲和，至峽口鎮，至慶元而達福建境，龍游起，經遂昌，松陽，至大港頭。雲和起，經景甯，泰順，至分水關而入福建境。武義起，經宣平至松陽。東陽至永康，蘭溪至浦江，紹興至諸暨。奉化起，經甯海，海游至天台，又經臨海，仙居，至縉雲鄞縣至象山等，此浙江全省公路網之大概也。

2. 規程

公共汽車乘客規則

一、無票不得乘車。

二、乘客須將車票保管倘有遺失應照無票乘車例補票。

三、登車即宜就坐不得妨礙他客坐位。

四、車行動時不得上下並不得探身車外以免危險。

五、車行動時不得與機司交談。

六、上車下車時務須依次而行切勿爭先競走。

七、車內嚴禁吸煙。

八、不得吐痰並將食物皮殼任意拋棄車內。

九、每票准用一次不得中途分程。

十、下車時須將車票交給收票人。

十一、乘客須於票面註明之站下車倘中途因事欲於未到之站下車者須於票面寫（因事於某某站下車）字樣並須將車票於下車處繳銷透付票價概不退還倘所乘之車於欲下之站不停時則不在此例。

十二、遇查驗車票時須即交驗不得留難。

十三、越站下車照越過之站票價加半補經。

十四、無票乘客一經查出不問何站上車概作該車起站上車算照原價加倍補票。

十五、車上設備機件及器具不得移動如有毀損等情當照數賠償。

十六、乘客不得攜帶危險及違禁物品並有妨礙衛生之腥臭物品。

十七、凡乘客未諳路章可詢問各站站員並須遵守站員之適當指導。

十八、 左列旅客不得乘車：

（1） 赤膊及衣服污穢狼藉者。

（2） 病在垂危無人扶持者。

（3） 孩童在八歲以內或龍鍾老人無人領導者。

（4） 酗酒或狀似有精神病者。

（5） 身患惡疾及傳染病者。

第四節 市外水上交通

甲、內河航線

A. 浙西內河航綫

浙西內河航線可分為四線；一，**杭蘇線**，即自杭州拱宸橋為起點，經過雷甸，震澤，泉，平望，菱湖，吳江，南潯，而至蘇州。每日下午四時間，招商輪船公司，長杭輪船公司，甯紹商輪公司均有開行。二，**杭滬線**，即自杭州拱宸橋為起點，經過塘棲，嘉興，而達上海，每日下午四時開，招商輪船公司，長杭輪船公司，甯紹商輪公司均有開行。三，**杭湖線**，即自杭州拱宸橋為起點，經過塘棲，新市，雙林，菱湖，袁家匯，而至湖州，每日分二班，早班下午二時開，晚班下午四時開，翔安輪船公司，甯紹商輪公司，長杭輪船公司，均有開行。四，**杭德線**，即自杭州拱宸橋為起點，經過塘棲，德清，而至新市，每日下午，一時開，和記輪船公司開行。

B. 浙東內河航線

浙東內河航線，分為三線：一，**西蒿線**，即自西興起，經，轉壩，楊汛橋，錢清，行義橋，柯橋，彌陀寺，西郭，昌安，五雲，皋埠，樊江，陶堰，涇口，東關，曹娥，而至蒿壩，每上午十時三十分開，越安輪船公司，臨紹輪船公司輪流開行，此線亦稱長班。二，**西興線**，即自西興起，經轉壩，楊汛橋，錢清，行義橋，柯橋，爾陀寺，西郭，昌安，而至紹興，每日下午三時三十分開，越安，臨紹兩公司輪流開行，此綫亦稱短班。三，**西嘯線**，即自西興起，經柯橋，馬鞍，斗門，陶里，下方橋，陶家埭，馬山，孫端，道墟，而至嘯唫，每日上午十時開，大華輪船公司開行，此線亦稱下江輪船班。

乙、錢江航線

錢江航綫，分為四綫；一，**杭桐綫**，即自江干三廊廟起經閘口，聞堰，靈橋，富陽，窄溪，而至桐廬，每日上午七時三十分開，錢江商輪公司，振興商輪公司輪流開行，此綫亦稱快班。二，**杭桐綫**，即自三廊廟起，經閘口，聞堰，尖山，里山，靈橋，富陽，中埠，場口，東梓，窄溪，柴埠，而至桐廬，每日上午八時三十分開，錢江，振興兩商輪公司輪流開行，此線亦稱長班。三，**杭臨綫**，即自三廊廟起經閘口，聞堰，義橋，新堰，而至臨浦，每日上午八時，下午二時三十分開，錢江，振興，兩商輪公司輪流開行。四，**杭諸線**，即自三廓廟起，經臨浦，尖山，新江口，金浦橋，湄池，三江口，姚公埠，汪王，而至諸暨，每日早班上午八時三十分開，夜班下午五時三十分開，錢浦輪船公司，杭諸輪船公司輪流開行。

第三章　生活

第一節　居住

杭州素為浙省都會，又有西湖勝蹟，人口之密，甲於全省。民國以來新市場之增闢，道路建設之速進，市面驟興，人口愈多。同時消費浩繁，生活奢靡，地價高貴，房租奇昂，種種困難問題生矣。致居住之困難，尋覓棲宿之不易。茲將其應知各點，分述於下：

甲、地價

杭州地價，在民國以前，人口不如目前稠密，地價甚低。在民國初年廢旗營時，闢新市場，標賣價不過千元一畝，尚無人顧問，今日抬高數倍，奇貨可居矣。茲將市府公佈，杭州市徵收地價稅暫行章程，及每區估定地價表錄下，以供讀者參攷。

A. 杭州市征收地價稅暫行章程

第一條　凡屬本市管轄區內之土地除依法令免稅者外悉照本章程征收地價稅。

第二條　地價稅稅率依照財政部核地價千分之八徵收之。

第三條　凡本市區內之土地經徵收地價稅後其原有田賦項下正附稅捐名目一律取消以後亦不

得加收任何附稅。

第四條　地價應另設地價估計委員會估計地價估計委員會組織規程另定之。

第五條　地價之估計得以人民自報之價為標準其詳細辦法應由估計委員會擬訂報由市政府呈請民政財政兩廳轉呈省政府核定行之。

第六條　地價稅按年分上下兩期各半徵收上期自五月一日下期自十一月一日開徵前項開徵日期如有必要情形須提前或展限者得由市政府呈請財政廳核定行之。

第七條　每期自開徵日起一個月內為人民自行投完期間期滿未經投完者由市政府派員徵收之。

第八條　凡業戶於每期開徵日起十五日以內完納者照所完稅額給以百分之四之獎金其在上期徵收期內完納下期者按照所完下期稅額給以百分之五之獎金。

第九條　凡業戶自每期開征日起經過三個月滯未完納者第四個月起照應徵稅額加收百分之五之罰金第六個月起照應徵稅額加收百分之十之罰金。

第十條　凡業戶每期經過百分之十處罰一個月後尚未完納者傳案追究。

第十一條　凡業戶欠繳地價稅至二年時得由市政府將該戶欠稅之土地標賣以其價額低償欠稅如有餘額仍發還之。

第十二條　地價稅徵收細則由市政府擬訂呈請民政財

政兩廳轉呈省政府核定行之。

第十三條　本章程自浙江省政府咨部備案後公布施行。

B. 杭州市地價估計辦法

1. 本辦法依浙江省杭州市地價稅暫行章程第五條之規定制定之。
2. 地價之估計應以分段分類為原則。
3. 凡認為同一地價段內之土地應參照人民自報之價值及現時買賣之市價估定標準地價。
4. 土地因其地位之特殊情形得按其標準地價數額為相當之增減。
5. 地價之估計以畝為單位。
6. 標準地價估定後由市政府公告之其因特殊情形之土地經估定後亦同。
7. 標準地價自公告之日起三十日內土地所有權人如有異議得以該段或該段內同類全體三分之一以上之連署詳述理由聲請複估其因特殊情形之土地地價在公告期內土地所有權人如有異議時亦得聲請複估後卽為確定。
8. 標準地價經公告期滿無異議或有異議經複估後卽為確定。
9. 地價經此次估定後每屆五年估計一次但遇土地時價有重大變更時得隨時估計改正之。
10. 本辦法自呈奉浙江省政府核定後施行。

C. 杭州市各區估定地價表

第一區（第一都第一圖）估定地價表（以畝為單位）

第一坊

第一段　標準價	七〇〇元
沿雄鎮樓直街候潮門直街	一二〇〇元
沿城墻內地	三〇〇元
候潮門水城門內	二〇〇元
第二段　標準價	九〇〇元
沿江墅路（自通江橋至福德橋）	三〇〇〇元
沿江墅路（自福德橋至倉橋）	二五〇〇元
沿江墅路（自倉橋至鳳山門）	二〇〇〇元
沿通江橋直街	一五〇〇元
沿竹園衖	七〇〇元
桂花衖過馬衖	八〇〇元
沿五福衖彩霞嶺	八〇〇元
沿六部橋河下	七〇〇元
沿官井頭	八〇〇元
沿六部橋直街後面沿城墻	五〇〇元
沿三角地	八〇〇元
沿福德橋河下	七〇〇元
沿雄鎮樓直街候潮門直街	一二〇〇元

杭州市分區形勢圖

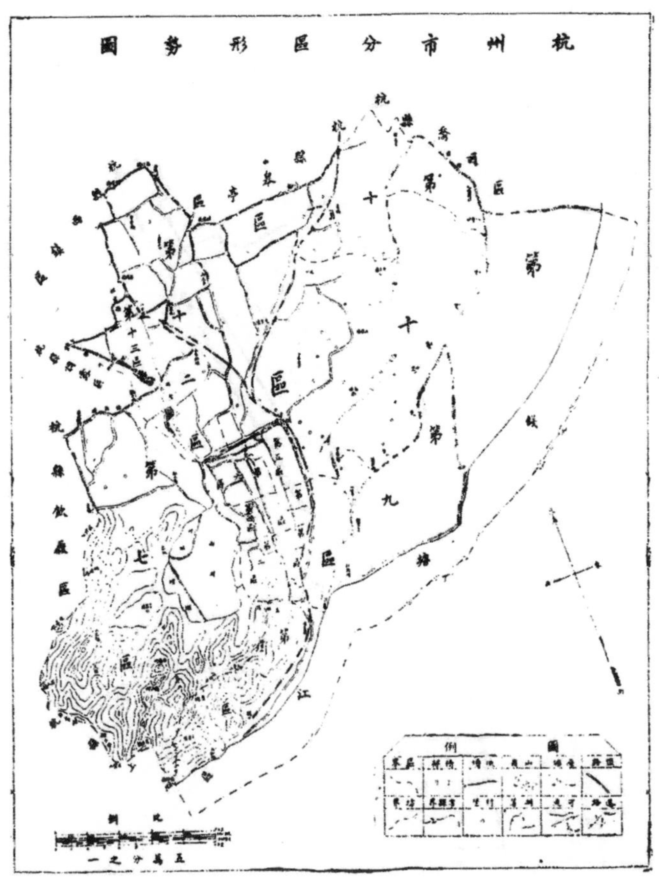

杭州市第一區估定地價分段圖

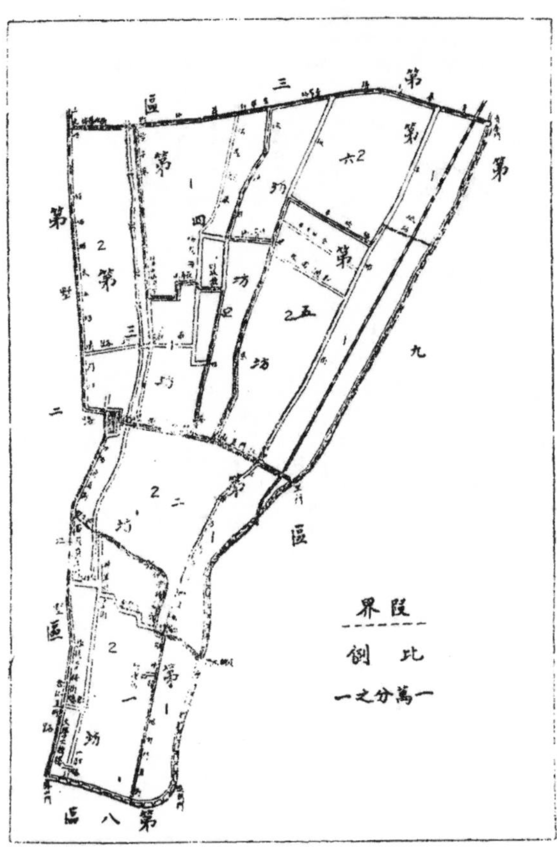

第二坊

第一段　標準價	八〇〇元
沿上羊市街車駕橋直街	一四〇〇元
沿望江門直街（至上市街東口至）	一四〇〇元
沿大悲閣衖玄壇衖茶店衖麻雀衖小剪刀衖殺牛衖	七〇〇元
第二段　標準價	一三〇〇元
沿江墅路（自鼓樓前至通江橋止）	三二〇〇元
鼓樓灣裏	二五〇〇元
沿望仙橋直街望江門直街（自上羊市街西口起至望仙橋直街）	二〇〇〇元
沿望仙橋河下	一五〇〇元
沿白芽巷堂子衖	一二〇〇元
沿撫甯巷鎮東樓至通江橋止	一二〇〇元
沿陳家園珠婆衖後衛衖過軍橋衖	八〇〇元
沿打更衖	五〇〇元
沿通江橋直街	一五〇〇元
沿上羊市街車駕橋直街	一四〇〇元

第三坊

第一段　標準價	一九〇〇元
沿東河坊巷（自新宮橋至信餘里）	三〇〇〇元
沿東河坊巷（自信餘里至崇甯閣）	三五〇〇元
沿薦橋路（自薦橋至堂子巷口）	六〇〇〇元
沿新宮橋河下三聖橋河下鐵佛寺橋河下凝海巷吉祥巷	一六〇〇元
沿周葉聞衖長壽衖	一五〇〇元
沿滸衖	一〇〇〇元
沿柴衖	一〇〇〇元
沿望仙橋直街	二〇〇〇元
第二段　標準價	二〇〇〇元
沿江墅路（自薦橋路至保佑橋衖口）	八〇〇〇元
沿江墅路（保佑橋衖口至大井巷口）	七〇〇〇元
沿江墅路（自大井巷口至打銅巷口）	五〇〇〇元
沿江墅路（自打銅巷至鼓樓灣）	四〇〇〇元

沿薦橋路（江墅路轉角以東至薦橋）	六〇〇〇元
沿東河坊巷（自江墅路至新宮橋）	三五〇〇元
沿鼓樓灣	三〇〇〇元
沿鼓樓灣（自望仙橋直街至十五奎巷直衝止）	二五〇〇元
沿元福巷柳翠井巷扇子巷布市巷	一九〇〇元
沿井衖楊廣才衖花園衖	一二〇〇元
沿熙春衖柳翠橋河下熙甯巷鐵佛寺橋衖柴垛橋衖三聖橋弄	一四〇〇元

第四坊

第一段　標準價	一九〇〇元
沿薦橋路（自堂子巷口至三區豐禾巷直街止）	六〇〇〇元
沿薦橋路（自三區豐禾巷直街起至城頭巷止）	五五〇〇元
沿佑聖觀巷城頭巷梅花碑管驛後	二〇〇〇元
沿長壽弄周葉閩弄	一五〇〇元
沿方福弄	八〇〇元
沿九曲巷景家弄保善巷鐵佛寺橋河下	一六〇〇元
第二段　標準價	一四〇〇元
沿蕭山弄馬子弄柴弄西桿子弄	五〇〇元
沿吉祥巷	一六〇〇元
沿河水弄玄壇弄	八〇〇元
沿門富三橋東西弄	一六〇〇元
沿望仙橋直街	二〇〇〇元
沿馬弄	一九〇〇元
沿中板兒巷	二〇〇〇元
沿上板兒巷	一六〇〇元

第五坊

第一段　標準價	八〇〇元
沿望江門直街（至羊市街口止）	一四〇〇元
沿羊市街（自望江門直街口起至福緣路口止）	一六〇〇元
沿城墻至鐵路	三〇〇元
沿陸家河頭水仙衖光方衖殺牛衖師姑衖芭蕉衖	六〇〇元
沿泰恆里泰慶里	一〇〇〇元
沿羊市路（福緣路口以北）	二五〇〇元
第二段　標準價	一三〇〇元
沿望江門直街（羊市街以西）	二〇〇〇元
沿上板兒巷	一六〇〇元
沿中板兒巷福緣巷路	二〇〇〇元
沿城站路	二五〇〇元
沿金剛寺巷	一六〇〇元
沿東西牌樓姚園寺巷郭通園巷	一四〇〇元
沿灰團巷安裕里福慶衖皇甫園巷	一〇〇〇元
沿豆腐衖灣井衖茅衙衖白果樹下	八〇〇元
沿羊線衖	五〇〇元
沿羊市街（自望江門直街口起至福緣路口止）	一六〇〇元

第六坊

第一段　標準價	一二〇〇元
沿直清泰路（至羊市路口）	二二〇〇元
沿羊市街路（至城站路口）	一八〇〇元
沿橫清泰路（城站左側）	一八〇〇元
沿城墻脚至鐵路邊	三〇〇元
第二段　標準價	一六〇〇元
沿直清泰路（羊市路口至許衙巷口）	二五〇〇元
沿許衙巷（至靈芝路止）	一八〇〇元
沿靈芝路新開弄城站路	二五〇〇元
沿直橫新開衖馬衖毛家井義民巷橫直骨牌衖	一二〇〇元
沿清泰路（自許衙巷口至板兒巷口）	四五〇〇元
沿薦橋路清泰路（自板兒巷口至城頭巷口）	五〇〇〇元

沿下板兒巷福緣巷至門富三橋東衖口	二五〇〇元
沿五柳巷章家橋東河下大小火把衖安樂橋東衖	一〇〇〇元
沿章家橋西河下老人衖毛竹衖安樂橋西衖河下	八〇〇元
沿道院巷	一二〇〇元
沿城頭巷（北口至南口）	二〇〇〇元
沿門富三橋東西衖	一六〇〇元
沿竹衖東趕猪衖	五〇〇元
沿羊市路（至城站路口止）	一八〇〇元
沿羊市路（自城站路口起至福緣路口止）	二五〇〇元

第二區（第一都第二圖）估定地價表（以畝為單位）

第一坊

第一段　標準價	八〇〇元
沿江墅路（自鳳山門至嚴官巷口）	二〇〇〇元
沿江墅路（自嚴官巷口至白馬廟巷口）	二五〇〇元
沿嚴官巷白馬廟巷高士坊巷	八〇〇元
沿山脚	四〇〇元
沿大馬廠	七〇〇元
第二段　標準價	九〇〇元
沿江墅路（自白馬廟巷口至察院前口）	二五〇〇元
沿太廟巷	八〇〇元
沿江墅路（自察院前口至城隍牌樓口）	三〇〇〇元
沿瑞石亭	六〇〇元
沿山腳	四〇〇元
沿城隍牌樓巷至菜場止	一〇〇〇元
自菜場起至四牌樓止	七〇〇元
沿大馬衖	六〇〇元
沿察院前巷	七〇〇元
沿永壽衖	六〇〇元
沿釘鞋巷（自四眼井起至四牌樓口）	五〇〇元

沿四牌樓元寶心	六〇〇元
沿白馬廟巷	八〇〇元

杭州市第二區估定地價分段圖

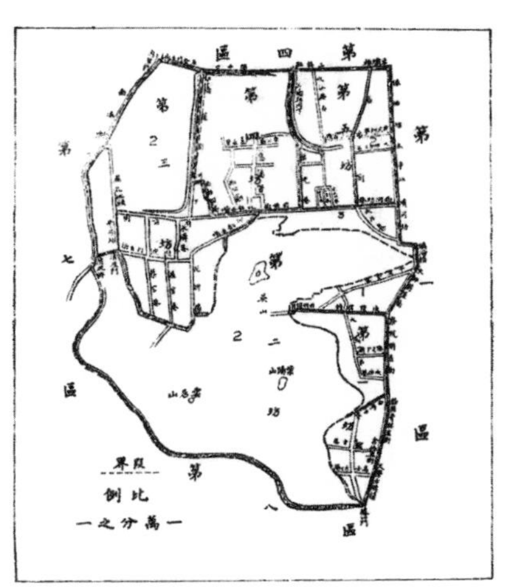

第二坊

第一段　標準價	一一〇〇元
沿江墅路（自五公山小路口至城隍牌樓口）	三二〇〇元
沿十五奎巷（自五奎衖口至四牌樓）	七〇〇元
沿五奎衖茶啾衖井衖	六〇〇元
沿城隍牌樓巷至菜場止	一〇〇〇元
自菜場起至四牌樓	七〇〇元
沿四牌樓元寶心	六〇〇元
沿山脚	五〇〇元
第二段　標準價	二〇〇元
環翠樓上山海會寺太歲廟沿大路至四宜亭	四〇〇元
紫陽山	一〇〇元
雲居山	一五〇元
大小螺絲山管米山	三〇〇元

糧道山	四〇〇元
第三段　標準價	一五〇〇元
沿江墅路（自西河坊巷口至大井巷口）	七〇〇元
沿江墅路（自大井巷口至五公山小路口）	四〇〇〇元
沿西河坊巷（至大井巷口）	三五〇〇元
沿小井巷直街司前街（自大井巷口至糧道山口）	二五〇〇元
沿司前街（自糧道山口至龍舌嘴口）	二〇〇〇元
沿大井巷	二五〇〇元
沿環翠樓安榮巷小井巷	一〇〇〇元
沿山脚	五〇〇元

第三坊

第一段　標準價	一二〇〇元
沿外龍舌嘴	一五〇〇元
沿清波門直街	一五〇〇元
沿山脚	五〇〇元
沿蔡官巷陸官巷花牌樓	一〇〇〇元
沿塔兒頭	一五〇〇元
沿府前街學院前孝子坊	一五〇〇元
第二段　標準價	一五〇〇元
沿湧金門直街（至杜子橋止）	二〇〇〇元
沿南山路	二〇〇〇元
沿荷花池頭	一二〇〇元
沿西都司衛緞局司衖	一〇〇〇元
沿阿太廟衖司獄衖	八〇〇元

第四坊

第一段　標準價	一五〇〇元
沿司前街（華光巷口至舊藩署口）	二五〇〇元
沿司前街（舊藩署前至裏龍舌嘴口）	二〇〇〇元
沿東都司衛	一〇〇〇元
沿西都司衛緞局司衖	一〇〇〇元
沿外龍舌嘴（至西都司衛口止）	一五〇〇元
沿鬧市口直街（自杜子橋至紅門局口止）	二五〇〇元

沿機神廟直街（紅門局口至三橋址）	二〇〇〇元
沿華光巷	一六〇〇元
沿聖帝衖新開衖底庫衖大井衖南園裏理問所	一〇〇〇元
沿舊藩署	一八〇〇元

第五坊

第一段　標準價	一五〇〇元
沿小井巷直街（自后市街口至華光巷口）	二五〇〇元
沿后市街	二〇〇〇元
沿王衙衖趙衙衖筍衙衖井衖太平局衖	一二〇〇元
沿東中西太平巷	一六〇〇元
沿提督衖馬家衖行宮河下西府局	一〇〇〇元
沿慶餘橋福壽橋河下	八〇〇元
沿三橋址直街	二〇〇〇元
沿羊壩頭巷	二五〇〇元
沿華光巷	一六〇〇元
第二段　標準價	二〇〇〇元
沿江墅路（自西河坊巷口至甘澤坊巷口）	七〇〇〇元
沿江墅路（自甘澤坊巷口至羊壩頭巷口）	八〇〇〇元
沿多福衖木瓜衖惠民巷	一五〇〇元
沿羊壩頭巷	二五〇〇元
沿西河坊巷（自后市街巷口至西河坊巷口止）	三五〇〇元

第三區（第一都第三圖）估定地價表（以畝為單位）

第一坊

第一段　標準價	一六〇〇元
沿慶春路（自皇誥兒巷口至皮市巷口）	四五〇〇元
沿皇誥兒巷皮市巷	一八〇〇元
沿荷花池頭紫荊冠巷新開衖薛衙前	一三〇〇元
第二段　標準價	一八〇〇元
沿慶春路（自衆安橋至皇誥兒巷口）	四五〇〇元
沿江墅路（自衆安橋至平海路直衝）	三〇〇〇元
沿江墅路（平海路直衝至李博士橋衖口）	三二〇〇元
沿江墅路（自李博士橋衖口至新民路口）	三九〇〇元

沿新民路（自官巷口至華光巷口）	三八〇〇元
沿河（自李博士橋經棚橋至千勝橋）	一〇〇〇元
大小火衖阿彌陀佛衖湯團衖團子巷	一四〇〇元
池山衖河下衖宋高陶巷延定巷	一五〇〇元

杭州市第三區估定地價分段圖

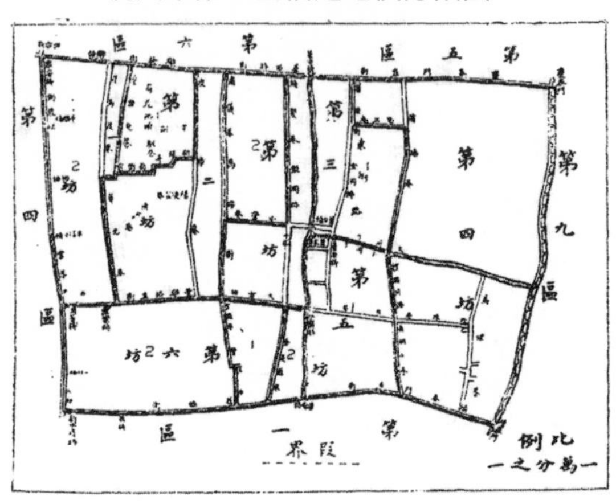

第二坊

第一段　標準價	一六〇〇元
沿皮市巷	一八〇〇元
沿楊凌芝巷清吟巷	一五〇〇元
沿薛衙前新開衖	一三〇〇元
沿慶春路（自皮市巷口至肅儀巷口）	四八〇〇元
沿新民路（自華光巷口至馬市街口）	三四〇〇元
沿肅儀巷馬市街	二〇〇〇元
沿直龍華巷華光巷	一八〇〇元
沿三官巷	一三〇〇元
第二段標準價	一五〇〇元
沿慶春路（自肅儀巷口至頭髮巷口）	四四〇〇元
沿頭髮巷銀洞橋	一七〇〇元
沿阿彌陀佛衖大王廟醬園衖	一四〇〇元

沿馬所巷	一六〇〇元
沿花園衖韓家衖	一二〇〇元
沿肅儀巷馬市街	二〇〇〇元

第三坊

第一段　標準價	一二〇〇元
沿慶春路（自菜市橋至東街路口）	四二〇〇元
沿東街路（自普安街至金洞橋）	二三〇〇元
沿葉家衖花園衖	一〇〇〇元
沿華藏寺巷	一四〇〇元
沿大學路忠正巷大河下	一五〇〇元
第二段　標準價	一四〇〇元
沿慶春路（自頭髮巷口至菜市橋）	四四〇〇元
沿新民路（自馬市街口至永甯橋）	三二〇〇元
沿直大方伯方谷園	一八〇〇元
沿宿舟河下	八〇〇元
沿萬安橋河下狗毛灘八乂衖菜市橋河下	一〇〇〇元
沿馬市街	二〇〇〇元
沿小營巷	一五〇〇元
沿頭髮巷銀洞橋	一七〇〇元

第四坊

第一段　標準價	八〇〇元
沿慶春路（自東街路口至燕子衖口）	二五〇〇元
沿慶春路（自燕子衖口至大學路口）	二〇〇〇元
沿慶春路（自大學路口至慶春門）	一五〇〇元
沿東街路（普安街）	二三〇〇元
沿大學路忠正巷	一五〇〇元
沿裏横河橋大河下	一〇〇〇元
沿土橋頭	六〇〇元
沿長官衖	一三〇〇元
沿城墻內	三〇〇元
第二段　標準價	一一〇〇元
沿清泰路（沿清泰門至馬坡巷口）	二二〇〇元
沿清泰路（自馬坡巷口至長明寺巷口）	二五〇〇元
沿馬坡巷	一四〇〇元

沿小米巷珍珠巷	一三〇〇元
沿小河下	一〇〇〇元
沿裏橫河橋長明寺巷	一五〇〇元
沿高冠巷	一四〇〇元
沿城墻內	四〇〇元

第五坊

第一段　標準價	一五〇〇元
沿東街路（自外橫河橋至葵巷口止卽小粉墻）	二三〇〇元
沿東街路（自葵巷口至清泰路卽石牌樓）	二七〇〇元
沿清泰路（自長明寺巷口至許衙巷直衝）	二五〇〇元
沿清泰路（自許衙直巷衝至東街路）	四五〇〇元
沿清泰路（自東街路口至章家橋）	五〇〇〇元
沿新民路（自東街路口至永甯橋）	三〇〇〇元
沿葵巷	二五〇〇元
沿小河下	一三〇〇元
沿娘娘衖鍋子衖悟空寺衖堂子衖金鉤衖銀鈎衖花園衖蕭家衖	一〇〇〇元
沿毛竹衖石板衖	一二〇〇元
第二段　標準價	一六〇〇元
沿新民路（金鷄嶺口至永甯橋）	三二〇〇元
沿薦橋路（自章家橋至金芝麻巷口）	五〇〇〇元
沿金芝麻巷金鷄嶺	二〇〇〇元
沿裏塘巷	一五〇〇元
沿青蓮巷淳佑橋衖	一四〇〇元
沿葫蘆兜	一〇〇〇元

第六坊

第一段　標準價	一八〇〇元
沿新民路（自金錢巷口至金鷄嶺口）	三二〇〇元
沿金錢巷	二五〇〇元
沿豐禾巷嚴衙衖	二二〇〇元
沿瓦灰衖花園衖	一五〇〇元
沿薦橋路（自豐禾巷口至金芝麻巷口）	五五〇〇元
沿當舖衖	一六〇〇元
沿紫金村	一九〇〇元
沿金鷄嶺金芝麻巷	二〇〇〇元
第二段　標準價	二五〇〇元
沿薦橋路（自豐禾巷口至江墅路）	六〇〇〇元
沿江墅路（自開元路直衝至新民路口）	六五〇〇元
沿江墅路（自開元路直衝至薦橋路口）	八〇〇〇元
沿新民路（自官巷口至珠寶巷口）	三八〇〇元
沿新民路（自珠寶巷至金錢巷口）	三四〇〇元
沿豐家兜民權路	二四〇〇元
沿民生路	二八〇〇元
沿忠孝巷歡樂巷	二〇〇〇元
沿下珠寶巷	二六〇〇元
沿上珠寶巷	二八〇〇元
沿謝麻子巷盔頭巷	二三〇〇元
沿茅郎巷日新橋衖	一八〇〇元
沿東山衖	二〇〇〇元
沿火衖潘衙衖石板衖偏擔衖	一六〇〇元
沿豐禾巷	一二〇〇元

杭州市第四區（第一都第四圖）估定地價表（以畝為單位）

杭州市第四區估定地價分段圖

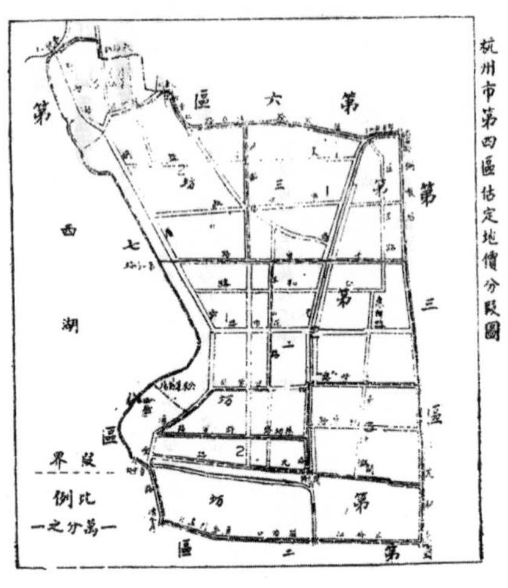

第一坊

第一段　標準價	一八〇〇元
沿江墅路（羊壩頭巷口至開元路口）	八〇〇〇元
沿羊壩頭巷鬧市口直街	二五〇〇元
沿三元坊巷三橋子直街機神廟直街湧金門直街湧金路	二〇〇〇元
沿九刀廟巷染坊衖夭桃衖井衖慶和衖簫王衖財源衖	一〇〇〇元
沿比勝廟巷奎垣巷	一六〇〇元
沿定安巷靈壽寺巷橫紫城巷韶華巷橫飲馬井巷	一五〇〇元
沿紫城巷	一三〇〇元
沿開元路（青年路口至江墅路）	三五〇〇元
沿開元路（青年路至東浣紗路口）	二八〇〇元
第二段　標準價	二五〇〇元
沿延齡路	三五〇〇元
沿西湖	四〇〇〇元
沿開元路	二八〇〇元

第二坊

第一段　標準價	三五〇〇元
沿延齡路（自花市路口至迎紫路口）	六〇〇〇元
沿延齡路（自仁和路口至平海路口）	五五〇〇元
沿延齡路（自仁和路口至花市路口）	六五〇〇元
沿仁和路（延齡路以西）	六〇〇〇元
沿花市路（延齡路以西）	五五〇〇元
沿湖濱路	五五〇〇元
沿平海路（延齡路以西）	四〇〇〇元
沿迎紫路	三八〇〇元
第二段　標準價	二五〇〇元
沿江墅路（自平海路口至鐵線巷口）	三二〇〇元
沿江墅路（自鐵線巷口至新民路口）	三五〇〇元
沿鐵線巷	二二〇〇元
沿吳山路（自迎紫路口至慈幼路口）	二二〇〇元
沿吳山路（自平海路口至迎紫路口）	三五〇〇元
沿延齡路	四〇〇〇元
沿迎紫路	三八〇〇元
沿新民路	三八〇〇元
沿泗水路	二八〇〇元
沿平海路（自平海橋至弼教坊）	二六〇〇元
沿平海路（自吳山路口至平海橋）	三〇〇〇元
沿蝙蝠衖崔家巷里仁坊巷洪福里仁和里平遠里林海里長春里	二〇〇〇元
沿處順里	一五〇〇元
第三段　標準價	二八〇〇元
沿江墅路（自新民路口至開元路口）	六五〇〇元
沿新民路迎紫路	三八〇〇元
沿開元路（青年路至江墅路）	三五〇〇元
沿青年路	三五〇〇元
沿尚農里	二二〇〇元
沿見仁里東平巷積善坊巷	二〇〇〇元
沿羊血衖浣紗東一衖	一五〇〇元

第三坊

第一段　標準價	二〇〇〇元
沿江墅路（自平海路口至衆安橋）	三〇〇〇元
沿平海路（吳山路至平海橋）	三〇〇〇元
沿平海路（自延齡路口至吳山路口）	三五〇〇元
沿平海路（自平海橋至弼教坊）	二六〇〇元
沿延齡路（自平海路口至龍翔橋）	四〇〇〇元

沿延齡路（自龍翔橋至性存路）	三五〇〇元
沿石貫子巷天官衖嘉樹巷扁担衖	一五〇〇元
第二段　標準價	二八〇〇元
沿延齡路（自平海路口至龍翔橋）	四〇〇〇元
沿延齡路（自龍翔橋至性存路）	三五〇〇元
沿平海路（延齡路以西）	四〇〇〇元
沿湖濱路	五〇〇〇元
沿小車橋街	一七〇〇元
沿錢塘路性存路	二〇〇〇元
第三段　標準價	一五〇〇元
沿西湖	五〇〇〇元
沿聖塘路	二五〇〇元
沿聖塘路河下	一〇〇〇元
沿錢塘路	二〇〇〇元
沿環城西路	一二〇〇元

杭州市第五區（第一都第五圖）估定地價表（以畝為單位）

第一坊

第一段　標準價	八〇〇元
沿慶春路（自菜市橋至東街路口）	四二〇〇元
沿東街路（自慶春路口至趙聖廟口巷）	一八〇〇元
沿東街路（自趙聖廟巷口至太平橋衖口）	一四〇〇元
第二段　標準價	五五〇元
沿慶春路（自東街路口至燕子衖直衝止）	二五〇〇元
沿慶春路（自燕子衖直衝至楚方巷口）	二〇〇〇元
沿東街路（自慶春路口至壇仙巷口）	一八〇〇元
沿東街路（自壇仙巷口至上王石巷口）	一四〇〇元
沿上王石巷（與第五坊第一段交界處）	七〇〇元
蕩地照標準價四分之一計算	
第三段　標準價	五〇〇元
沿慶春路（自楚方巷口至刀茅巷口）	一五〇〇元
沿刀茅巷（自慶春路至武林鐵工廠對面止）	八〇〇元
沿刀茅巷（自武林鐵工廠對面起至坊界止）	六〇〇元

沿王石巷迴龍廟前楚方巷（與第一坊第二段交界處）	五五〇元
蕩地照標準價四分之一計算	
第四段　標準價	四〇〇元
沿慶春路（自刀茅巷口至慶春門）	一五〇〇元
沿刀茅巷（自慶春路口至武林鐵工廠止）	八〇〇元
沿刀茅巷（自武林鐵工廠起至坊界止）	六〇〇元
蕩地照標準價四分之一計算	

杭州市第五區估定地價分段圖

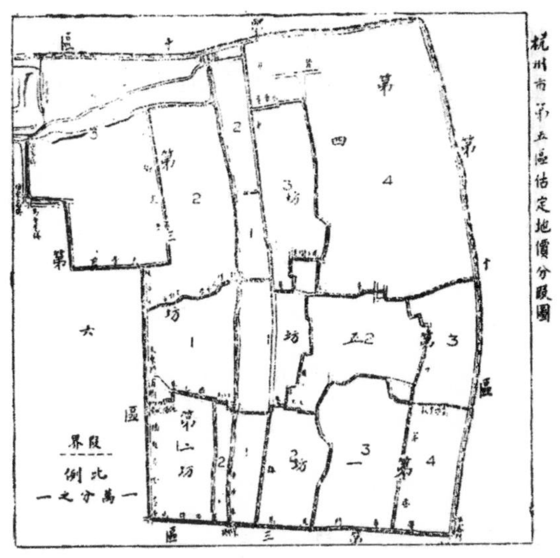

第二坊

第一段　標準價	一〇〇〇元
沿慶春路（自忠清巷口至東清巷口）	四四〇〇元
沿忠清巷白蓮花寺直街（自慶春路口至燕子衖口）	一六〇〇元
沿福聖菴（自燕子衖口至純陽菴巷口）	一三〇〇元
沿東清巷（自慶春路口至王馬巷口）	一二〇〇元
沿海獅溝太平橋横街（王馬巷口至威乙巷口）	一一〇〇元
第二段　標準價	八〇〇元

沿慶春路（自東清巷口至菜市橋）	四四〇〇元
沿東清巷（自慶春路口至王馬巷直衝止）	一二〇〇元
沿海獅溝太平橋街（自王馬巷口至毛坑衖口）	一一〇〇元

第三坊

第一段　標準價	八〇〇元
沿大東門直街（自純陽菴巷口至助聖廟巷口）	一三〇〇元
沿大營前（自助聖廟巷口至文龍巷直衝）	一二〇〇元
沿大營前（自文龍巷直衝起至葉面巷口止）	九〇〇元
沿純陽菴巷威乙巷（與第三坊第一段交界處）	一〇〇〇元
沿太平橋橫街（自毛坑衖口至威乙巷口）	一一〇〇元
第二段　標準價	六〇〇元
沿大營前（自葉面巷口起至橫大營前卽體育場路口止）	九〇〇元
沿大倉前（自張御史巷口至寶善橋止）	八〇〇元
沿青龍街新橋橫街（自珠巷口至大倉前口）	八〇〇元
沿葉面巷珠混堂巷新橋直街（與第三坊第一段交界處）	八〇〇元
第三段　標準價	三〇〇元
沿張御史巷大營前（與第三坊第二段交界處）	六〇〇元
沿大營前（與第六區交界處）	九〇〇元

第四坊

第一段　標準價	七〇〇元
沿東街路（自新橋衖口至寶善橋衖口）	一四〇〇元
第二段　標準價	六〇〇元
沿東街路（自寶善路衖口至駱駝橋止）	一二〇〇元
沿東街路（自駱駝橋至艮山門）	一〇〇〇元
沿寶善橋衖（與第四坊第一段交界處）	七〇〇元
第三段　標準價	四〇〇元
沿東街路（自東園巷口至新橋衖直衝止）	一五〇〇元
沿東街路（自新橋衖直衝起至陳衙營口止）	一四〇〇元
沿東街路（自陳衙營口至駱駝橋）	一二〇〇元
沿東街路（自駱駝橋至永康衖口）	一〇〇〇元
沿南大樹巷小東冷巷東園巷（與第五坊第一段交界處）	七〇〇元
蕩地照標準價四分之一計算	
第四段　標準價	三〇〇元
沿王文子衖（與第五坊第一段交界處）	七〇〇元
沿東街路（自永康巷口至艮山門）	一〇〇〇元
沿永康巷羊干衖小營巷（與第四坊第三段交界處）	四〇〇元
沿東園巷（與第五坊第二段交界處）	四五〇元
蕩地照標準價四分之一計算	

第五坊

第一段　標準價	七〇〇元
沿東街路（自太平橋衖口至小菜場口）	一四〇〇元
沿東街路（自小菜場口至新橋衖口）	一五〇〇元
沿太平橋衖（與第一坊第一段交界處）	八〇〇元
第二段　標準價	四五〇元
沿所巷秤杆衖瘋狗衖（與第五坊第一段交界處）	七〇〇元
沿上王石巷（與第一坊第二段交界處）	五五〇元
沿石板巷（與第一坊第三段交界處）	五〇〇元
蕩地照標準價四分之一計算	
第三段　標準價	三〇〇元
沿東園巷石板巷（與第五坊第二段交界處）	四五〇元
蕩地照標準價四分之一計算	

杭州市第六區（第一都第六圖）估定地價表（以畝為單位）

第一坊

第一段　標準價	一〇〇〇元
沿慶春路（自同春坊口至六克巷口止）	四五〇〇元
沿慶春路（自六克巷口至忠清巷口）	四八〇〇元
沿同春坊（自北橋起至衆安橋邊）	二八〇〇元
沿忠清巷（自慶春路口至白蓮花寺巷口）	一六〇〇元
沿白蓮花寺巷長慶街仙林寺街（自福聖菴巷口至北橋止）	一二〇〇元
第二段　標準價	八〇〇元
沿小學前（自北橋至有玉橋止）	二八〇〇元
沿二聖廟前（自有玉橋邊起至登雲橋邊止）	一〇〇〇元
沿永甯街（自登雲橋起至仙林橋邊止）	一〇〇〇元
沿上下元寶衖	七〇〇元
沿長慶街　仙林寺街（自柳營巷口至北橋）	一二〇〇元

杭州市第六區估定地價分段圖

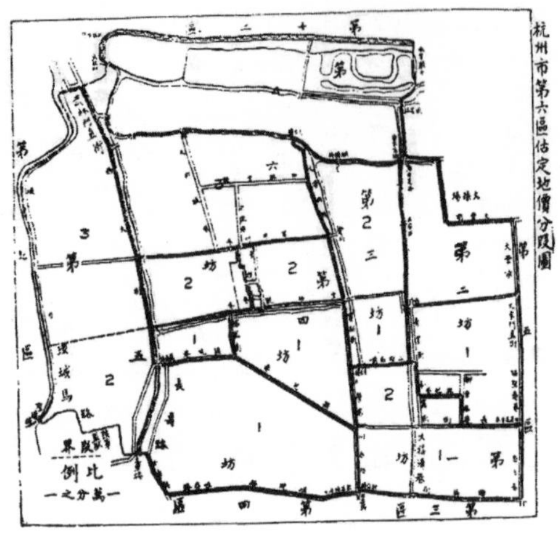

第二坊

第一段　標準價	七〇〇元
沿福聖菴巷（自白蓮花寺巷口起至燕子衖直街止）	一六〇〇元
沿大東門直街福聖菴巷（自燕子衖口直衝起至文星巷口止）	一三〇〇元
沿林司後破混堂巷	一〇〇〇元
沿池塘巷	八〇〇元
沿青雲街（自登雲橋起至貢院前）	九〇〇元
沿白蓮花寺巷長慶街	一二〇〇元
沿文星巷貢院前（自大東門直街口起至西橋邊止）	九〇〇元
沿柳營巷珠冠巷	八〇〇元
沿永甯街	一〇〇〇元
第二段　標準價	六〇〇元
沿大營前（自文星巷口至文龍巷口）	一二〇〇元
沿文星巷貢院前	九〇〇元
沿大營前（自文龍巷起經體育場路至烏龜尾橋止）	九〇〇元
沿東橋河下	八〇〇元

第三坊

第一段　標準價	七〇〇元
沿二聖廟前（自登雲橋邊起至有玉橋止）	一〇〇〇元
沿貫橋直街（自有玉橋至貫橋止）	一六〇〇元
沿淸遠橋橫街馬衙衖（自淸遠橋至西橋邊止）	九〇〇元
第二段　標準價	六〇〇元
沿下倉橋街天漢洲橋街（自淸遠橋起至天漢洲橋止）	一四〇〇元
沿天漢洲橋街（自天漢洲橋起至天水橋止）	一〇〇〇元
沿淸遠橋街馬衙衖（自淸遠橋至西橋邊）	九〇〇元
沿后營衖	五〇〇元

第四坊

第一段　標準價	一〇〇〇元
沿孩兒巷（自同春坊口起至鳳凰街口止）	一四〇〇元
沿小學前	二八〇〇元
沿貫橋直街	一六〇〇元
沿荳腐弄寳帶橋河下	八〇〇元
第二段　標準價	七〇〇元
沿寳極觀巷	一一〇〇元
沿下倉橋直街	一四〇〇元
沿百井坊巷（自倉橋口起至坊界止）	九〇〇元

第五坊

第一段　標準價	一一〇〇元
沿同春坊（自北橋至衆安橋止）	二八〇〇元
沿衆安橋河下法院路性存路	二〇〇〇元
沿小車橋街	一七〇〇元
沿孩兒巷（自同春坊口起至鳳凰街口）	一四〇〇元
沿孩兒巷（自鳳凰街口至長壽橋）	一二〇〇元
沿竹竿巷（自同春坊口至龍興路口）	一二〇〇元
沿新開衖白澤廟巷三支巷	九〇〇元
第二段　標準價	八〇〇元
沿臨安路建德路開化路遂安路龍游路	九〇〇元
沿聖塘橋河下	一〇〇〇元
沿西大街（自錢塘路口至英士路）	一四〇〇元
沿英士路	九〇〇元
沿環城西路（自教場路口至英士路口）	一二〇〇元
第三段　標準價	五〇〇元
孝豐路安吉路德淸路永甯衖	六〇〇元

沿英士路	九〇〇元
沿西大街武林門直街	一四〇〇元

第六坊

第一段　標準價	一〇〇〇元
沿孩兒巷	一二〇〇元
巷沿西大街（自長壽橋至鳳起橋止）	一四〇〇元
第二段　標準價	七〇〇元
沿西大街（自鳳起橋至獅虎橋止）	一四〇〇元
沿鳳起路（自王親巷口起至鳳起橋止）	一〇〇〇元
沿鳳起里	八〇〇元
第三段　標準價	六〇〇元
沿下倉橋街（自百井坊巷口至天漢洲橋止）	一四〇〇元
沿天漢洲橋街（自天漢洲橋至天水橋止）	一〇〇〇元
沿萬壽亭直街中正橋直街（自天水橋起至中正橋止）	八〇〇元
沿百井坊巷（自下倉橋衖口起至王親巷坊界止）	九〇〇元
沿百井坊巷獅虎橋衖（自王親巷口至獅虎橋止）	七〇〇元
沿西大街武林門直街（自獅虎橋至武林門）	一四〇〇元
沿戒壇寺衖	五〇〇元
第四段　標準價	三〇〇元
沿體育場路（自洗馬橋至天水橋）	七〇〇元
沿體育場路（自天水橋至梅東高橋止）	八〇〇元
沿洗馬橋裏街	五〇〇元
沿新橋北倉橋裏街	四〇〇元
沿打銅巷	五〇〇元
沿城河以北城墻	二五〇元

第七區（第二都第一二三四五圖）估定地價表（以畝為單位）

第一坊

第一段　標準價	七〇元
沿松木場直街西八字橋直街（自流水橋至萬壽橋止）	三五〇元
沿流水橋直街（自洋芳橋至流水橋）	二五〇元
沿洋芳橋路蓮花涼亭石塔兒頭（自寶石山大路至洋芳橋）	四〇〇元
沿杭餘汽車路（自拱三段汽車路至流水橋）	一二〇元
沿東直街（自杭餘汽車路至官溝）	二五〇元

第二段　標準價	六〇元
第三段　標準價	五〇元
本坊蕩	五〇元

杭州市第七區估定地價分段圖

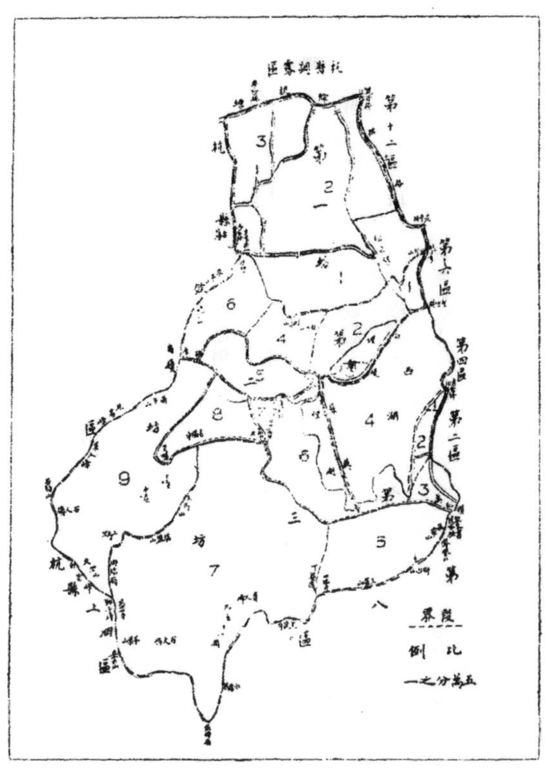

第二坊（第二都第二三圖）

第一段　標準價	八〇元
沿沿聖塘路（自石塔兒頭口至聖塘廟）	五〇〇〇元
沿昭慶路（石塔兒頭以東）	二五〇〇元
沿沿石塔兒頭蓮花涼亭（寶石山大路以北）	四〇〇元
沿石塔兒頭（自寶石山大路口至昭慶路口止）	八〇〇元
沿聖塘橋西河下	九〇〇元
沿石塔兒頭對衝（自昭慶路口至聖塘路口止）	二五〇〇元
蕩	五〇元
第二段　標準價	八〇〇元
沿聖塘路（石塔兒頭口以西）	五〇〇〇元
沿昭慶路（石塔兒頭口以西）	二五〇〇元
沿北山路（自斷橋邊至地藏殿）	五〇〇〇元
沿西湖（自地藏殿至岳墳橋衖口）	四〇〇〇元
沿北山路岳王路（自地藏殿至棲霞嶺脚）	二〇〇〇元
沿石塔兒頭（自寶石山大路口至昭慶路口止）	八〇〇元
沿石塔兒頭對衝（自昭慶路口至聖塘路口）	二五〇〇元
沿棲霞嶺路（與第四段交界）	三〇〇元
蕩	一〇〇元
第三段　標準價	二五〇〇元
沿白堤公園路孤山路（至西冷橋止）	五〇〇〇元
蕩	一〇〇元
第四段　標準價	八〇元
沿棲霞嶺路（與第二段交界）	三〇〇元
沿岳王路外東山衖	五〇〇元
蕩	五〇元
第五段　標準價	一〇〇元
沿岳王路（自岳墳橋衖口至棲霞嶺山脚）	二〇〇〇元
沿岳王路外東山衖洪春橋路（自棲霞嶺山脚至洪春橋）	五〇〇元
沿九里松（洪春橋以西）	二五〇元
沿西湖（自岳墳橋衖口至岳王路口止）	三五〇〇元
沿西湖（自岳王路口至李文忠公祠旁小路口止）	二五〇〇元
沿西湖（自李文忠公祠旁小路口至小橋止）	九〇〇元
沿西湖（小橋至玉帶橋旁）	七〇〇元
沿岳墳橋衖	七〇〇元
沿蘇堤	七〇〇元
蕩	一〇〇元
第六段　標準價	四〇元

蕩	五〇元
第七段　標準價	五〇元
蕩	五〇元
第八段　標準價	五〇元
沿九里松靈隱馬路（洪春橋至白樂橋）	二五〇元
沿靈隱路（自白樂橋至通江嶺口止）	八〇〇元
沿茅家埠（自頭山門至黃泥嶺衖口）	三〇〇元
沿通江嶺	四〇〇元
蕩	五〇元
第九段　標準價	四〇元
沿上天竺路（自仰家塘口起至金佛橋止）	三五〇元
沿上天竺路（自金佛橋起至雲棲衖西止）（廟在內）	七〇〇元
沿中下天竺路通江嶺	四〇〇元
沿法雲衖（至中印菴止）	二〇〇元
自靈隱頭山門起至韜光山脚止	七〇〇元
蕩	五〇元

第三坊（第二都第四圖第五圖）

第一段　標準價	一五〇〇元
沿西湖（至湧金門外直街口止）	三〇〇〇元
沿湧金門外直街（臨西湖）	三〇〇〇元
沿湧金門外直街（自湖口至南山路口）	二〇〇〇元
沿湖濱路（自湧金門外直街口至錢王祠旁小路口）	二五〇〇元
沿南山路（自湧金橋至錢王祠旁小路口）	二〇〇〇元
蕩	一〇〇元
第二段　標準價	九〇〇元
沿西湖（自錢王祠旁小路口至杭富汽車路口）	二五〇〇元
沿南山路（自錢王祠旁小路口至清波橋）	二〇〇〇元
沿南山路（自清波橋至杭富汽車路口）	一二〇〇元
蕩	一〇〇元
第三段　標準價	六五〇元
沿杭富汽車路（自南山路口至湖口）	九〇〇元
沿杭富汽車路（自湖口至長橋）	一六〇〇元
蕩	一〇〇元
第四段　標準價	四〇〇元
沿西湖（自長橋至蘇提）	二〇〇〇元
沿杭富汽車路（自長橋至蘇堤）	六五〇元
第五段　標準價	四〇元
沿萬松嶺長橋直街杭富汽車路（自拱三路口至蘇堤止與第三段四段交界處）	六五〇元

沿杭富汽車路（自蘇堤至太子灣）	三〇〇元
沿杭富汽車路（自太子灣至丁婆嶺口）	一五〇元
蕩	五〇元
第六段　標準價	七〇元
沿西湖（自蘇堤至玉帶橋）	七〇〇元
沿茅家埠街（自黃泥嶺路口至頭山門自黃泥嶺路口至三叉路口）	三〇〇元
沿茅家埠（自頭山門至湖邊）	一〇〇元
沿路自南湖至赤山埠	一〇〇元
沿杭富汽車路（自蘇堤至太子灣）	三〇〇元
蕩	五〇元
第七段　標準價	四〇元
沿杭富汽車路（自太子灣至丁婆嶺口）	一五〇元
蕩	五〇元

第八區（第三都第二圖）估定地價（以畝為單位）

第一坊

第一段　標準價	六〇〇元
沿警署街（自南星橋起至三郎廟碼頭木香衖直衝止）	三六〇〇元
沿梁家橋大街（自新南星橋馬路起至梁家橋橋衖止）	三二〇〇元
沿梁家橋大街龍舌嘴大街（自梁家橋衖起諸橋橋衖止）	二六〇〇元
沿三廊廟前（自木香衖口直衝）兵馬司（至梅龍寺碼頭口止）	二八〇〇元
沿老南星橋大街（自馬路起至老南星橋橋衖止）	三四〇〇元
沿老南星橋大街（自老南星橋橋衖起至烏龍廟鐵路止）	二〇〇〇元
太平坊巷瓦子巷	一四〇〇元
剪刀巷鴻福橋木香衖石灰衖	一二〇〇元
柴校路	七〇〇元
秋濤路	一一〇〇元
蕭公橋衖	一〇〇〇元
二涼亭	三〇〇元
二涼亭之上至盤頭止塘外地	五〇元
第二段　標準價	三〇〇元
沿候潮門外直街（自候潮門起至駕迴橋止）	四〇〇元
沿候潮門外直街（自駕迴橋起至烏龍廟鉄路止）	一五〇〇元
蕭公橋衖	一〇〇〇元

沿興家兒巷	四〇〇元
沿城墻	二〇〇元
沿鳳山門外直街（自鳳山門起至拱三路止）	一三〇〇元
沿南星橋河下（自新南星橋邊河下起至諸橋邊止）	六〇〇元
沿南星橋車站前	二五〇〇元
沿苕箒灣	二五〇元
沿鳳凰山脚（三段交界）	一五〇元
蕩	八〇元
第三段　標準價	七〇元
沿箒苕灣	一〇〇元
沿鳳凰山脚（與二段交界）	一五〇元
沿拱三路萬松嶺南	一〇〇元
蕩	四〇元
小九華山鳳凰山勝果山饅頭山	二〇元

杭州市第八區估定地價分段圖

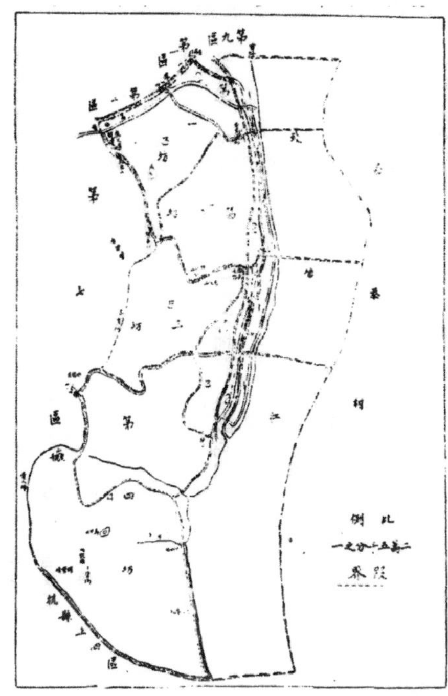

第二坊

第一段　標準價	一五〇〇元
沿諸橋大街即外街（自諸橋橋衖起至周家場衖止）	二二〇〇元
沿美政橋大街即外街洋泮橋大街即外街（自周家場衖起至王殿衖口止）	一七〇〇元
沿海月橋大街即塘上（自王殿衖起至海月橋衖止）	三〇〇〇元
第二段　標準價	四〇〇元
沿諸橋裏街美政橋裏街洋泮橋裏街海月橋裏街（自諸橋橋邊至海月橋橋邊止）	八〇〇元
沿太祖灣及太祖灣直街景福廟前（自太祖灣起至第三坊交界止）	七〇〇元
蕩	八〇元
第三段　標準價	七〇元
沿苕箒灣（與一坊二段交界）	二五〇元
沿苕箒灣（與一坊三段交界）	一〇〇元
沿裏太祖灣鐵路邊	一〇〇元
包家山山川潭棲雲山桃花山	二〇元
蕩	四〇元

第三坊

第一段　標準價	一五〇〇元
沿海月橋大街即塘上（自海月橋衖起至花牌樓火柴廠木橋止）	三四〇〇元
沿花牌樓紅廟前（自火柴廠木橋起至打鐵衖止）	二〇〇〇元
沿化仙橋大街即塘上（自打鐵衖起至電廠止）	二五〇〇元
第二段　標準價	四〇〇元
沿海月橋河下（自海月橋河下起至燒香衖止）	八〇〇元
沿沿海月橋河下化仙橋河下（自燒香衖口起至五聖堂衖止）	六〇〇元
沿化仙橋河下（自五聖堂衖口起至水澄橋河下止）	一〇〇〇元
沿惟善亭大資福廟大街化仙橋裏街周王廟前	八〇〇元
沿周王廟前水澄橋裏街（至坊界止）	一〇〇〇元
第三段　標準價	二〇〇元
沿惟善亭大資福廟前大街化仙橋裏街周王廟前	八〇〇元
沿周王廟前水澄橋裏街（至坊界止）	一〇〇〇元
沿小井頭	三〇〇元
第四段　標準價	八〇元
沿惟善堂大資福廟小井頭	三〇〇元
第五段　標準價	七〇元
沿惟善堂大資福廟	三〇〇元

八卦田	八〇元
蕩	四〇元
烏龜山玉皇山將台山天花山馬兒山大砦山	二〇元

第四坊

第一段　標準價	一五〇〇元
沿水澄橋大街卽塘上（自電廠鐵路起至小橋衖止）	二五〇〇元
沿小橋大街卽塘上（自小橋衖起至頭場衖止）	三二〇〇元
沿閘口大街卽塘上（自頭場衖起至大通橋止）	三八〇〇元
沿閘口塘下	二〇〇〇元
第二段　標準價	四〇〇元
沿水澄橋河下（自水澄橋衖起至小橋橋衖止）	九〇〇元
沿元帥廟前小橋裏街（自坊界起至涵波橋止）	一〇〇〇元
第三段　標準價	八〇元
沿安家堂甘水巷	五〇〇元
第四段　標準價	七〇元
沿潮神廟前（自無逸里起至白塔嶺止）	五〇〇元
沿甘水巷	五〇〇元
沿杭富路（自區界起至進龍橋止）	二〇〇元
沿杭富路（自進龍橋起至六和塔止）	三〇〇元
沿杭富路（自六和塔至五洞橋區界止）	二〇〇元
白塔嶺	四〇元
蕩	四〇元
虎跑山烏子嶺丁婆嶺天打潭美女山	二〇元

第九區（第四都第一二三圖）估定地價表（以畝為單位）

第一坊

第一段　標準價	一〇〇元
沿望江門外直街（自吊橋至灰團巷口止）	六〇〇元
沿望江門外直街（自灰團巷口至海潮寺止）	四五〇元
沿望江門外直街（自海潮寺至大通橋邊止）	三〇〇元
沿上木場巷（自望江門外直街口至鐵路邊止）	二五〇元
沿下木場外（自望江門外直街至湖平衖口止）	二五〇元
沿下木場巷泗板橋（自湖平衖口至泗板橋止）	二〇〇元
沿上灰團巷（自望江門外直街口至刮漿坊口止）	二五〇元

沿下灰團巷	二五〇元
沿二涼亭直街	三〇〇元
沿塘（二涼亭至智化橋止）	一五〇元
沿抽分廠直河頭三角地	一八〇元
沿城河（自泗板橋至三角地）	二五〇元
沿貼沙河	一二〇元
沿上木場巷及永昌壩（自鐵路口起至抽分廠口止）	一五〇元
蕩	四〇元
第二段　標準價	二〇元

杭州市第九區估定地價分段圖

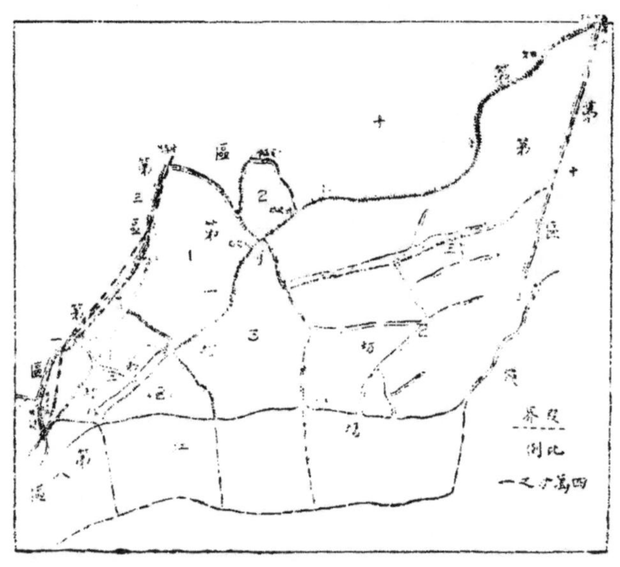

第二坊

第一段　標準價	七〇元
沿清泰門外直街（自清泰門至杭海杭平兩汽車路交點止）	四五〇元

沿清泰門外直街（自杭海杭平兩汽車路交點至杭平汽車路與華家橋路交點止）	四〇〇元
沿杭平汽車路（自華家橋交點處（即磨盤井）至烏龍廟止）	一〇〇元
沿觀音堂直街（自觀音堂至金鷄橋止）	一五〇元
沿華家橋路（自杭平汽車路與華家橋路交點至金鷄橋止）	一二〇元
沿城河	二〇〇元
沿桃花衖（自清泰門外直街桃花衖口起至清茶涼亭止）	二五〇元
沿路（自清茶凉亭至泗板橋止）	二〇〇元
沿貼沙河（自城河至化智橋止）	一二〇元
沿塘（自化智橋起至觀音堂止）	一〇〇元
蕩	四〇元
第二段　標準價	四〇元
第三段　標準價	二〇元

第三坊

第一段　標準價	二〇元
第二段　標準價	一五元

第十區（第五都第四五六七八九十圖）估定地價表（以畝為單位）

第一坊

第一段　標準價	五〇元
沿太平門外直街（東嶽廟以西）	三〇〇元
沿吊橋直街（自艮山門至吊橋）	一三〇〇元
沿河墿上（吊橋以西）	六五〇元
沿河墿上直街（自吊橋至杭嚴衖口）	一三〇〇元
沿河墿上直街（自杭嚴衖口至張官衖口）	九〇〇元
沿河墿上直街（自張官衖口至來鶴樓）	五〇〇元
沿河墿上直街（自來龍樓至鐵路）	二五〇元
沿河墿上（吊橋以西）	六五〇元
沿灣兒頭街（自吊橋直街至興隆橋）	五〇〇元

沿沙田里街（自興隆橋至牌樓邊）	二五〇元
沿楊墅廟前（自艮山門火車站至楊墅廟）	二五〇元
沿機神廟前（自鐵路起至小叉路）（葉姓屋止）	一二〇元

杭州市第十區估定地價分段圖

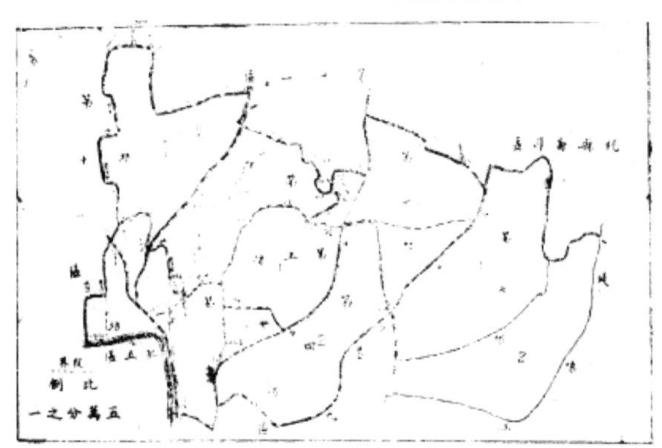

第二坊

第一段　標準價	五〇元
沿下菩薩（西自周聖剛五聖堂起東至小叉路）（張得勝茶店）	一八〇元
沿枸桔衖（南至行路口）（沈容江住屋起）（北至行路口止）（沈庚生宅地止）	一五〇元

第三坊

第一段　標準價	五〇元
沿堯橋典街（自堯典橋至小路）（橋南至方兆隆住宅止橋北至方永利住宅橋西至施家橋止）	一五〇元

第四坊

第一段　標準價	五〇元
沿新塘街（東自新酒店起至恆德堂）（即毛竹衖）	一五〇元
第二段　標準價	四〇元

第五坊

第一段　標準價（杭海汽車路以南）	五〇元
沿彭家埠東河南至彭家埠街與小路交界西至彭家埠小學北至杭海汽車路	三〇〇元
沿彭家埠四轉角	三〇〇元
第二段　標準價（杭海汽車路以北）	四〇元
沿白石廟街	一五〇元

第六坊

標準價	三五元

第七坊

第一段　標準價	二〇元
第二段　標準價	一五元
本區蕩　每畝	三〇元

第十一區（第五都第一二三圖）估定地價表（以畝為單位）

第一坊

第一段　標準價	七〇元
沿筧橋直街（自相婆口至灣衖口）	八〇〇元
沿筧橋直街（自相婆衖口至東新衖口）	五〇〇元
沿筧橋直街（自東新衖口至慶豐亭）	二〇〇元
沿筧橋直街（自灣衖口至橫塘衖口）	五〇〇元
沿筧橋直街（自橫塘衖口至鐵路）	四〇〇元
沿灣衖裏	三〇〇元
沿宣家埠街（自董家橋至土備塘）及宣家埠街旁衖	一五〇元

杭州市第十一區估定地價分段圖

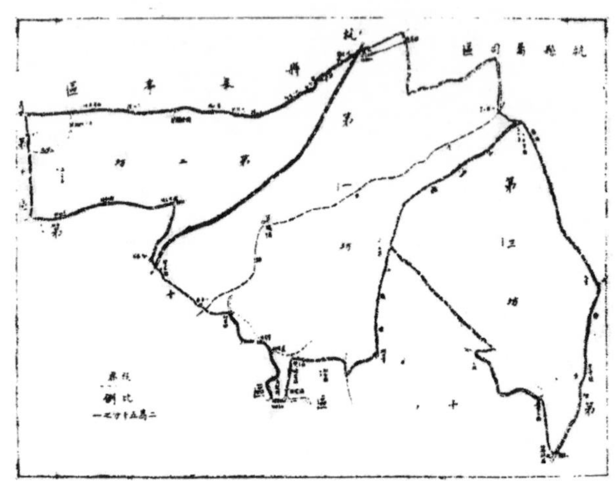

第二坊

第一段　標準價	七〇元
沿横塘街	一〇〇元
沿南横頭	一〇〇元

第三坊

第一段　標準價	四〇元
本區蕩　每畝	三五元

第十二區（第六都第一二三四五圖）估定地價表（以畝為單位）

第一坊

第一段　標準價	八〇元
沿米市巷直街紅石板直街上關帝廟直街木梳衖直街清和閘直街陡門壩馬塍廟直街半道紅直街淸龍巷（自枯樹南灣口至混堂橋街口）	六〇〇元
沿武林門直街（自混堂橋衖口至武林門）	一〇〇元
沿長板巷（自德勝橋至日暉橋）	三〇〇元
沿西梁泊橋	一五〇元
沿德勝壩	二〇〇元

沿紅石板後巷	二〇〇元
第二段　標準價	四〇〇元
沿清潮寺牌樓直街雙輝衖直街（自水濱衖口至枯樹南口）	一四〇〇元
沿左家橋直街	一三〇〇元
第三段　標準價	八〇元
沿米市巷直街紅石板直街上關帝廟直街木梳衖直街清河閘直街陡門壩馬塍直街半道紅直街清龍巷（自混堂橋衖口至枯樹南灣口）	六〇〇元
沿武林門直街（自混堂橋衖口至武林門）	一〇〇〇元
沿清潮寺牌樓直街雙輝衖直街（自水濱衖口至枯樹南灣口）	一四〇〇元
沿左家橋直街	一二〇〇元
沿新河壩	三〇〇元
沿羊衖口	四〇〇元
沿混堂橋衖	四〇〇元
沿湯團衖河下	四〇〇元
沿餘塘巷餘塘巷河下	四〇〇元
沿水濱衖	四〇〇元
沿裏萬佛橋	二〇〇元
沿湯香衖	二〇〇元
沿崇壇巷	一五〇〇元
沿維源衖	二五〇〇元
沿米市巷	三〇〇元
沿紅石板河下	三〇〇元

第二坊

第一段　標準價	八〇元
第二段　標準價	六〇〇元
沿茶亭廟直街（賣魚橋至茶亭衖口）	三二〇〇元
沿大夫坊直街（自茶亭衖口至豪曹巷口）	一八〇〇元
沿左橋直街（自豪曹巷口至左家橋）	一八〇〇元
第三段　標準價	八〇元
沿茶亭廟直街（自賣魚橋至茶亭衖口）	三二〇〇元
沿大夫坊直街（自茶亭衖口至豪曹巷口）	一八〇〇元
沿左家橋直街（自豪曹巷口至左家橋）	一八〇〇元
沿草營巷（自茶亭廟直街口至鍾衙衖口）	六〇〇元
沿草營巷（自鍾衙衖口至法雲寺巷口）	四〇〇元
沿草營巷（自法雲寺巷口至小路口）	二〇〇元

沿草營巷（自小路口至汽車站）	一〇〇元
沿清水潭	三〇〇元
沿豪曹巷	三〇〇元

杭州市第十二區估定地價分段圖

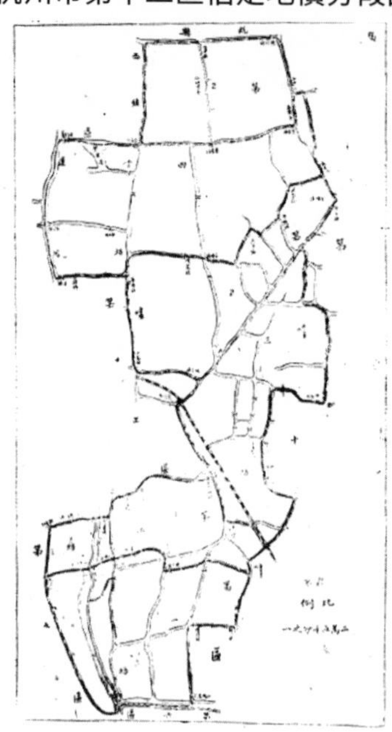

第三坊

第一段　標準價	六〇元
第二段　標準價	七〇元

第四坊

第一段　標準價	七〇元
第二段　標準價	六〇元
本區蕩　每畝	三五〇元

第十三區（第六都第三圖）估定地價表（以畝為單位）

第一坊

第一段　標準價	八〇元
沿賣魚橋直街珠兒潭直街（自賣魚橋至水衖口）	三二〇〇元
沿賣魚橋直街珠兒潭直街（自水衖口至新創里口）	二七〇〇元
沿珠兒潭直街娑婆街直街（自新創里口至胡苧麻衖口）	四〇〇元
沿娑婆街直街（自胡苧麻衖口至娑婆橋）	八〇〇元
沿明眞宮直街（自娑婆橋至秉祥巷口）	五〇〇元
沿明眞宮直街康家橋直街（自秉祥巷口至康家橋）	八〇〇元
沿會安橋街（自會安橋至西登雲橋）	二〇〇元
沿江漲橋衖	三二〇〇元
沿信義巷（自賣魚橋至五界廟）	一四〇〇元
沿信義巷（自五界廟至觀音橋）	九〇〇元
沿賈家衖（西至米業公所止）	四〇〇元
沿新創里	八〇〇元
沿北新橋衖	八〇〇元

第二坊

第一段　標準價	八〇元
沿華光橋直街（自華光橋至醬園衖口）	八五〇元
沿大兜直街（自醬園衖口自香積寺巷口）	四五〇元
沿仁和倉前河塍上（自香積寺巷口至仁和倉北倉衖口）	二八〇元
沿仁和倉前河塍上（自仁和倉北倉衖口至長春橋）	二五〇元
沿關後（自長春橋至紫荊街口）	三五〇元
沿紫荊街（自北新橋至金家衖口）	七〇〇元
沿紫荊街馬家橋街（自金家衖口至登雲橋）	四〇〇元
沿霞灣巷（自巷口至香爐巷口）	五〇〇元
沿霞灣巷（自香爐巷口至吳家石橋）	三〇〇元
沿蟹舟衖魚家台富義倉	三〇〇元
沿沿香爐巷小兜	二〇〇元
沿小滸衖香積寺蕩墿洪家兜玄壇衖	一五〇元
沿棺材衖	一〇〇元
沿香積寺巷（自巷口至青石頭止）	二二〇元
沿大滸衖（自衖口至衖底）	三〇〇元
沿章庵衖	三〇〇元

杭州市第十三區估定地價分段圖

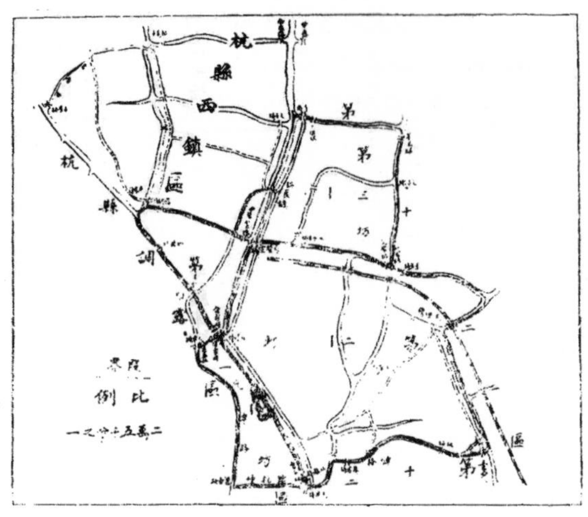

第五坊

第一段　標準價	八〇元
沿大同路（自登雲橋至永和里口）	七〇〇元
沿大同路（自永和里口至拱宸橋）	一〇〇〇元
沿杭州路（自拱宸橋至雙泉衖口）	一〇〇〇元
沿沿杭州路（自雙泉衖口至洋橋）	八〇〇元
沿永甯街永興里裕興街碑牌衖裏馬路	五五〇元
沿濟良所前	四〇〇元
沿濟良所後	■■〇元
沿永和里	二五〇元
沿武林路（自杭州路口至甯波路口）	五〇〇元
沿武林路（甯波路以北）	二〇〇元
沿甯波路	四〇〇元
沿湖州路嘉興路錢塘路温州路	二〇〇元
沿大馬路（自拱宸橋至甯波路口）	五〇〇元
沿大馬路（甯波路以北）	二〇〇元
沿新昌路	三〇〇元
沿福海里一衖二衖	七〇〇元
沿福海里三衖四衖新福海里	四八〇元
沿東登雲橋河下	二五〇元
沿磨庫衖親仁里永慶里	三五〇元

沿橋西街（自拱宸橋至渡船口）	四五〇元
沿橋西街（自渡船口至西登雲橋）	三〇〇元
沿橋西街（自拱宸橋至公路汽車站）	五〇〇元
沿汽車站以南至新廟前嚴家橋	一二〇元
沿大石橋至小石橋一帶	二〇〇元
本區蕩	四〇元

乙、建築

凡在杭州市區內，已有相當土地，欲起造房屋，及各種公私建築物者，放地基線時，必須依照工務局規定辦法，如與路基相距尺寸，不得稍有相違。房屋建築圖樣及詳細說明書，呈請市府，發領建築許可證後，始得開始動工；否則必受取締。但對於西湖風景區內，另有嚴格規則之規定，請注意及之，茲錄之於后：

杭州市取締西湖建築規則

1. 私人於沿湖建築者除遵守杭州市取締建築章程外須受本規則之制限。
2. 沿湖修築湖墈者須先報由市政府工務局勘定界限發給許可證以免侵佔。
3. 沿湖建築者須距離湖墈二十公尺以備修築公路而免遮斷湖景。
4. 貼臨湖岸已完成之建築物遇有翻造坍塌或被燬時須照前條縮讓二十公尺。
5. 孤山全部關於私有土地市政府預備依法征收建設大規範之公園自本規則公布後禁止一切建築。
6. 凡建築地點如有遮蔽名勝或風景者禁止建築。
7. 沿湖及臨湖山上建築之高度以不遮蔽名勝或風景為

限其外表裝飾應採取東方風景式如（本國宮殿亭榭等古式）或西方建築Bungulow 及California 等式務須注意差的方面該建築人繪呈圖樣經工務局認為有礙風景時得令更正之。

8. 沿湖及臨湖山上之舊有建築物應及時粉刷整齊其有妨礙風景者工務局得酌量情形指令業主修改之。
9. 沿湖建築者應設備窨缸及糞池不得將任河污水流入湖內。
10. 本規則呈奉浙江省政府核准後公佈施行。

丙、租賃

杭州市民除少數有自營房屋外，大都賃居而居，中間頗有複雜情形，與種種惡習。市政府雖有房屋租賃規則，明令規定，但不免稍有陽奉陰違者。茲錄杭州市房屋租賃規則如下，以作欲住杭市者之參考。

1. 凡本市區內所有房屋租賃事項均適用本規則之規定。
2. 租賃房屋雙方業已商定時房客應向代售本政府所製租屋合同及租摺之商店購買前項合同及租摺正式與房主訂約。

   前項合同及租摺訂立後房主應自訂立之日起三天以內向該管區警署登記並送由財政局驗訖發還方生效力。
3. 凡以所賃餘屋分租與他房客者在本規稱為分租人凡向分租人屋屋者分租手續及雙方之權利責任與第二條之房主房客同。
4. 所有押租小租挖費小費等名義一律禁止。
5. 房客應依照租價預付三個月以作保證金此項預付之

保證金於退租之日如數退還。

6. 每月房租於月終交付。

7. 房主或分租人非有左列情之一者不得對房客辭租：

(1) 房屋移轉所有權者。

(2) 租賃契約期滿者。

(3) 房主須翻造房屋經工務科核准有執照者。

(4) 收回房屋自行使用者。

(5) 分租人自向房主退租者。

(6) 欠付租金者。

(7) 房客確有不正當行為報由公安局查明屬實者。

8. 有前條第四款情形辭租者該屋在一年內不得另行出租。

9. 因第七條第一款第三款第四款辭租者須於兩個月前通知房客免除最後一個月之租金。

10. 翻造房屋後仍係出租原房客如無第七條六七兩款情形者有承租之優先權。

11. 出租房屋均須有房主修理整齊再行交房客住用除屋頂漏水墻宇傾圮陰溝不通地板穿漏以及其他危險情形均歸房主隨時負責修理不得遲延推諉外並每年須加另星修理其工料總額以不過修房金一月為度。

倘有前項應修理情形通知房主遷延不理者得由房客向公安局報告代為修理其修理費責成房主負擔。

12. 無論辭租退租凡租約解除房主應隨時報告公安局備案。

13. 凡有期限之租約在約期內絕對不能要求加租減租。

14. 凡無定期之租約住滿二年以上因供求情形租金有必

須增減之趨勢得要求增減另換租約惟增減數目不得過原租價百分之十增減後兩年內不得有同樣之要求增者不得再增減者不得再減其有特殊情形而雙方同意者不在此限。

15. 翻造之房屋重行出租時房主得增房租高於原租價百分之十至三十其有特殊情形經雙方同意者不在此限。

16. 違反本規則第二條規定者處以一元至十元之罰金。

違反本規則第四條規定者與受雙方各處以十元至一百元之罰金。

違反本規則第八條規定者處以五元至五十元之罰金。

17. 凡無租期之房客退租應於一個月前通知房主或分租人其租金以付至出屋之日為止。

18. 凡房客違反本規則之規定者房主得報由公安局酌奪處置。

19. 本規則自公佈之日施行。

丁、旅舍

杭州旅舍事業，可稱發達，共有大小百餘家· 有稱飯店，旅館或客棧。各有其特殊之點，或以地位幽靜，陳設精雅見長；或以屋宇壯麗，交通便利見稱；更有習尚歐化，或內容簡陋，各依旅客經濟，可任意選擇。價目每間每天自二三角起至數元不等。春間香汛時期，新市場一帶大小旅館，均告客滿。欲遊香汛者，必先託中國旅行社預定房間不可，其價目較平時稍昂。故杭市各旅館價目，分旺月淡月之別，定價亦隨時更改。旺月最昂，淡月最廉，茲將杭市旅館之稍大者，列表於后：

名稱	地址	名稱	地址
杭州飯店	湖濱路七一號	葛嶺飯店	裏西湖一八號
天然飯店	湖濱路三八號	西湖查飯利店	延齡路一七一號
西泠飯店	裏西湖一一〇號	杭江飯店	梁家橋五三號
西湖飯店	湖濱路四七號	大中華旅館	延齡路一四六號
東方飯店	聖塘路三號	大東旅館	延齡路一九〇號
大方旅館	杭州路一一六號	大通公記旅館	大同街四四號
大通旅館	羊市路二一號	永安旅館	吳山路一〇八號
中央旅館	拱宸橋大同街九七號	仕學集記旅館	清泰路五九號
永興旅館	吳山路七五號	名利旅館	東坡路一七號
全安旅館	城站路二〇號	江干錢江旅館	梁家橋三四號
江干旅館	江干龍舌嘴	西湖第一旅館	花市路四五號
江浙旅館	福緣巷四一號	西湖華興旅館	迎紫路七九號
西湖新新旅館	裏西湖四一號	同安旅館	新福緣路八五號
西湖瀛洲旅館	平海路一七二號	迎紫旅館	井亭橋四三號
同安第二旅館	延齡路一二三號	南星旅館	南星橋八八號
東興旅館	福緣巷二七號	城站旅館	城站路五號
南洋旅館	吳山路六三號	國貨工商旅館	迎紫路陳列館東首
通商錫記旅館	梁家橋二〇號	清泰第一旅館	下板兒巷三八號
望江旅館	金剛寺巷二〇號	新泰旅館	延齡路八七號
清泰第二旅館	仁和路三九號	崙洲旅館	平海路七三號
清華旅館	延齡路二〇號	華洋旅館	羊市街五九號
湧金旅館	羊壩頭巷內五七號	華通旅館	迎紫路九三號
華洋旅館	新福緣路八號	湖濱旅館	仁和路一三二號
華興旅館	羊市街二四一號	惠中義記旅館	裏西湖九〇號
湖邊旅館	仁和路	新來旅館	下羊市街九號
甯紹旅館	羊市路三七號	聖湖旅館	仁和路六〇號
滄洲旅館	平海路一二四號	平海旅館	吳山路一五八號
福安旅館	羊市街八六號	西湖神洲大旅社	吳山路四七號
中央旅社	延齡路一六三號	鹿鳴大旅社	梁家橋四一號
西湖新旅社	迎紫路一〇五號	聚英旅社	花市路八三號
彙恆志記旅館	福緣巷三九號	環湖旅館	湖濱路四九號
滬杭旅館	羊市路七一號	永泰客棧	清泰路一九二號
勸業旅社	學士路八六號	泰安棧	新福緣路七號
武林第一棧	東河坊路一四六號	得陞堂客棧	金剛寺巷五號

第二節　飲食

杭州市民食糧，以米為大宗。米之來源，為本省之嘉湖一帶，或自上江等處。外來則由蘇常，米市以湖墅為最大，米商均雲集於此，異幫來採辦者，亦多集此。

甲、菜市

杭州菜市場，初無特殊建築與完善設備，地點依自然之趨勢，販擔雜集以作交易。後經市政府指定地點，或建築場所，成有規模之菜市場，但又限於市方經濟，公家建築者，尚屬寥寥。茲將本市各處小菜場，查錄如下：

地址	攤位	備考	地址	攤位	備考
龍翔橋	八〇	公有	荐橋	六四	商有
茅廊巷	一六〇	公有	小學前	五〇	商有
柏子巷	七二	公有	城隍牌樓	七〇	商有
東街路所巷口	八〇	商有	望江門演教寺	六〇	商有
東街路萬安橋	四〇	商有	拱宸橋	六〇	商有
清泰路章家橋	六〇	商有	新民路官巷口	四〇	商有

乙、酒業館

酒以產於紹興者為最佳，杭與紹僅一江之隔，交通利便，不數小時，可以往返，故杭州不乏無佳釀也，延齡路之碧梧軒，陳正和，仁和路之朱恆昇，著名酒家也。其餘小肆，到處皆有，隨時可以小飲。菜館性質複雜，大別為西菜中菜二大類。西菜以青年會大菜間，中央西餐社，天真消閑西菜館，新新旅館大菜間等為最著，但非純粹外國式，所謂中國式西菜也。烹調投味，雖適中國人口，但本地人多不歡迎。故此項營業，尚未發展。價目有點菜，公司菜之別。公司菜大都自七角起至二元，光顧大都是外來人物為多。最近中央西餐社，有中菜西吃，其營業方法，別開生面，故尚稱發達。中菜則有各處之風味與烹調，以北平菜館為最普遍，從前稱京菜館，著名者，有迎紫路之聚豐園，規模宏大，陳飾富麗，仕宦筵宴，多設於此· 延齡路之宴賓樓，吉慶樓，花市路之天香樓，仁和路之三義樓，迎紫路之西悅來，外西湖之太和園，羊壩頭之新民園等，皆不亞於聚豐園。全桌另點，設筵小酌，均可聽便。擅長之菜為西湖醋魚，炸溜黃魚，京炒蝦仁，栗子炒子鷄，糟溜魚片，美味滷鴨，清燉子鷄，蝦仁鍋巴，乾菜鴨子，蒓菜湯等。其他如知味觀，西園，虹月樓等之小酌；德勝館，王順興之件兒肉，魚頭豆腐，三蝦豆腐，亦非他家可能及。川菜則有平海路之大同川菜館；粵菜則有花市路之聚賢館，並兼售嶺南名產，亦別有風味也。仁和路之金德記，津菜館也，專售麵食，如大爐麵，炸醬麵，水餃子，鍋貼兒，菜有木樨內，紅燒肉，炸牛肉絲，酸辣湯等為特長，近亦兼售平菜及飯。素食有龍翔橋之功德林，延齡之素馨齋，素春齋，為佛門子弟所必需，淨素處也。擅長之菜為：素油鷄，素火腿，素燒鵝，炒素，鱔絲，炒冬菇，炒什錦，口蘑豆腐，蘑菇湯，菇巴湯等，茲將各店名及其地址，列表如下：

店名	地址	店名	地址
天真消閑西菜館	湖濱路六九號	中央西餐社	開元路三一號
杏花村大菜館	西湖岳坟街三六號	青年會大菜間	青年路四七號
三義樓菜館	仁和路一二一號	大同川菜社	平海路一一三號
大順樓菜館	海月橋二號	大興館菜館	海月橋一一八號
大鴻樓菜館	東河坊路四四號	小有天	城站新福緣路七四號
太和園菜館	南星橋五七號	太和園菜館	西湖公園路三一號
天香樓酒菜館	花市路四九號	天樂園酒菜館	閘口一二〇號
世季園菜館	延齡路一一二號	西悅來菜館	迎紫路九〇號
吉慶樓酒菜館	延齡路五〇號	多益處半菜館	延齡路二一號
杜協興酒菜館	靈隱山門口五二號	杭州功德林素菜處	龍翔橋一九九號
松鶴樓	東河坊路二〇二號	金德記鑫號津菜館	仁和路九一號
春華園菜館	聯橋直街五九號	虹月樓菜館	國貨陳列館樓上
宴賓樓	延齡路一二三號	王潤興菜館	羊市路六九號
婁德記酒菜館	新宮橋河下二六號	第一樓菜館	梁家橋一八號
新民園酒菜館	羊壩頭三號	森和館	教仁路
新賓園菜館	龍舌嘴五八號	新和園	城隍牌樓二八號
雅叙園菜館	閘口塘上一三四號	義和園菜館	湖墅江漲橋一號
趙長興菜館	荐橋街四二號	聚豐園	迎紫路四三號
鼎園處菜館	靈隱五〇號	廣東聚賢樓	花市路八一號
鴻運園酒菜館	保佑坊多福弄口二五號	西湖樓外樓	外西湖三七號
豐和酒菜館	賣魚橋一號	鴻興酒菜館	杭州路一三七號
王潤興分號飯店	龍翔橋一八五號	王順興	延齡路
民樂園飯菜館	賣魚橋四號	皇飯兒酒飯館	羊市街三八號
德陞館	延齡路		

丙、點心

杭州著名之點心，為早晨正興館之湯包，西園之油包，價廉而物美。著名者有知味觀之蝦仁餛飩，湯團，燒賣，麥耳朵，大達公司之各色麵點；蓓蕾公司之粵式細點；頤香齋之條頭糕豆穌糖，麻穌糖；采芝齋，稻香村，老大房之嘉湖細點，姑蘇茶食，尤為出色。茲將各店名稱及地址，採錄如下：

店名	地址	店名	地址
大達麵店	延齡路八一號	正興館	延齡路
五芳齋	延齡路一三七號	五芳齋	城站
知味觀	仁和路一〇三號	蓓蕾公司	仁和路一三〇號
大祿茶食糖果	保佑坊八五號	玉琪齋茶食南貨	鬧市口直街五三號
汪裕和茶食	柏子巷口八三號	汪德和茶食號	警署街四〇號
采芝齋蘇式茶食糖果	延齡路一〇五號	老大房茶食糖果	延齡路
東祿茶食糖果	教仁路	協泰隆糖果餅乾	焦棋杆金芝廟巷一四號
毓香齋茶食糖果	鼓樓前大街三五號	頤香齋茶食號	荐橋街四一號
稻香村	荐橋街三四號	稻香村	延齡路
陳元昌蜜餞糖果	荐橋街四〇號	馥香齋	清河坊一號
元大餅乾公司	寶慶橋九三號	冠生園食品公司	新水巷橋路四五號
馬玉山糖果餅乾公司	保佑一三號	德隆餅乾公司	清河坊六號

丁、茶館

喝茶以杭州為最佳，此言已為一般所公認。蓋西湖之水，清且潔，龍井之茶，香且郁。每於公餘星假，遨遊之餘，登樓一望，香茗一壺，亦足以暢舒幽情。茶館之營業較發達者，有湖濱路之西園憑欄一眺，西湖全景在目· 抱湖諸山，崗巒起伏，歷歷可數；尤於微雨濛濛之際，六橋烟柳，隱約可尋，賞鑒雨湖之勝處也。延齡路之湖山喜雨臺，內設榻椅，可靜靜細談，又有棋桌彈檯，可奕棋打彈，雅玩也。仁和路之雅園與一樂天，內設雅座，為一般商客集談之處。吳山路之龍泉茶店，多係水木工頭會集之所。三廊廟之觀海樓，臨江而建，可遠望大海，近觀怒瀟，每至秋潮時節，萬人爭睹為快。此時售茶，不以壺計價，以賣座為標準，每位約一元或一元以上者。其餘價目如西園，湖山喜雨臺，雅園，一樂天，龍泉等，概以壺計。每壺大約小洋一角，紅綠任意。或有杭產白菊，亦頗清香適口。此外在西湖風景區域內，有數處名勝地點，亦兼售香茗，如西湖中山公園，西冷印社，玉泉，三潭印月，平湖秋月，孤山，虎跑，暨各大莊子等，惟不用壺，每人一碗，無一定價目，隨意賞給。但最低限度，每碗賞給小洋一角。若有幾處以茶食糖果，裝盤盒敬客者，若動用後每盒祗少賞給洋一元，然此類專為遊客休息而設· 虎跑之水，尤為諸泉之冠，其味特佳，其質特厚，希注意及之。

戊、包飯作

杭州有多數商號機關，大都不開廚房，職員亦不供膳宿，學校在專科以上者，亦有不得附膳者，而單身旅客，無暇自理，多向包飯作包定。包飯價目，普通每客午晚兩餐，每月約五元起而至十元。此類包飯作，隨處皆有，隨時可以包定。惟在西湖風景區域內，每於盛暑之際各處所暨莊子等，均開放為避暑寄宿處，亦可隨時隨地包飯，惟比城區內之價稍昂，每客每月，最低限度須十元左右也。

己、普通衣食日用品各商業市場

本節為初來杭居住者，因人地生疏，致日常衣食必需品，無從購買，特將各商店集中市場，略舉數處，以作實地指南。如綢緞紗羅布疋等各大商店，大都在三元坊，洋壩頭，保佑坊，太平坊，清和坊一帶；鞋帽火腿等亦大都在此處；他如銅錫器店，在打銅巷；旅館酒業汽車行，在新市場，水果行，在菜市橋河下及萬安橋河下；銀樓，在薦寄珠寶巷口；藥材行，在望仙橋河下；磁料店，在新宮橋河下；玻璃料店，在新宮橋直街；轉運公司，在城站及江干；過塘行，輪船公司，本行及柴炭行，在江干區；報關行，在拱宸橋；米市在湖墅等。

銀行一覽表（以筆劃多少為序）

大陸銀行	保佑坊六六號	中央銀行	忠清大街五八號
中南銀行	清和坊一五號	中國實業銀行	打銅巷四七號
中國銀行	三元坊三八號	中國農工銀行	太平坊二一號
中國通商銀行	清和坊四三號	交通銀行	開元路八號
典業銀行	新民路三九七號	浙江地方銀行	太平坊六五號
浙江實業銀行	保佑坊六九號	浙江興業銀行	三元坊七號
浙江商業儲蓄銀行	薦橋六三號	惠迪銀行	信餘里二一號
道一銀行	太平坊二七號	儲豐銀行	保佑坊六二號
鹽業銀行	三元坊三二號	中法儲蓄會	開元路十九號

錢莊一覽表（以筆劃多少為序）

大盛	南星橋瓦子巷二四號	元泰	木場巷二八號
元泰	娑婆橋九一號	元泰	湖墅華光橋二四號
介康	大井巷五六號	永裕	教仁路
永源興記	海月橋九〇號	兆泰	和合橋六五號
成康	三元坊一六號	同吉	南星橋大街七二號
同昌	聯橋一六號	同益	警署街三三號
同泰	上祠堂巷口三五號	同康	珠寶巷三三號
同德	大井街五九號	亦昌	清和坊八六號
安孚	教仁路	宏泰	有玉橋二聖廟前五四號
恆大昌	慶春路二一二號	恆孚	梁家橋七七號
恆盛	聯橋大街四〇號	恆裕	東街路一〇五七號
恆潤	和合橋九號	衍源	三元坊四二號
盈豐	清河坊七五號	泰生	珠寶巷二四號
泰安	忠孝巷九號	泰康	東街路一二〇七號
泰賚	上珠寶巷三八號	益昌	清和坊一四號
益源	扇子巷六號	致豐	開元路一三號
崇源	缸兒巷一一號	惟康	上珠寶巷一〇號
崙源	湖墅三七號	寅源	清河坊一八號
復泰	小學前八一號	復裕	羊壩頭四一號
順昌	上祠堂巷三號	開泰	大井巷九三號
慎康	忠清巷口一〇六號	福源	甘露茶亭七號
義昌	保佑坊八號	義源	清河坊三四號
源昌	上珠寶巷四一號	瑞和	東街路一一四七號
瑞康	大福清巷八四號	誠昌	上珠寶巷二六號
萬和	海月橋塘上八五號	萬源	梁家橋七三號
聚源	大井巷口一二號	德昌	茶亭廟直街五〇號
德昇	茶亭廟直街四二號	德康	三元坊二一號
衡九	保佑坊一一號	震和	六克巷口三號
穗源	菜市橋韓家衖口六五號	億豐	清和坊四三號
謙豫	城隍牌樓二七號	鴻源	新水漾橋一九號

第四章　遊覽

第一節　遊覽區域

杭州襟江帶湖，靈秀甲天下，已於上述。故遊覽者，不特吾國人士，近以交通便利，歐美諸國，慕名來遊者，亦頗不乏人。茲為遊客遊覽便利起見，分區詳述，分全市為西湖區，城市區，江干區，拱宸湖墅區，西溪區五大部。

甲、西湖區

A. 沿革

我國西湖，共有三十一，以在杭州者為最著名。三面環山，溪谷諸水匯而為湖。以在杭城之西，故名。初名錢湖，相傳漢議曹華信募人築塘，能致一斛土者，與錢一千，故名錢塘，亦稱錢唐湖。因湖中時見金牛，謂為明聖之瑞，故又有明聖湖，與金牛湖之稱。以西湖名者，始見唐人別集。白居易作石函以洩湖水，又稱石函湖。其水之東北輸者，時人以為下湖，又有上湖之稱。宋王欽若以全湖為放生池，又有放生池之稱。蘇軾知杭州，取葑泥積湖中，為長堤，截湖為二，遂有裏湖外湖之名。蘇氏有若把西湖比西子句，又有西子湖之稱。宋高宗南渡都此，西湖歌舞，盛極一時，又有銷金窩之名。明孫一元本李白與尚書張渭泛南湖於沔川，因改郎官湖故事，故又有高士湖之名。古樂府，西陵松柏下，謂卽指錢塘西湖。史達社又有般向西陵佳處放之句，因有西陵之稱，或稱西泠。中有長提，卽蘇軾所築，稱蘇公堤，簡稱蘇堤。夾道雜植桃柳，中有六橋。明正德時，郡守楊瑛於裏湖西岸築堤，名楊公堤，堤各開橋以通水。自北新路第二橋入靈隱天竺路為趙公堤，以宋趙簻所築也。自斷橋至孤山為白公堤，簡稱白堤，相傳唐白居易所築。民國十八年十月，西湖博覽會卽舉行於此。以孤山裏西湖及岳廟為會址，亦在歷史上值得紀念之一頁也。

B. 形勢

西湖周約三十餘里，面積約占十六方里，三面繞山，谿谷縷注，下有淵泉百道，瀦而為湖，蓄潔渟深，圓瑩若鏡。中有孤山，獨峙水中。山前為外湖，後為後湖。西接蘇堤，分湖為二，東曰外湖，西曰裏湖。裏湖之北，有金沙堤分小部為岳湖，南以嶼地分小部為小南湖。湖水視之似淺，然積泥甚厚，輒不知底之深淺，故俗有香灰泥之稱。外湖中有三潭印月，湖心亭，阮公墩，形成品字。前時南有雷峯，北有保叔，兩塔對峙，相映成趣。今則雷峯已圮，保叔重修，不免形單朝隻，頗有今昔之感也。自西湖博覽會閉幕後，於中山公園前湖中，獨樹一歐化之紀念塔以資留念。若登葛嶺初陽台，更可瞭然全湖形勢也。

西湖諸山，遠自仙霞，近則天目飛舞而來，聳峙於西，是謂天竺。自此而南而東，為龍井，理安，南高，烟霞，大慈，玉岑，靈石，南屏，龍，鳳，吳，總稱曰南山；自此而北，為靈隱，北高，仙姑，棲霞，寶雲，巨石，總稱曰北山。兩山環列，中抱西子，層巒疊嶂，怪石奇峯，洞壑流泉，溪澗竹經，多在西南隅；而西北與西谿，東南與江干諸山，脈絡相接，登陟高峯，則錢江與全湖，杭市形勢，一覽無遺。

C. 勝景

西湖名勝，屈指難數。其最著者，如舊日西湖十景，錢塘八景之外，又如以高聳名之南北高峯，佳泉名之龍井虎跑，奇流之理安寺外之九溪十八澗，古洞名之烟霞、石屋、紫雲，奇峯與大樹名之靈隱天竺，竹經名之韜光雲棲，寺廟名之吳山。遨遊其間，多有樂而忘反之慨。茲將擇其主要者詳述之：

1. 西湖十景

一、**蘇堤春曉**　堤自南山抵北山，横亙湖中。宋元祐間，蘇軾濬湖所築堤之兩旁，夾植桃柳。後有郡守林希榜曰蘇公堤。清康熙三十八年，聖祖南巡，題蘇堤春曉四字，為西湖十景之首，爰建亭於望山橋之南，勒碑亭內。雍正二年，世宗諭開濬西湖，增培堤岸，補植桃柳。八年，總督李衞以亭隘未稱觀瞻，改建岑樓，構曙霞亭於樓後。春間晨光初照，宿露未收，桃紅柳綠，飛英蘸波，紛披掩映，如列錦綉。近經市府工務局，迭次修整，重砌堤岸，以濬湖之泥，加闊堤面，新增兩旁。作培植苗圃，一舉兩得也。

二、**柳浪聞鶯**　柳浪橋，宋時在清波湧金二門間之聚景園中，今已無攷。緣堤植柳，北接亭子灣，即古柳州也。清康熙三十八年，聖祖題柳浪聞鶯四字，於湧金門南建亭勒石，其他靈芝寺顯應觀故趾，背負雉堞，面臨方塘，架石梁於塘上，柳綠踠地，輕風搖颺，如翠浪翻空。春時黃鶯睍睆其間，流連傾聽，與畫舫笙歌，輒應相答。

三、**花港觀魚**　蘇堤第三橋曰望山，與西岸第四橋斜對，有水自花家山麓注湖，因名花港。港側舊有盧園，為宋內侍盧元昇別墅。景物奇秀，鑿池甃石，引港水其中，畜魚數十種。遊人萃集，稱花港觀魚，今園久廢。清聖祖南巡時，題花港觀魚四字，建亭于花港之南，當三台山出入之徑。去定香寺故址，數十步，飛甍絢水，重檐肅林，旁濬方池，清可鑑底，安鱗迎沫，咸若其性。亭北叉建碑亭，輔以高軒，環以曲廊，疊石為山，重門洞照，花徑逶迤，為湖南絕勝處也。

四、**曲院風荷**　九里松洪春橋南，宋有麴院，取金沙澗之水，造麴以釀官酒。其地多荷花，舊稱麴院荷風。清康熙三十八年，別構亭於跨虹橋迤北，基地雖殊，而行流疊石，盤曲可觀。清聖祖改麴院為曲院，荷風為風荷，勒石其中。東建敞堂三楹，又東建迎薰閣，望春樓。西行曲道重廊，照灼雲日，頗極一時之勝。今曲院已廢，惟餘碑亭雖略有芙蕖點綴其間，已無復當年之勝概矣。

五、**雙峯插雲**　南高北高兩峯，相去十里許。其間層巒疊嶂，蜿蜒蟠結，列峙爭雄，而兩峯獨以高稱。山勢既峻，能興雲雨，故其上多奇雲。山峯高出雲表，時露雙尖，望之如插，宋人稱之兩峯插雲。清康熙三十八年，聖祖南巡時題十景，易兩峯為雙峯，構亭勒石於行春橋側，適當雙峯正中。亭後繚以周垣，春秋佳日，憑欄遙望，儼如天門雙闕，拔地撐霄，雲物休徵，于斯可觀。

六、**雷峯西照**　淨慈寺北，有山自九曜峯來，逶迤起伏，為南屏之支脈。昔郡人雷就居之，因稱雷峯。是越玉妃建塔於頂，每當夕陽西下，塔影橫空，此景最佳，舊稱雷峯夕照。清康熙三十八年，聖祖改夕照為西照，並於峯西築亭，以奉扁額，復撫穹碑於亭後，塔存五級，面面玲瓏，磚皆赤色，夕陽返照，雖赤城霞起無以過也。惜於民國十二年舊歷甲子九月傾圮，現僅存遺址，令人不能於暮色中再見此佳景也。近有人擬籌款興築，而所需浩大，難以着手。民國十八年開西湖博覽會之際，浙江建設廳請美術建築師劉既漂君，設計繪圖，擬於原址改建天文台，可以實測東南之氣象。惜以經濟惟艱，亦未實現也。近遊西湖，探尋殘址外，祇可在照片中求其影也。

七、**三潭印月**　卽湖中之小瀛洲，舊曰湖中有三潭，深不可測，今迷其處。又有三塔，宋蘇軾濬復西湖，立為標識，塔以內，禁蒔菱芡，著為令，或謂塔下卽古潭。明宏治間，塔毀，萬歷間，卽塔址取葑泥作埂，放生池設此。池外湖面仍置三小塔，沿用三潭舊名。月光穿竇而出，分三影為三池，上構亭，立清聖祖所題三潭印月四字碑。更度平橋三折而入，空明朗映，儼然湖中之湖。

八、**平湖秋月** 平湖者，統全湖言之也。宋祝穆敘西湖十景首平湖秋水，自王洧詩以下，皆作秋月。蓋湖際秋而益澄，月至秋而逾潔。合水月以觀，而全湖精神始出。古有嘉澤廟，祀錢塘湖龍君，或稱龍王堂。在秋蘇堤三橋之南，相傳梁大同時建，宋紹興時遷寶石山下，明季以其址構望湖亭，移孤山路口，據全湖之勝，後圮。康熙三十八年，清聖祖南巡，題平湖秋月四字，建亭於舊址，勒石亭中。亭三面臨水，全湖萬態，一覽無遺。前為石台旁翼水軒，曲欄畫檻，蟬聯金碧，每當秋高氣爽，皓魄中天。登亭延眺，千頃一碧，恍如置身玉宇瓊樓，不復知為人間世矣。民國十八年西湖博覽會時，劃為革命紀念館，於庭中樹一革命紀念塔，以垂後也。

九、**南屏晚鐘** 南屏山在淨慈寺右，正對蘇堤。寺鐘初動，山谷皆應，逾時乃息。蓋此山隆起，內多空穴，鐘聲一杵，山谷共鳴，而傳聲獨遠也。明洪武時，以舊鐘小，累銅二萬餘斤重鑄。宋濂為之銘，自是南屏鐘聲，尤與他剎不同。宋陳清波，張擇端，明戴進，俱有南屏晚鐘圖。康熙三十八年，清聖祖題南屏晚鐘四字，建亭於寺門前，正中面臨萬工池，更於池北建碑亭。

十、**斷橋殘雪**　出錢塘門，循聖塘路沿湖而行，至白堤東，第一橋曰斷橋。唐張祜孤山寺詩，所謂斷橋荒蘚合是也，宋周密武林舊事云，一名叚家橋，橋界於後湖前湖之間，凡探梅孤山，蠟屐過此，輒值春雪未消。葛嶺東西，樓台高下，悉瓊林瑤樹，晶瑩朗澈，不啻玉山上行。清聖祖題斷橋殘雪四字，於橋左建亭勒石，今橋亭巳廢，橋巳建改為洋式。上去級可通車，而碑亭亦移橋之北岸矣。

2.**錢塘八景**

一、**六橋烟柳**　六橋者，卽蘇堤上俗稱之六吊橋也，曰映波、鎖瀾、望山、壓隄、東浦、跨虹。宋蘇軾築堤，為橋以通南北路。因沿堤植柳，柳宜水性，其色如烟，烟水空濛，搖樣於赤欄橋畔。蘇軾詩中，所謂「六橋橫截天漢上，大隄楊柳多昌豐。」真絕妙之天然圖畫也。

一、**九里松雲**　唐刺史袁仁敬，植松於行春橋西，達靈隱天竺，約有九里之遙。蒼翠夾道，陰靄如雲。日光穿漏，若碎金屑玉。人行其間，衣袂盡綠。歲久多不存。明陳善府志云，尚有一百三十本，邵重生作山志云九十一本，至靈隱寺志，但云十餘本耳。今百餘年，生植培養，已復舊觀。乾隆十六年，高宗遊此，有題西湖畫冊九里松詩，又因時時與靈山白雲相接，故曰雲松。

一、**冷泉猿嘯**　冷泉在雲林寺前，飛來峯下，峯有呼猿洞，六朝僧智一養猿於此。臨澗長嘯，聲振林木，則衆猿畢集。唐李紳宋徐集孫謂靈竺間多猿猱，能就僧手攫取齋果。蓋紀實也。風淸月白之夜，山林淸嘯，甚增幽致。元人賦錢塘十景，有冷泉猿嘯之目。明以來猿少，而松風鳥語，並不減於淸猿。

一、**葛嶺朝暾**　葛嶺之頂，平衍百數畝，有臺日初陽。每當十月之朔，旭日初昇，微露一痕，轉瞬間，霞光萬道，天半俱紅，色如琥珀，形似銅盤。光景奇離，倏變忽幻，故有東海朝暾之目。但山峯高處，皆可觀日出，如泰岱日觀峯其最著也。而葛嶺獨以初陽名者，蓋惟十月朔日，日行之道，適當臺之正面，故可以觀。或云：日初起時，四山皆晦，惟臺上獨明，山鳥羣起，遙望霞氣中，時有海風蕩潏水面，更有一影，互相照耀，傳是日月並升，詢之故老，莫不云然，其說雖未可信，要非無据也。山半為葛仙翁祠，祠畔有丹井，相傳葛仙鍊丹處也。淸高宗屢有題詩。

一、**靈石樵歌**　靈石山在麥嶺鳳篁嶺之中路，南山棲真院之上，又名積慶山，山上多奇石，時時見瑞光，故曰靈石。中有塢曰靈石塢。路最深窈，人跡稀少。惟樵子往來其間，山歌一曲，與樵斧丁丁相應答，岩石皆響，真山中之淸籟也。

一、**孤山霽雪**　孤山與斷橋相屬，四時風月，大略相同，惟雪則各擅其勝。斷橋之勝，在春水初生，畫橋倒映，帶以積雪，則滉朗生姿，故以殘雪稱。孤山則兀峙水中，後帶葛嶺，高低層疊，朔雪平鋪，日光初照，與全湖波光相激射，璀璨奪目，故以霽雪稱。每當彤雪乍散，旭日方昇，或蠟屐衝寒，或孤篷冒絮，由歲寒嚴經盧舍庵側，入西泠橋，樓台高下，晶瑩一色，羣峯玉立，迴合互映，恍如置身瑤台瓊圃之上。今則多有歐化建築，圖案新穎，紅頂黃墻，與白雪相映，更成趣也。

一、**北關夜市**　武林門在杭城之北，故門以外皆稱北關，以清湖閘上為上關門，閘下為下關門。蓋水陸輻輳，商買雲集之所也。每至夕陽在山，則航檣卸泊，百貨登市，故市不在日中，而常至夜分。且在城闉之外，無金吾之禁，篝火燭照，如同白日。凡遊西湖歸者，多集於此，熙熙攘攘，人影雜沓，不減元宵煙市，今則不然，運轉多賴火車，新市場熱鬧異常，此景此情又不復現矣。惟此後武林門一帶，去垣拆闉，廣場築屋，已為公路汽車總車站，又為全省公路網之總點，當別有市面也。

一、**浙江秋濤**　錢江潮之奇觀，已略述於前，又有專章詳述於後。自漢晉以來，素稱東南巨觀，亦可稱天下奇觀。唐有江樓，今已不知所在。清聖祖南巡，兩駐江干，均有題詩，勒碑建序，復構層樓，懸所題恬波利濟扁額。其地正對海門，當潮汐往來之衝。乾隆二十二年，興建浙海神廟，幷新觀海樓。每當中秋佳節，觀潮者踵至。方初起時，遙望海門，白光一線，少頃，霜戈銀甲，萬馬騰空，雷擊霆砰，震天沃日，流珠濺沫，飛灑天半，大地若為之動搖，誠奇觀也。

3. **二十四景**

一、**湖山春社**　在蘇堤第六橋。清雍正九年，總督李衛創建祠宇，祀湖山之神，闢地為園，正中建堂，懸世宗所書竹素園扁額。右有泉，自棲霞山屈曲下注。上多桃花，名曰桃溪。引之環繞堂下，倣古人流觴之意。臨水構亭，亭西置舫齋，名曰臨花舫。迤南為水月亭，後為最景樓，最後為觀瀑軒，為香泉室，雕簷銜接，釦砌委蛇，春社之日，士女祈賽，畫鼓靈簫，喧闐竟日。

二、**玉帶晴虹**　金沙港在裏湖之西，與西湖之望山橋對，適當湖南北正中。清雍正八年，總督李衛因其形勢，作隄望山橋北，名金沙堤。復於堤上，架石梁以通裏湖舟楫。港中溪流湍激，設三洞以渙水勢，狀如帶環，故名。橋與關帝祠址相接，迴廊繞水，朱闌倒影，金碧澄鮮。橋畔花柳夾映，上構紅亭，飛革高騫，晴光照灼。如波上長虹，橫互霄漢，與蘇堤跨虹先後輝映也。

三、**吳山大觀**　杭城西南吳山最高處，頂石砥平，天然成台，可資憑覽。東望海門，宛然如魚，西挹湖上諸峯，堆青潑黛。涵波千頃，近接幾席間。綺陌銅街，連棟比棟。雲物之奇，氣象之盛，莫不於斯台得之，洵浙右大觀也。上構穹亭，勒清聖祖暨高宗遊吳山所製各詩章於亭之正中。

四、**梅林歸鶴**　放鶴亭在孤山之陰，宋處士林逋之故居也。上多古梅，相傳為逋所手植。元至元間，儒學提舉余謙始構亭曰梅亭。郡人陳子安以逋嘗放鶴於此，又別構放鶴亭，後並廢。明嘉靖時重建。清康熙三十四年，命刑部員外郎宋駿業督工鼎新，三十八年聖祖書放鶴二字為額，又書舞鶴賦勒石，別建亭於放鶴亭之上。

五、**湖心平眺**　湖心亭居全湖之中，四面臨水，初宋守蘇軾，建三石塔於湖中。明正德時毁，惟北一塔基尚存。嘉靖三十一年，知府孫孟建亭其上，顏曰振鷺，後圮。萬歷四年，按察僉事徐廷祼重建，顏曰太虛一點。司禮監孫隆以規製未稱，撤舊材置問水亭於湧金門外，復於原處壘石四周，別成傑閣，顏曰嘉靖。遊人詞客，通稱湖心亭。清初，重加修葺，翼以雕欄，上為岑樓。康熙三十八年，聖祖遊西湖，題亭樓聯額。雍正五年，增建敞堂三楹，堂後增構水軒。乾隆十五年，復於亭之南築基起臺，架平橋以達湖面。青屏繞坐，碧練平階。白居易所云「蓬來宮在水中央」差可擬也。

六、**寶石鳳亭**　寶石山形如翔鳳，上有保叔塔，如鳳之咮。清總督李衛建亭，因以來鳳顏之。祈高氣爽，岩石瘦削，風景特異。重九登臨，斯為勝選。後因年之失修，塔身稍斜，杭市政府因恐有傾圮之慮，於去春集款重建，至今完全告竣。塔身仍中實不能登，但與原形毫無差異。並於每級四周及其頂端加以電矩，至晚放光時，遠遠可見，放湖光之異彩也。

七、**蕉石鳴琴**　在丁家山，清雍正九年，總督李衛建舫室於山亭之上，軒檻凌虛，恍若浮槎天漢。航前奇石林立，狀類芭蕉，石根天然一池，有泉自石罅流出。磴道南石壁丈許，前一巨石，卓立如屏，謂之蕉屏。內庋石牀、石几、瑩潤無滓，時攜焦石琴作梅花三弄，古音疏越，響入秋雲，高山流水，輒於此間遇之。

八、**玉泉魚躍**　泉在清漣寺內，發源西山，伏流數十里，至此始見。甃石為池，方廣三丈餘，清澈見底。畜五色魚，鱗鬣可數。投以香餌，則揚鰭而來，吞之輒去，有相忘江湖之樂。泉旁榜魚樂國三字，泉上有亭曰洗心，旁一小池，水色翠綠，以白粉投之，亦成綠色。清聖祖高宗，均有題詩。

九、**鳳嶺松濤**　萬松嶺在鳳凰山上，夾道栽松。唐白居易詩：「萬株松樹青山上」指此。南宋時密邇宮禁，紅墻碧瓦，高卜鱗次，上有額曰松門坊。清雍正八年，以舊松存留無幾，補植萬株，以還舊觀。天風鼓戛，時與江上濤聲相應答焉。現修馬路，松存無幾。

十、**天竺香市**　三天竺俱在靈隱之上，自飛來峯轉至下天竺，岩竇多嵌玲瓏。自是更進，歷中天竺至上天竺。夾道溪流有聲，所在皆山橋野店。方春時，鄉民扶老攜幼，焚香頌禮大士，以祝豐年。

寶馬香車，絡繹於道。中兩竺，相去數里許，上天竺較遠，皆極宏麗。晨鐘暮鼓，彼此間作。高僧徒侶，相聚焚香，洵佛國也。有清聖祖所題扁額，世宗所製碑文，高宗南巡，復各賜寺名扁額及詩。

十一、**韜光觀海**　從雲林寺西逕，穿叢篁中，屈曲而上，約三四里，達韜光庵。懸崖結屋，勢若凌空。頂有石樓方丈，正對錢塘江，江盡卽海。洪波浩渺，與天相接。故唐宋之問詩云：「樓觀滄海日，門對浙江潮」。又楊巨源詩：亦有「曾過靈隱江邊寺，獨宿東樓看海門」之句，清高宗六次巡幸，皆有題詩。

十二、**雲棲梵徑**　雲棲塢在五雲山西，前繞大江，沿江取路而入，行萬竹中，石徑幽窄，仰不見日。高下屈曲，延緣數十里，轉入轉深，不辨所出。山半有洗心亭，遊人得為憩息。進雲棲亭，漸聞鐘磬聲，則雲棲寺在焉。寺吳越時建，後名棲真。清乾隆間，釋袾宏號蓮池者居之，復稱雲棲。清聖祖高宗南巡，數遊此題詩，寺前為皇竹亭，為清康熙四十六年，總督梁鼐所建。

十三、**西溪探梅**　由松木場入古蕩，溪流淺狹，不容巨舟。自古蕩而西，至於留下，並稱西溪。曲水彎環，羣山四繞。名園古剎，前後踵接。又多蘆汀沙漵，重重隔斷，置略約以通行人，有輿馬所不能至者。其地宜稻，宜蔬，宜竹，而獨盛於梅花。蓋居民以梅為業，種梅處不事雜植，且勤加修護，本極大而有致，又多臨水，早春時，沿溪泛舟而入，彌漫如香雪海，清聖祖來游有西溪詩。

十四、**小有天園**　慧日峯為南屏主山，是越時建興教寺於其上，疊巘層巒，丹崖翠壁，下有精舍，名壑庵，郡人汪之蕚別業也。石筍林列，秀削玲瓏，有泉自石隙出，匯為深池。古木壽籐，周遭團繞，卽古金鲫池，宋蘇軾撫檻散齋所也。之蕚之孫守湜，葺沼為園，軒檻周遭，亭廊匼匝，皆擅勝致。復構南山亭於慧日峯上，拾級而登，歷幽居洞，陟歡喜岩，抵琴台，司馬光摩崖家人卦隸書在焉。其上為南山亭，山峯既高，所見益遠，全湖風景，近在眉睫。清高宗題有聯額及畫幅詩篇。

十五、**漪園**　卽白雲菴，在雷峯塔遺址西，或以為宋湖曲園址非，湖曲園在塔東，其小蓬萊今為孫氏別業。此則宋翠芳園，一名屏山園之址也。舊有五花亭，八面亭，一片湖山諸勝，歲久俱廢。明末為僧居，曰白雲菴。清時郡人汪獻琛，重加葺治，易名慈雲，增構亭宇，雜。卉木，沿堤植柳，間以樱亭竹榭，為小橋，引通湖水，乾隆二十二年，清高宗臨幸，賜漪園二字為額。

十六、**留餘山居**　南山北麓，循仄徑而上，灌莽叢薄中，奇石壁立。山陰陶驥，疏石得泉，其泉石壁下注，高數丈許，飛珠歕玉，滴崖石作琴筑聲，遂於泉址構亭，結廬其中，俗稱陶莊。其壻汪文烈又闢而廣之，增建亭榭，剔幽抉險，愈入愈奇。玲瓏匼匝，儼若天成。由泉左攀陟至頂，為樓曰白雲窩樓，西為台，遙矚江口海門，鴻濛一氣，下視西湖，真杯水耳。乾隆二十二年，賜留餘山居之額。

十七、**篁嶺卷阿**　杭城西十二里為風篁嶺，龍井在嶺之陽，上多蒼筤篠簜，風韻蕭森。流淙自龍井而下，四時不絕。其初叢薄荒密，宋釋元淨淬治潔楚。趙抃，蘇軾，蘇轍，秦觀，米芾諸人，俱與之交，其後遂成名勝。清乾隆二十六年，浙鹽諸商於此備高宗留憩之所，堂軒泉石，煥然鼎新。二十七年高宗題堂額曰：篁嶺卷阿。又題風篁嶺，龍泓澗，過溪亭，滌心沼，方圓庵，一片雲，神運石，翠峯閣八額。並于翠峯閣後，摩崖書湖山第一佳五字。又於井旁小閣題聽泉二字，泉上八角亭，題日振鷺澗。

十八、**吟香別業**　在孤山東麓，清浙江巡撫范承謨去浙時，取白居易，「一半勾留是此湖」書勾留處三字於湖心亭。尋殉耿難浙人哀思於孤山設祠崇祀。清康熙三十八年，移字懸祠前亭上，亭臨方池。承謨子時崇為閩浙總督時，裁荷池中，周繚石垣，臨池增建水閣，輔以舫齋，環以曲廊，左構重樓，右起高軒，遂成湖上勝地。時崇嘗過湖堤，適荷花盛開，觸事行吟，得絕句十首，邦人刻石於此，因名吟香別業。

十九、**瑞石古洞**　在瑞石山麓（俗稱紫陽山），清乾隆二十二年至四十九年，高宗來遊，俱有詩。

二十、**黃龍積翠**　棲霞嶺後有黃龍洞，一名無門洞，洞本甚淺，近人加以開鑿外構假山及瀑布，並建廟宇，頗為幽靜。

二一、**香臺普現**　在葛嶺之麓，舊時孤山有瑪瑙寶勝院。宋紹興間，徙築於此，寺有寺瑪瑙泉。清乾隆四十四年，增築寺宇，高宗題額曰：香台普現，曰禊亭遺韻，後高宗四十五年，四十九年南巡俱有詩。

二二、**澄觀臺**　鳳凰山之右翼，唐人為之中峯是越國建勝果禪寺於此，釋處默詩，「到江吳地盡，隔岸越山多。」即謂此也。山頂翠石林竦，如待衛分列，名排衙石。宋熙甯中，太守祖無擇面石作亭，名介亭。南渡後，以地為殿前司衙又於介亭後建樓，名冲天樓，極頂有平地，長廣約三十餘畝，相傳為殿前司教場。宋高孝光三朝，皆嘗御校於此，今猶相沿稱御教場。其他岩壑靈秀，勝景彙萃，升巔則自江湖以外，南眺於越，西望富春，浦溆岡巒，了了在目。清乾隆中，巡撫熊學鵬，疏剔泉石，葺治亭宇，備高宗遊覽，有御題聯額及詩。

二三、**六和塔**　在江濱月輪山上，宋開寶三年創建，以鎮江潮，凡九級，高五十餘丈，宣和時毀。紹興時因故基重建七級。清雍正十三年，世宗發帑鼎新，欄楯綱鐸，面面開敞。內為磴道，以登極頂。則江海雲連，羣山盡可俯掇。清乾隆辛未，高宗自製塔記，塔之七層，各書扁額，以後並有題詩，此塔外觀實有十一級。

二四、**述古堂**　在孤山六一泉左，卽廣化寺旁。巡撫三寶濬治西湖告成，勒碑紀事，卽其他為樹碑之所，地為柏堂竹閣故址，因移建還其舊蹟。清高宗題述古堂，柏堂，竹閣，扁額，前後並有題詩。

4. **四時景色**

春　孤山月下看梅，八卦田看菜花，虎跑泉試新茶，保俶塔看曉山，西溪樓啖煨筍，登東城望桑麥，三塔基看春草，初陽臺望春樹，山滿樓觀柳，蘇堤觀桃柳，西泠橋玩落花，天然閣聽雨。

夏　蘇堤看新綠，東郊玩蠶山，三生石談月，飛來閣避暑，壓堤橋夜宿，湖心亭採蓴，湖晴觀水面流虹，山晚聽輕雷斷雨，乘露剖蓮雪藕，空亭坐月鳴琴，看湖上風雨欲來，步山徑幽野草花。

秋　西泠橋畔醉紅樹，寶石山下看塔燈，滿覺隴賞桂花，三塔基聽落雁，勝果寺日岩望月，水樂洞雨後聽泉，資岩山下看石筍，北高峰頂觀海雲，策杖林園訪菊，乘舟風雨聽蘆，保俶塔頂觀海口，六和塔夜玩風潮。

冬　湖凍初晴遠泛，雪齋策蹇尋梅，三茅山頂望江天雪霽，西溪道中玩雪，山頭玩賞茗花，山居聽人說書，掃雪烹茶玩畫，雪夜煨芋談禪，山窗聽雪敲竹，除夕登吳是看松盆，雪後鎮海樓觀晚炊。

若將一年內十二月來分配，亦各有所宜也，述於下：

一月　冒雪尋梅，入山搜洞。

二月　弧山　靈峯烟霞洞看梅，湖濱酒樓嘗春筍。

三月　保俶塔看曉山，靈隱天、趕香市。

四、五月　獅子峯選春茶，初歸臺望新樹。杏花村，樓外樓嘗醋魚。九溪十八澗聽泉，雲棲，韜光看新竹，虎跑寺評泉，雨後看春波，侵曉看薄霧。

六、七、八月　三潭印月賞荷，杏花村，樓外樓試蓴，湖艇看雲，西泠印社待雨，白隄步月，湖濱公園入晚探豔納凉。

九月　滿覺隴訪香桂，三潭平湖賞月。

十、十一月　孤山公園看菊，初陽台候日出，湖畔畫丹楓，南山聽晚鐘，西湖賞秋雪。

十二月　斷橋觀雪，紫雲洞探幽。

其他若飛來峯賞石，玉泉觀魚，康莊看西土古物，湖濱閒坐等，四時皆宜。

又以一日之中，早暮及風雲晴雪，又別生奇趣。

暮　暗草響泉，叢篁影樹暝瞎色漸起崖壑，殘陽猶戀芰荷。斷橋水鳥，浮浮欲沉，短掉忽鳴，輕烟亂拖。

曉　霧截山腰，霞橫樹杪。或淡煙隱隱，搖蕩晴暉，或巒氣浮浮，掩映曙色。峯含旭日，風散溪雲。遙岑迴抹柔藍，遠岫忽生涇翠。

夜 月香度酒，露影溼衣，山靜無聲，水暗若碧。

雨景

山頭烟合，忽掩青螺，樹杪雲蒸，頓迷翠黛。絲絲飛舞，濯濯飄搖。少焉，淡日西斜，經霞照水。林樹零瀼宿雨，峯巒吞吐斷烟。殘雲飛鳥，一望迷茫，水色山光，四照蕭爽。

雪景

水空山沒，雲低樹斷，竹眠低地，山排白雲，玉墮冰柯，沾衣生溼。

月景

滿空孤月，露抱清輝，四野輕風，樹分涼影。波光瀲灩，衆、靜繞，如千百美人，臨鏡梳頭。

大觀

玉泉寺觀魚。斷橋上之遠雪，西區之蘆花，三潭之荷花，靈峯寺之梅，翁家山之桂，寶石山之潮，南星橋之潮，湖中之月影，葛嶺之日出，獅子山望江，小和山看山。

D. 分區

西湖區內再分區，完全為遊客遊覽方面暨讀者便利起見着想。茲將全區分為五大部份，卽沿湖一帶，孤山一帶，葛嶺一帶，北山一帶，南山一帶。

凡名勝、古蹟、山水、隄塘，亭台、寺塔、祠宇、墳墓、山莊、園墅、及各項建築，無不詳細調查考註。海內外人士來遊斯地者，可按圖索驥，瞭如指掌也。

1. 沿湖一帶

沿湖一帶出發點，是湖濱在新市場。查此地清季時，為旗營城，禁止漢人進出。凡遊湖泛舟者，均由湧金錢塘二門外，民國興，廢營去城，以沿湖之基築路，曰湖濱路。以離湖岸起二十公尺之地，闢為公園。平草設欄，植花木，置坐椅，供遊人休息，是曰湖濱公園。由公衆運動場起，迤北一里許，依橫路分段，為第一公園、第二公園、第三公園等，船埠亦依之而分一埠二埠三埠等。民國二十年春，市政府復以長生路口以北，錢塘門頭沿湖之地，利用濬湖之淤泥，廣填為平原，闢為第六公園，面積約十數倍於前。設計周密，布置益新，滬上法國公園，遠不及此。每當盛馬之際，日落西山之后，納涼者羣集於此。

1 三潭印月	2 湖心亭	3 阮公墩	4 博覽會紀念塔
5 蘇堤	6 蘇堤春曉	7 湧金門	8 柳浪聞鶯
9 錢王祠	10 夕照寺	11 漪園	12 雷峯塔
13 淨慈寺	14 張蒼水祠	15 赤山埠	16 蔣莊
17 花港觀魚	18 高莊	19 于墳	20 劉莊
21 蕉石鳴琴	22 丁家山	23 茅家埠	24 宋莊
25 金沙堤	26 曲院風荷	27 竹素園	28 岳王廟
29 鳳林寺	30 秋女俠墓	31 蘇小小墓	32 楊莊
33 葛蔭山莊	34 堅抱別墅	35 大佛寺	36 斷橋
37 白沙堤	38 張公祠	39 昭慶寺	40 哇哇宕
41 錢塘門外			

1. **三潭印月**　在湖心亭南，為十景之一。等人謂三潭印月深不可測，故建三塔鎮之。繞潭作堤，自南岸登，清聖祖御碑亭後。石橋曲折，旁護朱欄，互爭沼上，再進為精舍數楹，額日近翠軒，後為虛堂，關帝廟位其前。廟稍北當路側，為卐字亭。自此或東取竹徑，或北走石橋，曲折達浙江先賢祠。清彭剛玉麐昔常釣遊於此，一寄樓供公遺像，今已廢。疊石峙之池心，卽小孤山也。出池百數十步乃至潭後臨湖，有額日小瀛洲，植荷甚多，近已環潭築成馬路，沿路植花木置座椅。花棚，佈置新穎，今由蘇堤上接通電線，自湖底入，晚間電炬輝煌，夏間納涼談心，未有過於此者，真仙境也。
2. **湖心亭**　居全湖之中心為明知府孫孟建，初名振鷺亭。四面臨水，西向正對南北兩峯，翼以雕欄，花木掩映，舊有層樓，憑欄四望，羣山環立如屏。清聖祖題曰，靜觀萬類四字。旁有聯曰：「波湧湖光遠，山催水色深」。繞亭皆水，環水皆山。太虛一點，實踞全湖之勝。故湖心平眺，為十景之一。後有敞堂三楹，堂後為水軒，架於湖南，雕甍畫檻，金碧燦然，後圮。前經浙江鹽運使胡思義捐資修葺，煥然一新。
3. **阮公墩**　湖中一小島也，在湖心亭西北，為清巡撫阮元開濬西湖，棄土於此，故名，作圓形，惜無亭宇。僅於墩岸遍植柳樹，以作點綴風景，禁私買。民國二十年，經市府整理築為杭市童子軍露營場，歸市童軍理事會管轄，時有童子軍露營於此。

4. **博覽會紀念塔**　在正對西湖中山公園門前湖中，民國十八年西湖博覽會時，本擬在此處築噴水器，後工未竣而會期已滿，未能噴水，徒留一紀念耳。全部以鋼骨水泥建築，頗堅固，四周繞平台，可舍舟而登，中可拾級而上。憑欄逃眺，全湖如平鏡然，亦一趣也。

5. **蘇堤**　宋元佑間，蘇軾守杭州，開濬西湖，卽以其葑泥積湖中成一長橋，南自南屏，北接岳廟，綿亙數里，因分西湖為裏外。舊夾道植柳，故有六橋煙柳之稱。清雍正間，與白堤同修，增植花木，十里長虹，煥如錦雲。中有六橋自東南向北西，第一橋曰映波，通赤山埠；第二橋曰鎖瀾，通赤山麥嶺；第三橋曰望山，通花家山；第四橋曰壓堤，通茅家埠；第五橋曰東浦，通麯院；第六橋曰跨虹，通耿家步。稍北卽西泠，蘇軾詩云：「六橋橫絕天漢上，北山始與南屏通，忽驚二十五萬丈，老葑席卷蒼烟空。」可謂描摹盡致。

6. **蘇堤春曉**　為十景之首，有碑亭，在壓堤橋南，昔人謂西湖四時皆宜，就中以春曉為最。

7. **湧金門外**　湧金係北宋城門名，謂其地卽古金牛出現之處，故以為名，介錢塘清波二門之間。旗營未拆以前，遊湖者多由此出，故頗極盛一時，今則蕭條已甚。茶寮、旅館、酒肆、娛樂場，均在新市場一帶，惟專遊南山者，或假道於此。瀕湖有間水亭，僅留舊址。附近有放廬，係杭人黃元秀別業，廬旁有味閒草堂。沿湖而西，北為亭子灣有宋環碧園址。平沙淺草，延緣數百步，清為校閱之場，今為省立民衆教育館，公衆運動場，中建中山紀念台，民衆集會，多於此。稍西為滌塵湖舍。

8. **柳浪聞鶯**　在錢王祠，為十景之一。原有柳浪橋，宋時在清波門外聚景園中，今無可攷，亭中有碑曰柳浪聞鶯，為清聖祖康熙三十八年題，至今尚存。

9. **錢王祠**　在清波門之北，祀是越王錢鏐，清聖祖為題保障江山之額。雍正間，李衛重建。祠前有石坊曰功德坊。俯臨湖沿，平堤垂柳披拂，萬綠中碧殿丹宮，掩映林表，景絕壯麗，祠內鐫有蘇軾書表忠觀碑文，已殘斷，今之全文八幅，乃後人易石摹刻者也。附近有學士橋望湖亭等遺蹟，橋久廢，惟石條丈餘，橫跨學士港口，郡人王輸捐資重建之。

10. **夕照寺**　舊名顯岩院，卽雷峯塔院也，吳越王建。明末重建，改夕照庵，後仍改寺。旁有紅籟山房，為粵人李茂所建。

11. **漪園**　明末稱白雲庵，清雍正時，郡人汪獻琛重加修葺，改稱慈雲，增構亭榭，雜品卉木，治堤築橋，以通湖水。清高宗南巡事此，賜名漪園。園右有月下老人祠，其籤詞均集成句。時有青年男女，欲求佳偶者，前往拜禱，似屬癡心也。

12. **雷峯塔**　在淨慈寺前，雷峯上，雷姓築庵居此，因名，又稱中峯，回峯。是越王妃黃氏建塔其上，名雷峯塔，以藏佛螺髻髮故亦名黃妃塔，或譌呼為黃皮塔。塔高始以三千尺十三級為率，然僅成五級。舊有重簷飛棟，窗戶洞達，後燬，惟孤標獨存。每多夕陽西墜，塔影橫空，故有雷峯夕照之稱。俗傳有白蛈青魚二妖，鎮壓塔下，惜於民國十三年秋，塔忽傾圮，發見經卷甚多，俗稱雷峯塔藏經，得之者以為寶。今市上所售者，裝裱甚精，然皆偽製仿印。十景中之雷峯夕照，惟現磚土一堆，遊人至此，未免惘然。

13. **淨慈寺** 在南屏山麓，為後周時錢王宏俶所建，號慧日永明院，永明禪師居之。宋改為肅甯禪院，後改為淨慈報恩光孝禪寺。寺後有宗鏡堂，即師撰宗鏡錄處也。明凡兩燬兩建，清聖祖康熙三十八年，南巡至此，書淨慈寺及西峯二字，發帑重修。門外有萬工池，以力役者萬人，故名，然實一小蓮塘耳。池上有亭，中立南屏晚鐘碣，寺故有名，壯麗與雲林寺埒。觀東坡詩有「臥聞禪老入南山，淨掃松風五百間」。後燬於兵，雖稍稍建復，然已不能如前萬一矣，今重建大殿，殿前有井曰雙井，宋僧法薰，以杖扣地，出泉二道，甃為井。羅漢殿後有圓照井，亦名饅井。香積廚旁有神運井，相傳建寺時，苦無木材，僧濟顛禱佛，一日有木自井中出，層出不窮，適足建寺之用，寺成乃止。後遺一木，尚在井中，遊人欲觀，須給僧以錢，乃縋燭導觀。寺後有蓮花洞，石佛洞，稍西為高士塢，又西有小有天園，昔為汪氏別業。園中有幽居洞，琴台、丹崖、摩崖石經，及南山亭，率破損、有恆居、在寺南為清風浩丁月如伉儷別業。有居然亭，絕勝。東南有清崇明書畫家童叔平墓，環植梅花。西有重建之兩浙節孝祠，寺外為赴南山之大路，有杭富長途汽車，及市區第四路公共汽車經過，均設站於此。

14. **張蒼水祠**　在九曜山西南，南屏山麓，太子灣前。祀明僉都御史張煌言，祠址甚廣，夾往徧植杉檜，池榭參錯，頗幽緻。有墓碑為清全祖望文，梁同書字。

15. **赤山埠**　在蘇堤映波橋西南，地當赤山，下通小南湖，為遊南高、虎跑、龍井、煙霞、石屋等處必由之道。西為玉岑，水曲為浴鵠灣，元張伯雨結盧於此，額曰黃蔑。兩山之間有惠因澗，為秦少遊遊龍井，更濯足於澗而記之。有鐵窗欞，舊傳洞口高數尺，有蛟龍出入，人畏之。鑄鐵窗欞，嵌於石糟以拒之。水自窗欞出，六月如冰。過惠因寺前，折入西湖，大旱不竭。有法雲寺，坐赤山，面玉岑，舊名惠因院，吳越時建。宋元豐時，高麗國王子入貢，因從僧淨源學，既歸，以金書華岩經三百部，及建築經閣之資，附貢船，捨于寺，因名高麗寺。清乾隆二十二年，賜名法雲講寺。山陰有筲箕泉。元黃大癡公望嘗卜居其上。

16. **蔣莊**　即小萬柳堂，瀕小南湖，在映波鎖瀾二橋之間，本為無錫廉惠卿所建，與其婦吳芝瑛偕隱於此。今歸上元蔣氏，曰蘭陔別墅。

17. **花港觀魚**　在映波鎖瀾二橋間，為十景之一，詳十景條。

18. **高莊**　即經櫟山莊，與花港觀魚相連毗，為邑人高雲麟別墅。結構精雅，夏之竹，秋之菊，冬之梅，尤令人玩賞不置，此湖上別墅之最幽雅者。清俞樾有聯云：「選勝到裏湖，過蘇堤第二橋，距花港不數武。維舟登小榭，有奇峯四五朵，又老樹兩三行。」殊工切。

19. **于墳** 在城西十二里三台山麓，明少保於忠肅公謙遭誣死，其子冕奉喪歸葬於此，後冕亦附葬焉。明代化二年建，祠曰旌功，每月秋，杭人蠲潔於祠中祈夢者甚衆。

20. **劉莊** 卽水竹居，在丁家山前，秀隱橋西，與望山橋相對，為粵人香山劉學洵所建。樓閣亭榭，極其宏麗。中有藏書處曰望山樓，尤為絕景。花竹安樂齋。面臨湖山，最得天趣，左為家祠，牆外為其生壙，築建精堅，全係白石造成。後有法公埠，為粵人李茂別業。

21. **蕉石鳴琴** 在丁家山上，清雍正九年，總督李衛建舫室於山亭之上，軒檻淩虛，恍若浮槎天漢。舫前奇石林立，狀類芭蕉，石根天然，一池有泉，自石罅流出，瀌瀌作聲。磴道南，石壁丈許。前一巨石，卓立如屏，謂之蕉屏，內庋石牀石几，瑩潤無塵。康有為於其上建一天園，藏中西美術品甚多，俗稱康莊，有題曰蕉石山房。

22. **丁家山** 為南高峯之支脈，古名一天山，在金沙堤西南，與北岸棲霞相對。西沿麥嶺，三面無鄰，又名小弧山。臨湖植桃百餘，有桃源渡亭，長堤二十餘丈，左右有荷塘，稱藕波陌，其上卽康氏之一天園。入園內，曰人天廬、登山、綠竹猗猗，為筠岫亭。磴道十餘轉，凡二百餘級，名郤曲磴。登山巔，名別有天地，前對奇石岩，名開天天室。石岩曰潛岩，岩前有亭，名木石居。高處有台曰寥天，背倚南高，望朗當嶺，材木蓊鬱，錢江蘇堤如帶，杭城如掌，西湖風景之佳，莫過於此。

23.**茅家埠**　在大麥嶺後，花家山下，為通天竺龍井等處之要道。自新市場過湖入南北山者，輒於此登岸。凡南山龍井諸泉及北山分流之水，皆自此入湖。有臥龍橋，可通舟楫。玉壺春在橋內，可以小酌。

24.**宋莊**　在臥龍橋外，為清季邑人宋端甫所建，今屬汾陽郭氏，即汾陽別墅故俗稱郭莊。莊之建築，雖無汪莊之精巧，劉莊之堂皇，然曲折幽邃，亦別具風致。前有景蘇閣，正對蘇堤，登臨其上，六橋烟柳，一望可收。迤轉有荷池，廣袤可數畝，中築舟室，構造殊精，通以朱欄九曲，夏日納涼其中，當別有天地也。

25.**金沙堤**　在蘇公堤之西，近金沙港，故名。自東迤西，與趙公故堤址相近通裏六橋，與蘇公堤之東浦橋縱橫相接。清雍正九年，總督李衛所築，廣三丈，長六十三丈，北為岳廟，南為裏湖。堤半築橋，特設三洞以矖水，狀如帶環，故名玉帶橋。昔日橋上構飛亭，夾以朱欄，繞以花柳，晴波倒影，宛若長虹亘空。憑欄四望，惟覺翠雲繚繞，天水澄清，荷菱紛披，禽魚出沒，真柳州所謂曠如奥如者也。增修二十四景，玉帶晴虹，即此，今廢。

26.**曲院風荷**　為十景之一，在跨虹橋西。宋麯院在金沙港西北，因其地多荷，故名麯院荷風。清聖祖南巡改今名。後屬崇文書院，詳十景條。

27. **竹素園**　在岳王廟西南，旁有浙江先烈祠，舊為清左文襄宗棠祠。後改祀清末革命先烈徐錫麟，附祀陳伯平。馬宗漢。楊旭東。前臨金沙澗，舊為湖山春社，中奉花神。清雍正間，李衛建。迤西一隅，清泉從竹徑出有山陰蘭亭曲水之致。闢地為園，盛蒔卉木，中構高軒，清聖祖題有竹素園三字額。又聯云：「花枝入廣猶含潤，泉水侵堦乍有聲。」右為流溪。曲屈環繞，臨水建亭，有臨花舫，流觴亭、水月亭、聚景樓、觀瀑軒、泉香室諸建築，俱擅湖山之勝。

28. **岳王廟**　在棲霞嶺之陽，裏湖之岳湖北岸，世稱忠烈廟，祀宋少保岳忠武穆王飛。廟貌宏麗，為湖上諸祠宇冠。正殿奉王像，後殿供王父母像，旁祀王夫婦，暨王孝女銀瓶壻張憲。五子五媳，則在兩廡。廟右有亭，保存精忠柏數段，該柏已成化石，扣之作金石聲，圍以鐵欄，可看不可近，樹一碑可詳攷。西側為鄂王墳，旁附王子岳雲墳，有祭台，墓門近改為西式，周圍築城墻式。門內兩旁，于明正德間，指揮李隆鑄銅為秦檜，王氏，万俟卨三像，反接跪露臺下。後有范淶復增以張俊，今皆易為鐵像。門外有橋跨小池，有井曰忠泉。墓木皆南向，有檜樹為雷火所劈，人以為秦檜分屍之象。廟前有舊石坊，頗雄巍，題曰碧血丹心。此廟屢有修葺，前十餘年，盧永祥督浙時，曾有大規模修整一次多更新穎聯額。後孫傳芳入浙之際，正殿左上一梁，忽然斷塌，迷信者莫不議論紛紛，然亦遇之奇巧也。後更修新復。去夏滬杭巨紳，又在集資修葺，將來工竣，又一番新氣象也。附近多食肆果攤，宛成一小市鎮。遊西湖者，輒至此拜謁焉。永華公共汽車設站于此，交通水陸稱便，附近有皖人劉更生別墅，曰道村。

29.**鳳林寺**　在葛嶺西，俗稱喜鵲寺。唐刺史裴常棣建。禪師名圓修，居此四十餘年。有大松盤屈如蓋，乃棲其上，復有鵲馴擾巢于側，人遂以烏窠禪師名之。今寺前仍有高木參天數行，夏日休息其陰者涼爽極矣。

30.**秋女俠墓**　在西冷橋之西。女俠名瑾，紹興山陰人，居鑑湖，故後名曰鑑湖秋女俠。曾留學東瀛，工文善騎，存革命志。在紹興曾辦大通學堂，暗栽革命種子。後因徐錫麟案，株連受誣被誅，曾葬湖南，後改葬于此。墓前有風雨亭，女俠當時供詞有云：「秋雨秋風愁殺人」即取其意而建是亭，今已傾圮。東有清鄭貞女墓，女名淑常，清副將尊友女，湖南湘鄉人。習書史，工詞翰，字喻某未幾殤，聞耗號泣，誓奉親以終，遠近聞其才貌，求婚者踵至，父將擇婿，女為絶命詩十餘首，自經死。父悔，以女好遊湖，乃葬之于此。宋義士武松墓，今其蹟不可尋，好事者乃負土立石焉。近上海黃張杜諸氏建亭修葺一新。西為清季革命者陶成章、楊哲商、沈由智三烈士之墓。附近有鳳林寺，龐氏永賴祠，劉果敏公典祠，均面外湖。

31. **蘇小小墓** 在西冷橋側。小小南齊時人，為錢塘名妓，相傳墓在西冷橋畔，即古樂府錢塘蘇小小歌所謂：「何處結同心，西陵松柏下」者是也。其東為清末松風上人之塔，松風本白衣寺僧，為佛教總會發起興辦佛學而捨身者。

32. **楊莊** 在招賢寺西北，葛嶺下瀕湖處，為清直隸總督楊士驤之別業，今屬嚴姓，附近之招賢寺，即玉佛寺，與顯功廟相近。唐郡人吳元卿棄官參禪，建庵修道。元末燬，清初重建。因其中大佛，係玉石鐫成，故名。

33. **葛蔭山莊** 在楊莊東，為沈氏別業。竹籬花徑，布置幽雅。附近向東十餘步，有一偉大新建築，為民國十八年西湖博覽會大禮堂，會後稱西湖大禮堂，歸杭州電廠設電影場。建築宏大，結構富麗，可容數千人。面對孤山，有新建大木橋連接。式樣歐化，為美術建築師劉旣漂所設計。

34. **堅抱別墅** 在寶石山東南，為清吳興劉錦藻建，俗稱小劉莊。依山面湖，風景頗佳。其西濱湖處曰東冷遙對，旁有夏候廟，鞋業中人建。又有宋孫花翁墓，翁名惟信，字季蕃，棄官隱西湖，工長短句，好蒔花，因自號花翁。卒後，友人為葬于此。

35. **兜率寺** 即大佛寺，在寶石山南麓，為宋僧思淨建元季燬，明季重建。中奉大石佛，相傳其頭為宋賈似道用以繫纜之石樁，或以秦始皇攬船石。咸豐間燬，後雖重建石佛殿，而石像迄未修復，致佛頭蒼苔斑駁，難以辨別。右旁有彌勒院，建于清光緒間。近另闢餘屋，加以修葺，為逆旅寄住之所。欲飽覽湖山，長時勾留西子者可問津也。

36.**斷橋**　在白堤東，宋名寶祐橋，自唐時呼為斷橋，張祜詩云：「斷橋荒蘚合」是也。元錢惟善竹枝詞，有「阿娘近住段家橋」句，故亦稱段家橋。李衛西湖志，据吳禮之長橋月短橋詞，又稱短橋，橋東有斷橋殘雪亭，為十景之一，詳十景條。橋下有綠柔湖舍，一曰志水堂，為清吳興張石銘別墅。民國十八年西湖博覽會之進口大門樓，卽在此橋堍東首。門樓為三角形，上裝電燈五千盞兩面立方體一面宮殿式，取其中國古來建築及西方建築之特長處融合中西藝術，構通中西文化意，為美術建築師劉旣漂設計。近在橋堍，除碑亭外尚有朱欄亭榭一，門前樹一西湖風景區全圖一幅，標示遊人方位，內設公衆閱報室及公共電話。

37.**白沙堤**　簡稱白堤，在錢塘門外，自斷橋起，迤邐經孤山，至西泠橋止，長三里餘。堤北為後湖，南為外湖，中有錦帶橋，舊有望湖亭，今之平湖秋月，垂露亭，今未可攷，為一湖之勝。唐白居易有詩云：「誰開湖寺西南路，草綠裙腰一道斜。」言堤適在湖之中央，春草綠時，望之如裙腰也。又云：「最愛湖東行不足，綠楊陰裏白沙堤」。明時修築，雜植花木，亦名十錦塘，為陸游孤山，湖北而入靈隱天竺者必經之路。清雍正二年，曾加高廣，近則築成柏油馬路，行者稱便。兩旁又特別加寬，補植花卉，且每隔二三丈，在堤旁柳陰中，建一小亭，或蓋茅，或蔓藤遊人雅休處也。堤之始于何時，未詳，或訛為白公堤，謂為樂天築，實非。接白公堤在錢塘門北，由石豐橋北至武林門者是。

38. **張公祠** 卽富春山館舊址，祀清山東巡撫張勤果公曜，倚山建亭。堂有名坡十餘級，面臨湖，右側一池，築亭其上，有十二欄干，曲折環繞。其餘亦結構甚佳，有書室，有迴廊，有曲榭，皆雅潔可觀。

39. **昭慶寺** 有錢塘門外，原名菩提院，舊與雲林、淨慈、聖因稱西湖四大叢林，吳越王建，屢燬屢修。咸豐辛酉，燬于兵。同治五六年間有外僧某，結蓋草庵。至光緒初，重新大雄寶殿。客堂僧舍，略具規模。自雲棲僧主方丈後，苦志經營，未及十載，恢復舊觀。寺外有蓮池，萬善橋，寺內有戒檀，千佛閣，定觀堂，藏經閣，觀音井，看山亭，臥牛石。去年春已摹得大款，重建大殿，臥龍山莊在其西。

40. **哇哇宕** 在昭慶寺後，元時改築杭城，採石于此，鑿久成宕故名。由棋盤山（卽彌陀山或名霍山）東轉而下有三石池，中一池石壁廣高，云是龍湫。遊其間者，小語小應，疾語疾應，譁然叫笑，答應滿谷，人或曳履而趨，亦若有曳履者躡于後，真佳境也。

41. **錢塘門外** 錢塘門在新市場北，今湖濱路與聖塘路交界處，是西湖之東北隅。環湖馬路，以此為起點，城門于民初廢。自湖濱路而北沿湖有海甯徐氏之摹烟別墅，有徐氏別業之禮蔭草堂。再過為邑人曹振聲之別業來音小築，滬上藥商黃姓之九芝小築，周氏所建之支常別墅，又有粵人鄧熾昌之南陽小廬，今杭州市政府在也。過此為故浙督楊善德之別業，雲樵書屋，滬上顏料商貝潤生之味蒓湖舍，舊時清相國王文韶舊業稱停雲湖舍，又與吳興張姓之綠柔湖舍等相毗連。

2. 孤山一帶

1 孤山	2 平湖秋月	3 聖因寺	4 蘇文忠公祠
5 白公祠	6 藝術院	7 徐烈士墓	8 詁經精舍
9 三忠祠	10 忠烈祠	11 西湖博物館	12 中山公園
13 浙江圖書館孤山分館	14 徐公祠	15 朱公祠	16 左蔣二公祠
17 西冷印社	18 廣化寺	19 俞樓	20 童子軍理事會
21 西泠橋	22 曼殊塔	23 瑪瑙玻	24 馮小青墓
25 巢居閣	26 放鶴亭	27 林處士墓	28 宋女馬菊香墓
29 林典史墓	30 林知府墓	31 趙公祠	32 林社
33 南京陣亡將士墓	34 三烈士墓	35 竺烈士墓	36 陸宣公祠
37 王電輪莊			

1. **孤山**　為北山棲霞支麓，聳立于湖北，旁無聯附，故亦名孤嶼，又名瀛嶼。南為外湖，北為後湖，中東以白堤通錢塘門，西北繞接北山麓，宋時林和靖隱於此。當全湖衝要，為遊者所必至。民國十八年西湖博覽會時，全部劃入會場，並在山北放鶴亭前起，至裏西湖路招賢寺止，建大木橋，計長六百尺，橋上構亭三座，供遊人小憩，今當存。盛夏納涼賞荷，真勝地也。
2. **平湖秋月**　當孤山東路之口，為十景之一。建有聖祖所書碑，前臨外湖，旁構重軒，曲欄魚檻，直挹波際。於此觀月，最為澄潔。懸聯云：「萬頃波平長似鏡，四時月好最宜秋」描寫殊稱，詳十景條。

3. **聖因寺** 在白沙堤北，孤山之南，舊為四大叢林之一。羣山環拱，萬井東連，攬全湖之勝。清聖祖南巡，駐蹕於此，經兵災，園亭廢圮，後稍復舊觀，今改為浙軍昭忠祠。
4. **蘇文忠公祠** 在陸宣公祠西，清嘉慶時。祀宋蘇軾。軾嘗守杭州，濬湖築地，興水利，幷為湖山增色。
5. **白公祠** 在路北，祀唐郡守白居易，並附祀唐絳州刺史樊宗師。考樊刺史與香山友善，生平雄於文，有緜州越王樓詩序絳守居園池記膾炙人口。自元迄清，浙東西先賢箋注樊刺史遺文以及品藻敘述者，有十一家之多。旁有照胆台。於明萬歷時，祀後漢關羽，內貯公遺玉印一，今移存浙江圖書館，現該址為國立藝術專科學校校舍之一部。
6. **藝術院** 卽羅苑，在平湖秋月右，為猶太人哈同妻羅迦陵別墅，故稱羅苑。額日，寰瀛一築。俗稱哈同花園，今為國立藝術院校舍。亭台樓榭，連綿水次，消暑最宜。惜苑址與。堤相接。迤邐如帶，不能廣培花木耳。
7. **徐烈士墓** 在路北，正對羅苑，烈士名錫麟字伯蓀，浙江紹興人。家富於資，旣就學日本，主種族革命，歸以資為道員，指安徽，謁巡撫恩銘謀綰軍符，便舉事，旋被任為巡警學堂會辦。光緒丁未五月，巡警學生畢業會操，恩往閱，烈士以手槍擊不中，其黨陳伯平戰死，烈士與馬宗漢就擒被殺。光復後移葬於此。墓前有烈士石像，又稱三烈士墓。墓道兩旁遍植梅花，布置頗壯嚴。羅苑自收歸國有後，特為之拆除一段，臨湖建亭。

8. **詁經精舍**　在路北，清季為浙士講學之所，舊有正氣先覺遺愛三賢合祠。辛酉年濟甯盧永祥督浙時，曾捐資重修，並補祀仁和孫晴川廣文之騄候官林迪臣大守啟，今入國立藝術院校舍。

9. **三忠祠**　在白沙堤北，詁經精舍西，祀清徐用儀、許景澄、袁昶三公，皆以抗論拳匪受戮，浙人寃人，為立祠於此。

10. **浙江忠烈祠**　在三忠祠北，本清行宮，為清康熙四十四年南巡駐驛之所。雍正五年，改為聖因寺，已詳前條。辛亥民軍起，浙軍以攻江甯而陣亡者，就寺後祀之，曰南京陣亡將士祠，後改名浙江忠烈祠。祠前有紀念碑，現劃入西湖博物館。

11. **西湖博物館**　在孤山之陽，介浙江忠烈祠與中山公園之間，西湖博覽會閉幕後，博物館中有一部份動植礦物標本及中國歷史上文化上的一部份紀念物品，仍設法繼續保管陳列，乃籌創斯館，擴充搜羅材料，分類陳列，供遊人之參考暨各校學生之研究。其址卽文瀾閣址，為清高宗南巡時之行宮一部分。舊藏四庫全書，咸豐間，燬於兵，光緒六年浙撫譚文勤公鍾麟重建。邑人丁申丁丙收殘籍於兵火中，計得九千餘冊，復經數年之不避煩難補鈔閣書，乃得三萬四千七百冊，尚有缺者。近始由前教育長張宗祥補鈔竣事，東南文獻，賴以不墜。今全書移置浙江圖書館之孤山分館。中祀明王文成公守仁，閣前有方池，假山環繞，結構殊佳。池中有石，側望如美人，俗稱皺雲者誤，菊花盛開，更燦爛奪目。

12. **中山公園**　在文瀾閣西偏，舊亦清行宮，重建文瀾閣時，留隙處為公園。倚山而築，今改中山公園。亭欄曲屈，花木參差，登高處則全湖在目中。有浙軍凱旋紀念碑。

13. **浙江圖書館孤山分館**　在中山公園之右，民國元年建，初名浙江圖書館，自大學路圖館大厦落成後，幷入其中，改設孤山分館，專藏木版暨四庫全書。

14. **徐公祠**　在圖書分館右，為清東閣大學士徐文敬公潮家祠。

15. **朱公祠**　在徐公祠右，祀宋朱文公熹。

16. **左蔣二公祠**　在朱公祠右，西泠印社之左，舊為蔣公專祠，祠清左文襄公宗棠，蔣果敏公益澧。

17. **西泠印社**　在朱公祠右，祀清派印祖丁敬身為丁上左丁仁葉銘吳隱王壽祺等所創立。中有仰賢亭，嵌清印人丁敬身石像，又有山川雨露圖書室，寶印山房，文泉，印泉，小盤谷，遯盦，還樸精廬諸勝。竹徑藥闌，茅茨土堦，頗饒古逸之趣。有四照閣，四面玲瓏，憑窗可覽全湖，中有一聯云：真描寫得深刻之至。兼售香茗，遊人至此可休息也。題襟館在其左，觀樂樓在其右，社下當左者有柏堂竹閣，當右者為西湖工程局，次為郭孝童墓。浙滬著名金石書畫家，時會集於此。近代名法師李息翁叔同有印藏在山坡中，上有漢三老石室中藏漢老碑三段，近代不可多得之物也。

18. **廣化寺**　唐時稱為孤山寺，在孤山之南，內有宋蘇軾所名之六一泉，所以紀念歐陽修也。修自號六一居士，因名。山之前後，舊有閑泉，僕夫泉，參寥泉，金沙井等，今皆廢堙。附近有樓外樓及太和園酒菜館，遊者可以嘗最著名的西湖醋魚也。寺內餘屋，近闢為旅宿，可以隨時擇定雅室，勾留數月。

19. **俞樓**　在廣化寺右，又名小曲園，為清德清俞樾講學處，為諸弟子所建，久廢。今改三層西屋，分間出租，盛夏避暑最宜，再過卽武進盛氏家祠。

20. **童子軍理事會**　在俞樓西白堤白北轉角處，民國十八年西湖博覽會整理官產房屋改為臨時商場。閉會後，利用廢建築再加修葺重整，設童子軍理事會，掌理杭州市童子軍事業或招待外來之童子軍也。

21. **西泠橋**　橋在孤山之西，白沙堤西北盡處也，卽古之西村喚渡處，一名西陵，又名西林，或曰西村，由此可往北山，昔趙孟堅常客武林，值菖蒲節，周公謹邀遊西林，薄暮至此，艤舟茂樹間，指林麓最幽處，曰：此真董北苑得意筆也。橋後損壞，民國三年重修建，為洋式近上敷柏油，至靈隱公共汽車必經之路也。

22. **曼殊塔**　曼殊姓蘇，原名元瑛，生于日本之江戶，父為廣東香山籍。五歲隨親歸國，十七歲以故入廣州長壽寺為僧，法名曼殊，世因號曼殊上人。後又棄去，浪游蘇浙皖湘，日本，暹羅，印度，錫蘭等處，僑寓上海最久。與柳亞子，章士釗，南社同人相善，遭逢身世有難言之隱，故常至妓院而無所容心。時或僧裝啖酒肉，為人所怪。天才卓越，梵文英文法文無不通。繪事蕭疏淡遠，自創新宗。小詩悽艷絕倫，說部亦雋永有味。柳亞子譬其如雲鶴，浪漫文學家，近代一人而已。數遊西湖，並于二十歲時，入靈隱山，著梵文典。民國七年三十五歲，以腸胃病卒于上海廣慈醫院，汪精衛等集資葬之于孤山後西泠橋東，並建塔以紀之。

23. **瑪瑙坡**　在孤山東，地有碎石，呈瑪瑙紋，樹叢水坑甚深，今路旁尚存兩大頑石。近人許奏雲，於其前建亭曰雲亭。

24. **馮小青墓**　在林公祠左，小青為明武林馮生姬，其姓不著。有詩才，見嫉于大婦，徙居孤山，抑鬱早卒。其後為宋馬鞠香女士墓，生前喜吟林和靖詩，死後葬此。民國四年，吳江柳亞子為伶人馮春航立碑小青墓側，馮善演小青故事，又同姓為留片石以誌緣。

25. **巢居閣**　在孤山放鶴亭左，相傳為宋林逋建。登閣喧笑，答應滿谷，景目為空谷傳聲。逋性愛梅，曾手植三百株，已多萎，今山上下之梅，皆後人補植。

26. **放鶴亭**　在孤山之北，巢居閣右，可由西泠橋旁或羅苑前或平湖秋月對門轉入。宋和靖處士林逋故廬也。元陳子安刱建，以林逋曾于此放鶴也。景目為梅林放鶴，後廢。明嘉靖間，錢塘令王釴，重建曰放鶴亭，民國四年重修。清聖祖南巡為題額，並書舞鶴賦一篇，勒石亭中。亭後有鶴冢，亭前有新建大木橋，即西湖博覽會橋，可直達裏西湖馬路。

27. **林處士墓**　在放鶴亭南，處士名逋，字君復，宋錢塘人。隱居山中，不求聞達，死後葬此，賜謚和靖。

28. **宋女馬菊香墓**　墓在林處士墓側，相傳菊香好吟詠，慕和靖之詩，死遂葬此。

29. **林典史墓**　在林處士墓西，林公諱汝霖，字小岩，官仁和典史，死于咸豐庚申之難，時人以其末吏孤忠，為葬于此，與林處士並傳不朽。巢居閣左並有林公祠。

30. **林知府墓**　在孤山之陰，林處士墓側，知府名啟，字迪臣，福建候官人。清光緒間，以御史出守杭州，多善政。歿後，杭之士紳，為葬于此，墓前為林社。

31. **趙公祠**　由林處士墓旁登山而西，見有粉壁上書，孤山一片雲，五字者卽是。祀清浙撫趙士麟。

32. **林社**　林社在孤山之陰，林知府墓側，林名啟已詳前條，因民不能忘，組織林社以紀之。

33. **南京陣亡將士墓**　在孤山南麓，凡死于辛亥南京之役者，皆葬于此。

34. **三烈士墓**　在山東麓，陸宣公祠後，三烈士墓卽徐烈士墓詳前條，旁有竺烈士墓及清殉學之旗人惠興女士墓，其遺址為清康熙時浙撫范承謨祠。

35. **竺烈士墓**　在三烈士墓之旁，竺名紹康，嵊縣人，亦清季倡導革命者。

36. **陸宣公祠**　在弧山之陽，平湖秋月之北，祀唐忠宣公陸贄，明嘉靖間少保陸炳建。清雍正九年，總督李衛重修，改建坊表，題曰湖山增勝。

37. **王電輪莊**　在南京陣亡將士墓之旁，有電輪之墓建碑亭，文為汪精衛所撰。另有屋宇，王伯羣之別墅也。地域廣大，遍植卉木，大部建築計劃尚未成功。

3. 葛嶺一帶

葛嶺一帶，東至寶石山，彌陀山，西至棲霞嶺諸山，本可以歸入北山一帶而論；今以北山一帶，範圍過廣，特立一帶。茲將主要名勝，古蹟，分述如下：

1 彌陀山	2 彌陀寺	3 寶石山	4 保俶塔
5 寶稷山	6 寶雲山	7 巾子峯	8 來鳳亭
9 蝦蟆嶺	10 看松臺	11 葛嶺	12 葛仙菴
13 抱朴廬	14 煉丹台	15 初陽台	16 護國寺
17 黃龍洞	18 金鼓洞	19 白沙泉	20 蝙蝠洞
21 妙智寺	22 紫雲洞	23 棲霞嶺	24 劍門嶺
25 棲霞洞	26 香山洞		

1. **彌陀山**　在昭慶寺後，寶石諸山之支麓也。自葛嶺伏入地脈，至桃花港突兀而起，山頂有大石棋枰，上刻棋子當三十二而缺一卒，今廢。
2. **彌陀寺**　在彌陀山北，光緒初有外來僧某，在山之陰，以爾陀經字摩崖，尋依壁建彌陀寺。門臨溪水，綠樹成陰。從石橋一折而入，頗稱幽寂。
3. **寶石山**　在錢塘門西北，高六十三丈，周圍十三里一百步。一名石甑山，又名巨石山，經臥龍山莊，抵山下，有坊額曰頓開領。自坊入，拾級而上，見一白堊之病院，即是廣濟醫院分院，今已收歸國有，此即其巔。有二圓石，湖中望之，若星墜焉。
4. **保俶塔**　在病院西，為吳越相吳延爽建，俶為吳越王之名，世訛為寡嫂祈叔平安而建，因稱保叔塔，亦稱寶所塔。曾毀，後重建。高倚天外，尖削如春筍出土，內容而不可登。昔與湖南雷峯塔相對，今則雷峯已歸烏有。當時所號為湖上雙浮屠者，僅存其一，已前詳矣。塔下舊有寺曰崇壽院，今廢。清光緒時，英人梅藤更于其地建西屋為病院，現已巨價贖還。塔旁有落星石，一曰壽星石，亦曰萬歲石。又有看松台，鄰右有來鳳亭。木落社焉，山岩瘦削，風景佳絕，塔後有石屏風，再進為川正洞，中置石几，石凳，洞左有石峽，僅可一人行。

5. **寶稷山**　在寶石山西，山石玲瓏，可以登覽湖景。有名曰屯霞石，又有佛足泉，一勺泉，其絕頂為寶峯。
6. **寶雲山**　在寶稷山南，棧閣淩空，遠眺極勝。
7. **巾子峯**　由寶俶塔西過石峽，卽巾子峯，前有壽星寺，形如巾幘故名。
8. **來鳳亭**　在落星石側，清雍正間，李衛建。每值清秋氣爽，卽亭四望，湖光山色，一覽無餘。廬舍人物，皆可指數。九日登臨，履綦交錯，雖龍山戲馬，未足方斯盛也。
9. **蝦蟆嶺**　在錢塘門外，寶石山南，有二石，遠望極似蝦蟆，故俗稱蝦蟆石，實名壽星石，或萬歲石。
10. **看松台**　在寶石山上，俯臨巨壑，仰拂松梢。
11. **葛嶺**　在寶石山西，亦名葛塢，相傳晉葛洪葬此。本與寶石諸山通，今有垣隔斷。登者須由山麓西式碑坊進，坊為染業顏料業中人所築。坊柱聯云：「初陽台由此上達，抱朴廬亦可旁過」。民國四年，吳縣楊叔英，趙雨亭，先後建亭閣于山之高下處。初上為流丹閣，再上為喜雨亭，頑石亭，覽燦亭，九轉亭等。其最高處則為寶雲亭。諸亭隨徑而築，俾遊者可以隨意息足焉。葛仙庵舊名涵青道院，按其部位，似近宋賈似道半閒堂地址，亦新修。更上為煉丹臺，有額曰遊仙臺。後石洞中，鐫葛洪像。

12. **葛仙菴**　在葛嶺上，舊名涵青道院，今由染業及顏料業中人重修。

13. **抱朴廬**　在九轉亭前，可以遠眺一切。

14. **煉丹臺**　在寶石山西，初陽台下，相傳晉葛洪煉丹於于，今存遺址。

15. **初陽臺**　當葛嶺最高處，平衍數畝。南則全湖歷歷，西南則諸山蜿蜒，北則萬頃平疇，屋廬可數，東則煙火萬家。之江大海，隱隱天際，極遠近眺覽之勝。夏日登臨，拂袂生涼，令人留連不能去。舊歷十月朔，當晨曦未上時，登臺望東北海際，少焉日輪乍起，微露一痕，瞬則萬道霞光，天半俱赤，故西湖諸景，列為葛嶺朝暾。

16. **護國寺**　護國仁王禪寺，在保俶塔之陰掃帚塢，初慧開禪師休糧禪定於隆興黃龍峯頂，自是所至，禱雨輒應，孟少保珙為捐金買地建寺。淳祐五年，賜今額。七年，京師亢旱，有旨宣入選德殿演說，雨隨至。既還山，又遣內侍問何時霑足，開對以寂然不動感而遂通，是夕雨如傾。上大悅，賜號佛眼禪師，錫賚甚渥寺。後有龍洞，澄深不可測。八年，鄭丞相清之躬禱而雨，賜護國龍祠額，未幾，錫書候曰靈濟。寶祐六年，撥賜平江官田三千畝，元至正末燬，洪武初重建，嘉靖間重修。

17. **黃龍洞**　在棲霞嶺掃帚塢，宋淳祐間，僧慧開卓錫于此。有石谽谺，不合如礪，忽然出泉，色紺而例，澄若重淵。舊傳有黃龍出現，故名。不甚深，近年加以開鑿堆疊，乃臻幽邃。旁有數小洞，正洞中立一佛像甚偉。距洞數十步，由粵人築廟，構假山瀑布；適于瀑布出口，塑以龍像，水似龍口吐出，活靈活現。泉上以石條為橋，可涉足橫跨，布置精緻，清雅宜人。所謂天龍洞無門洞者，均係黃龍洞之別稱。各處所稱者，或有誤。殿內立道教始祖像，為道門地也。

18. **金鼓洞**　在棲霞嶺北，昔人伐石其間，聞金鼓聲，伐乃止。洞不甚深，洞口甚廣，洞壁兀立，儼若削成者。旁有泉一泓，曰金鼓泉，明漪徹底。

19. **白沙泉**　在金鼓洞右，石壁鐫康有為書白沙泉三字。泉自洞中流出，涵為一池，不溢不渴，清可鑑髮，泉味清冽。

20. **蝙蝠洞**　在棲霞嶺後，金鼓洞東北，附近有白沙泉，洞口不大，入內有寬廣之處，由兩山壁夾立而成。夏時壁縫間蝙蝠纍纍倒懸，大者尺許。是洞之幽邃，不減紫雲，煙霞，惜未加修理，洞旁又無寺廟，故遊跡絕少。

21. **妙智寺**　在棲霞嶺巔，宋太尉張公建，內有棲霞井，深丈餘，泉極甘冽。

22. **紫雲洞**　去妙智寺二三百步，棲霞嶺五洞，此為最奇。峭聳嵌空，石色若暮雲凝紫，陰涼徹骨。舊志稱烏石峯，在紫雲洞上殆卽以此。從洞下級二十餘，豅然岩堂，內外明朗。空中有石樓倒垂，上設峻欖，有階可升，中供觀世音石像，座鐫紫雲洞天四大字。旁有深穴，窺之黑暗。沿壁走，又得一洞，亦敞豁，當天小孔如掌大，日光下射壁藤森瘦，皆從裂處上刺。石有敞壁，半覆半倚。底到壁根，有泉方可三尺，水至清澈，大可消夏。洞側有法雲寺，寺額廢，傍有紫雲古洞四字。洞下半里許，有懶雲窩，附近有宋輔文侯牛皋墓，皋字伯遠，汝州魯山人，為岳忠武部將，為秦檜令都統制田師中毒死。

23. **棲霞嶺**　在葛嶺西，一名履泰山，或呼赤岸嶺，上為古劍門關。嶺下舊有水名桃溪，經湖山春社入湖，今不可訪。嶺後有白沙泉，上有洞相傳宋賈似道搜得之，洞穹然如夏屋，兩石相倚為閈閎。每風從南來，谽谺而出，輒凄神寒骨，故暑遊最宜。

24. **劍門嶺**　劍門嶺在棲霞嶺上，亦稱劍門關，左寶雲，右仙姑，兩山夾峙，若劍門然。

25. **棲霞洞**　在棲霞嶺巔，妙智寺側，已詳前二十三條。

26. **香山洞**　由棲霞大道下山，有香山洞，在香山庵內，洞甚小，內設神像。

4. 北山一帶

北山一帶，範圍較廣，地域較大，如寶石、葛嶺、棲霞等山亦屬之。以寶石山等處勝蹟過多，恐紊亂遊程，故另列詳述於前矣。今以仙姑山、雙峯插雲、桃源嶺。北高峯、天竺山等為北山一帶，分述於左：

1 仙姑山	2 清漣寺	3 靈峯	4 靈峯寺
5 補梅庵	6 來鶴亭	7 雙峯插雲	8 九里松
9 集慶寺	10 桃源嶺	11 神霄雷院	12 合澗橋
13 靈隱山	14 龍泓洞	15 飛來峯	16 壑雷亭
17 冷泉亭	18 冷泉	19 翠微亭	20 春淙亭
21 飯猿台	22 白猿峯	23 呼猿洞	24 理公巖
25 三生石	26 射旭洞	27 金沙港	28 月桂峯
29 稽留峯	30 蓮花峯	31 永福寺	32 雲林寺
33 韜光	34 岣嶁山房	35 韜光泉	36 烏石峯
37 石筍峯	38 北高峯	39 天竺山	40 下天竺
41 中天竺	42 上天竺	43 郎當嶺	44 猢猻嶺
45 天門山			

1. **仙姑山**　介於棲霞靈隱間，一名靈苑山，一名東山。西為鮑家田，北為青芝塢，又北為桃花嶺，下為耿家步，附近有宋烈文候張憲墓，元總管夏思忠為立表識。

2. **清漣寺**　在仙姑山北，青芝塢口，南齊時為淨空禪院。清乾隆三十八年，聖祖幸此賦詩，改名清漣，賜御書金剛經一部，大士像一尊。旁有西式屋三楹，廣西岑春煊構。寺內有泉曰玉泉，源出西山，伏流數十里，到此始見。池方廣三丈餘，清澈見底。底積綠苔，中有小石塔，蓄五色魚，長或及三四尺。池上屋三楹，榜曰魚樂國。旁有洗心泉，清李衛建，顏日洗心。又有皺日廊。廊沿設檻置座。寺僧煎茶款客，並備麵餅，供客投餌，魚揚鰭而來，聚吻爭吞，狀殊可觀。是玉泉觀魚，為遊湖勝事之一。又有細雨泉，在寺後，泉上有晴雨軒，眼泉下通浮激波面，狀若細雨，因名。每斜風疏點，遊人輒驚雨而去。

3. **靈峯**　在青芝塢西，介桃源嶺，秦亭山間，棲霞仙姑諸山為之屏。境至幽靜，鳴泉琮琤，竹木清深，為游蹤所鮮及。
4. **靈峯寺**　在仙姑山西北，青芝塢後，舊名鷲峯禪院，吳越王建。清道光時，加以修葺。其地故多梅，洪楊刼後，無有存者。宣統間。吳興周慶雲就寺門外靈峯亭以至半山來鶴亭，補栽三百本，復構補梅盦，繪圖徵題以記之。庵右為掬日泉，形如半月，前有屋，小如艇，後有長廊日羅漢廊。自掬日泉側，石徑盤旋而上，為來鶴峯。寺南有聽亭石，山門外有香雲泉。
5. **補梅庵**　在靈峯上，清咸豐時有陸小石所繪靈峯探梅圖，一題者，有陳春曉，魏滋伯及僧諾庵，謙谷等十餘人，吳興周慶雲所建，補種梅三百株，故名。
6. **來鶴亭**　在靈峯寺右，石徑盤旋而上，高二十餘丈，敷石磴七十餘級。
7. **雙峯插雲**　在九里松，當南北兩高峯之間，稱兩峯插雲，為十景之一，清康熙時，於此建亭勒名，改為雙峯插雲，詳十景條。
8. **九里松**　自行春橋至靈隱下竺而止，以唐刺史袁仁敬植松，得名，已詳前條。在行春橋南集慶寺北，建九里松亭，舊稱一字門，久圮。
9. **集慶寺**　在九里松集慶山，宋理宗為貴妃閻氏建。金碧工麗，過於諸剎，時名曰賽靈隱，有人書其法堂鼓云：「淨慈靈隱三天竺，不及閻妃好面皮。」

集慶山名植松梓銀杏，又饒橡栗，下臨孔道。

10. **桃源嶺** 在九里松之東，北高峯東盡處，宛如駝肩。神州古史考游覽志，西湖志俱作馳巇，乾道志作駝苑，釋大善西溪百詠作桃源。記載各異，今稱桃源。

11. **神霄雷院** 在慶化山，成化杭州府志，宋咸淳間，羽士陳崇真自閩來浙，卜居茲山，善五雷法，後入朝祈禱，以劍水入布幞，有紅露之異。因敕建雷院以居之。錫以紫芝，賜號冲素真人。六月二十四日，郡人雲集，設醮捨資，至今不廢。

12. **合澗橋** 在飛來峯路口，下有南北二澗。北澗自靈隱而下，南澗自天竺而下，合流於此，號曰錢源，故橋曰合澗橋。其地為靈隱天竺寺門，俗呼為二寺門。白樂天詩：「一山門作兩山門，兩寺元從一寺分」正此。

13. **靈隱山** 一名武林山，又曰靈苑，曰仙居，本北路諸山總名，今別之為寶石仙姑、寶雲、棲霞、飛來峯、天竺諸山，而僅指雲林寺後山曰靈隱山，高九十二丈，周圍十二里。

14. **龍泓洞** 又稱通天洞，洞口有理公巖，今理公塔在焉，舊傳葛洪於此得道。有石洞澈浙江，下通蕭山，有採石乳者，入其洞聞波浪聲，後有人就洞兩畔鑿住世羅漢十六尊。巖旁有射旭洞，與龍泓通，外視之，洞可容百數人。內視之，巖可樹百椽屋。又有玉樹洞，一名玉乳洞，旭光一綫，上透極頂。游客至，僧卽為之指示以索錢。偽稱上為觀音菩薩，善心者能見之，否則各人所見不同，卽俗稱之一線天。峯西有白猿峯，有呼猿洞，與飛來蓮花稽留月桂稱為五峯。

15. **飛來峯**　在靈隱天竺兩山之間，近雲林寺，一名靈鷲，距岳坟六里，距茅家埠三里，晉僧慧理嘗登此，歎曰：「此是中天竺國靈鷲山之小嶺，不知何年飛來」因駐錫於此，建靈隱寺，號峯曰飛來峯。高不踰數十丈，而怪石森立，千態畢呈。不雜土壤，勢若浮懸。瘦籐古木，透寸隙而生者，皆抱石合皮，翠蕤蒙幕，冬夏常青。其下巖扃窈窕，屈曲通明，若刻若鏤。壁間滿鐫佛像，傳為元僧楊璉真珈所鐫。清朱彝尊謂：「雕鏤精緻非六朝人不能為」，今已漫漶莫辨。清聖祖有詩云：「何處飛來一塊石，嵌空巖竇作玲瓏，下臨巨澗淙淙冷，上蔭長松謖謖風」，亭頂有石梁長一丈，有翠微亭在峯半，峯東南為慈雲宮。

16. **壑雷峯**　在冷泉亭側，宋趙安撫與簄建。

17. **冷泉亭**　冷泉亭在飛來峯下，雲林寺前，依澗而立，廣不累丈，高不倍尋。山樹為蓋，巖石為屏，雲從棟生，水與階平，洵勝地也。舊有聯云：「泉自幾時冷起，峯從何處飛來」。又清左宗棠聯云：「在山本清，泉自源頭冷起；入世皆幻，峯從天外飛來」。二聯一問一答，語甚雋妙。

18. **冷泉**　在靈隱山，環飛來峯下，旁有亭，舊傳泉極深廣，可通舟楫。

19. **翠微亭**　在飛來峯半，宋韓世忠忤秦檜，解兵柄，逍遙湖上。紹興十二年，建此亭。因岳飛有登池州翠微亭詩，故以名，蓋亦隱痛之也。

20. **春淙亭**　在飛來峯路口合澗橋，貝瓊有記。

21. **飯猿台**　在飛來峯西呼猿洞口，廣丈許，高二尺。僧智一居此洞蓄猿，好事者，每來施猿食，故名。

22. **白猿峯**　在飛來峯西，慧理畜白猿於此，故名。與飛來、蓮花、稽留、月桂號為五峯。

23. **呼猿洞**　如白猿峯下，其洞有路，可通天竺。

24. **理公巖**　在靈隱山下龍泓洞口，慧理嘗偃息其下。後有僧於巖上周圍鐫佛羅漢菩薩像，慈雲法師所謂訪慧理之禪巖，即客兒之山館是也。

25. **三生石**　在下天竺寺後，相傳唐李源與僧圓澤友善，偕遊蜀中峨眉山，舟次南浦，見婦人錦福負瓮而汲，圓澤曰：此吾託身所也，婦人孕三歲矣，吾不來故不得乳，今既見，無可逃。後十三年中秋月夜，當與公相見於杭州天竺寺，至暮，澤亡而婦乳。源後十三年，自洛適杭，見葛洪川畔有牧童菱髻騎牛而歌曰：「三生石上舊精魂，賞月臨風不要論，慚愧情人遠相訪，此身雖異性常存」。歌畢拂袖入烟霞而去。寺後又有金佛洞，蓮花泉，瓔珞泉。

26. **射旭洞**　亦在理公巖，與龍泓洞通，外視之，洞可容百數人，內視之巖可樹百椽屋。回旋曲折，峯石縱橫。

27. **金沙港**　在靈隱寺側，舊名金沙澗，又以沙皆金色，故亦稱金溪。港水自合澗橋繞靈隱寺山一帶，至行春橋，折入麯院，流入湖。

28. **月桂峯**　在飛來峯西，與下天竺寺相對，相傳月中桂子嘗墜於此。

29. **稽留峯**　在靈隱山，相傳唐堯時許由隱居於此，故又名許由峯，後訛為稽留。

30. **蓮花峯**　靈隱山有孤石壁立，大三十圍，其上開散，狀似蓮花，故名。

31. **永福寺**　在雲林寺西，石筍峯下，劉宋元嘉時為琳法師講所，石香天福顏為普圓院。南宋咸淳間，敕改今額，元時稱白衲庵，萬歷間重題永福禪林。順治中，天台裔靜昭興復，旁有清瞿文慎公鴻禨墓。

32. **雲林寺**　在靈隱山麓，舊名靈隱寺，晉咸和元年，僧慧理建。元明時廢時興，清順治間僧宏禮重建，有覺皇殿，直指堂、羅漢殿、金光殿、輪藏殿、大樹堂、南鑑堂、聯燈閣、華嚴閣、青蓮閣、梵香閣、玉樹林、法華堂、萬竹樓諸勝。康熙二十八年，賜名雲林寺。其後八年間，聖祖幸凡四五次，歷賜金佛，香金及御書經卷等，並題額製詩。雍正八年，李衛倡修大雄殿，天王殿等。乾隆十六年，御題覺皇殿曰：鷲嶺龍宮，直指堂曰：滴翠披雲。咸豐辛酉，大殿燬。民國初，主僧購巨木於美洲，重建殿閣。左有羅漢堂，內奉羅漢五百尊，高與人齊，并奉宋濟顛僧像。近年新建大門廳，業已落成，規模偉大，全以水泥鋼骨建造，結構宏巍精緻。湖上諸寺，莫與之比。

33. **韜光**　在北高峯南，雲林寺西巢枸塢，有庵曰韜光庵，吳越王建，舊額曰廣嚴。唐有詩僧結庵於院之西，自號韜光。白樂天守郡，題其堂曰法安。宋大中祥符間，改今額。由雲林寺西，經岣嶁山房，上山可三四里，卽韜光庵。懸崖結屋，勢若淩空。庵後小軒，出窗磵戶，明淨無塵。有金蓮池，相傳韜光引水種金蓮處，花黃而小，葉橢圓，莖上下各一葉，異種也。頂有石樓方丈，正對錢塘江，江盡處卽海。故唐人有：「樓觀滄海日，門對浙江潮」句。世稱韜光觀海，以地勝也。今有呂祖祠，其後為呂祖煉丹台。庵左有誦芬室，清浙藩司德馨建。山後有崖，可觀江海盡處，崖下一洞，名丹崖石室。

34. **岣嶁山房**　在雲林寺左，明李用晦搆廣封楹，架迴溪絕壑之上，溪聲出閣下。高厓插天，古木蓊蔚。李奴詩，所著有岣嶁山人集。

35. **韜光泉**　由雲林寺西，經岣嶁山房，上至韜光，石磴數百級，筠篁夾植，草樹蒙密。晨曦穿漏，如行深谷中。峯高百盤，流泉數十折。山僧刳竹引泉，隨曲折磴道，達於山廚。水聲崢嶸，有若絃索，因名曰韜光泉。其徑卽曰韜光徑，可三四里，乃達於庵。

36. **烏石峯**　在韜光庵頂，高與北高峯埒，黑色，故名。

37. **石筍峯**　一名卓筆峯在烏石峯之半山，高數十丈，圓峭特立。

38. **北高峯**　在雲林寺後，靈隱山左支之最高者，與南高峯遙相對峙，時露雙尖，望之如鍤，所謂：「雙峯插雲」者是。自下至頂，凡九百二十丈，石磴逾千級，曲折三十六灣，羣山屏列。湖水鏡浮，遙望之江，如匹練新濯。峯頂舊有浮屠七城，今圮。有靈順廟，在峯之絕頂，祀五顯神。廟後有平台，台上有石松一株，千年以上物，洪楊時燬。峯西有烏石峯，亦名資岩山，高與北高峯埒，下接龍門山。

39. **天竺山** 為晉葛仙翁得道之所，自靈鷲至上竺，郎當嶺止，周數十里，岩壑尤美。下竺寺後諸岩洞，嵌空玲瓏，不可名狀。林木皆自岩谷拔起，不土而生。石間唐宋人題名，不可殫記。峯巒迴合，為全湖最幽深處。入下竺過中竺至上竺而止，上中下三天竺寺皆供奉觀音大士，上天竺寺旁遍設香燭店及逆旅，營業者釋門弟子。春時香客麕集，最熱鬧。舊曆六月十九為觀音誕，先於十八夜進香，女士傾城而至，已相沿成習慣矣。

40. **下天竺** 在雲林寺南，由飛來峯至此，僅里餘，晉僧慧理建，初名繙經院，後屢有興廢。清康熙三十八年，聖祖南巡臨幸，賜帑重建。乾隆二十七年高宗賜額曰法鏡寺。咸豐之季，燬於兵燹。光緒八年重建。寺後有金佛洞，三生石，蓮花泉諸岩洞。嵌空玲瓏，瑩滑清潤，如虬龍瑞鳳，層華吐萼，皺瞉疊浪。寺之對面，有月桂峯，多桂，花白實丹，宋之問題「桂子月中落」謂此。有香林洞日月岩，晉謝靈運翻經台，右為蓮華峯。

41. **中天竺** 在稽留峯北，距下天竺僅里餘，與永清塢相對。隋開皇十七年，僧室掌從西域來，入定建立道場。清康熙三十八年，聖祖賜帑重修。四十二年賜書，靈竺慈緣額，乾隆三十年，高宗南巡賜法淨寺額。咸豐間燬，同治復興。寺東北為楓木塢，西為中印峯，以寶掌乃西域之印度之中印人得名。

42. **上天竺** 在北高峯麓，白雲峯下，與乳竇峯相對。昔吳越武懿王夢白衣人求治其居，乃開路築基，卽地刱佛廬，號天竺看經院，後移今所。宋考宗改院為寺，清乾隆十六年，高宗南巡，題名額曰法喜寺，後殿額曰，寶院飛觀。咸豐辛酉燬。同治初，布政使蔣益澧重建大殿。光緒間，蘇藩聶緝椝倡捐重修號資巨萬，香火之盛，不下普陀，而寺宇宏麗，為三天竺冠。寺右為中印峯，峯半有天香岩，峯連楓樹嶺善住峯。寺南乳竇峯，懸乳如指，甘和可愛。北為白雲峯，峯下有白雲泉。峯陽為琴岡，陰為烏石岩，右轉為雙檜峯，為靈隱塢。塢後為幽淙嶺，為郎當嶺巉石齒齒，郎當嶺削障臨淙，頗不易上。上為天門山，南北兩山之祖也。自此東通龍井，南達五雲。

43. **郎當嶺** 在幽淙嶺上，又名捫壁嶺，上為天門山，東通龍井，南通五雲，左迫峭嶂，右臨深溪。緣木攀蘿，方可舉趾，故稱郎當嶺。

44. **猢猻嶺** 猢猻嶺在幽淙嶺下，舊多猢猻，故名。

45. **天門山** 於北高峯後，雙峯峭立，高與雲齊，故曰天門，為南北兩山之祖。

5. 南山一帶

南山一帶，起自南屏，次為九曜，赤山，石屋，南高峯，靈石山，棋盤山，天馬山，獅子峯，理安山，其他如丁家山，萬松嶺，五雲山，昔本歸於南山區內，但丁家山在湖濱，故列入沿湖區內。至於五雲山萬松嶺橫亙江邊，應歸於江干區。今將南山一帶諸勝蹟，分述於下。

1 南屏山	2 接引洞	3 方家峪	4 蓮花峯
5 慈雲嶺	6 八卦田	7 登雲觀	8 玉皇山
9 梯雲嶺	10 九曜山	11 華津洞	12 石屋嶺
13 石屋寺	14 石屋洞	15 淨梵寺	16 大慈山
17 定慧寺	18 虎跑泉	19 濟祖塔院	20 襲慶寺
21 真珠泉	22 滿覺隴	23 水樂洞	24 烟霞洞
25 烟霞寺	26 楊梅嶺	27 理安山	28 理安寺
29 九溪十八澗	30 獅子峯	31 龍井山	32 龍井寺
33 龍井泉	34 翁家山	35 南高峯	36 榮國寺
37 法相寺	38 風篁嶺	39 鷄籠山	40 棋盤山
41 天馬山	42 靈石山		

1. **南屏山**　九曜山分支也，一名佛國山，在清波門外西南，九曜山東。怪石秀聳，峯巒玲瓏，中穿一洞，上有石壁，若屏障然。山四十餘丈，延袤可八里許。山頂為慧日峯，峯旁有羅漢洞，壁鏤大士像十六，叢石班剝，今不可辨。峯下有歡喜岩，兩石離立，相對若老人邂逅狀。其一巨首，如戴笠，頷下鏤小佛像三，眉睫剝落，崖上題，漶不可辨矣。
2. **接引洞**　在蓮華峯北麓，洞口寬敞，洞口怪壑盤立，屈曲有致。洞左岩石，間有細徑，緣徑而上，復有一小洞，中供小佛一尊。
3. **方家峪**　在南屏山之南，與梯雲慈雲二嶺通。
4. **蓮花峯**　在玉皇山之東北，為一平地突起之小峯，在玉皇山頂觀此，四面玲瓏，岩石重疊，宛如蓮花，故名。
5. **慈雲嶺**　當玉皇山與鳳凰山之間，通方家峪，接近南屏，由此可達江干，厓有是越國王題名四十九字。靈化洞，在其巔，深百餘步，闊十餘丈，有吳越國王題名二十九字。下為天龍寺，寺後崖壁鐫般若心經，其左右洞，鐫繞雲洞三字。

6. **八卦田**　在城南天龍寺下，中阜規元作八卦狀，俗稱九宮八卦田。
7. **登雲觀**　在玉皇山中間，為玉皇山頂至八卦田必經之處，香火頗盛。
8. **玉皇山**　亦稱育玉，山徑盤旋，石壁尖聳，登頂可覽江湖之勝。山頂有玉皇山宮，七星缸，同治後建。七星缸者，清雍正間李衛以杭多火患，形家謂此山為離龍之祖，乃於山腰創置鐵缸七，做北斗星象排列，外鑄符籙，朔望省視缸水，宿則注滿，蓋取用坎制離之義。七星缸之下有飛龍洞，洞由上而下，深窈莫測，相傳與安徽歙縣諸山相通。
9. **梯雲嶺**　在玉皇九曜兩山之間，舊有石磴甚峻絕，今則石磴已圮。徑窄而仄，頗不易登。沿徑風景，頗足瀏覽。近則九曜玉皇聳峙兩旁，遠則之江曲流如帶，惟因徑小，遊蹤罕至。嶺巔有洞，低窪異常。
10. **九曜山**　在南高峯東南，東為南屏山，西為赤山，互相聯屬，舊有九曜星君殿，故名。山雖大而勝跡少。其西南卽太子灣，灣旁為錢糧司嶺、宋莊文、景獻二邸攢園，故名。錢糧司嶺為是越玉建司於此，以徵山課。自城來遊南山者，必取道於是山。山東為仙人洞，卽幽居洞。
11. **華津洞**　在方家峪西南，岩石靚深，石色秀異如翠螺蒼玉。中有十八尊羅漢，洞口有清泉，野花奇麗，雖夏月登臨，亦寒砭肌骨。厥景蕭幽，殆勝煙霞石屋，惜知者尠耳。

12. **石屋嶺**　在九曜山西南，自太子灣折西南卽至。上有石屋亭，全湖在望。

13. **石屋寺**　在石屋嶺下，亦名大仁寺，清咸豐間燬，後重建。存彌勒佛一尊，重六百斤，傳為宋鑄。

14. **石屋洞**　在石屋寺內，迤二丈六尺，狀如軒榭，較煙霞為虛朗。舊鐫小羅漢五百十六尊，洪楊之役，頭盡毀。洞後一穴，上寬下窄，署曰滄海浮螺。旁有小洞僅容一人，曰乾坤洞，如傳宋高宗嘗至此小坐。旁洞曰青龍，曰伏虎岩，較大而幽黝。石屋洞後有蝙蝠洞，內多蝙蝠，故名。宋建炎間，里人避兵於中，可容數百人。

15. **淨梵寺**　在瑞峯塢，當煙霞石屋之間，距石屋寺約半里，吳越王建。初名陽峯，大中祥符，初改今額，明末燬。至清光緒間，有蜀僧慈雲至此，興建佛殿，遂復舊觀。三面環山，四回繞竹，極幽靜，與石屋亭遙對。寺前可望西湖城市之一部分，有小溪曲流寺前，琤琮可愛。

16. **大慈山**　在九曜山西南，圓岡雙峙，形若覆釜。武林諸山，自九曜山而南，山勢翔舞，石筍鱗次，至大慈山前松杉碁布。山色蒼蔚，中峯巃起，旁舒兩翼，具龜蛇旗鼓狀。北為錢糧司嶺上有甘露寺，內有甘露泉、虎跑之餘脈也。東為屏風山，形似屏障，翠靄浥人。南為白鶴峯，其形似鶴，故名。其鳴為樵歌嶺，一名五字嶺。

17. **定慧寺** 在大慈山白鶴峯下，唐元和十四年僧欽山建，各資度，繼改大慈。時僧寰中，居此，苦於乏水，忽夢神告曰，南嶽有童子泉，當遣二虎移來，師無憂也。翌日，果見二虎跑地作穴，泉遂湧出，因以名寺。乾符間，敕加定慧二字，後屢有興廢。清聖祖南巡，兩幸寺中，賜金剛。咸豐辛酉燬，光緒十五年重建。有滴翠軒，景最勝。寺右有湖隱禪院，寺外山門頗宏壯。寺右有羅漢亭，亭壁徧鐫羅漢，繪工頗佳，雕刻頗細。

18. **虎跑泉** 清洌而甘，雖與龍井玉泉齊名，而實為諸泉冠。據傳昔有二虎跑地作穴，泉遂湧出，故稱。內鑿三井，上覆亭廡，均可取泉。其最上者較深廣，樹御書碑於前，清聖祖題詩，有：「似恐被人頻汲取，一泓清迴出山坳」之句。其水之成分，特厚，故遊者往往作奇玩。其法取碗一盛冷水與碗口平，碗之外面須乾燥無水漬，再以銅元逐一輕輕投入，至五六十枚以上之多，水尚未見溢出碗外，祇見碗口上水面穹突呈弧狀，與普通水頗異，誠奇觀也。

19. **濟祖塔院** 在定慧寺右，民國十三年造塔記濟顛僧神異之事，即紫金異兆，靈鷲落髮，古井仙踪，普度生靈，歸真遺跡等，記之甚詳。

20. **襲慶寺** 距定慧寺約半里，中隔樵歌嶺寺適當嶺下，昔甚宏廣，今廢僅遺空址。嶺在大慈山之塢，一名五字嶺。

21. **真珠泉** 在樵歌嶺，清洌不讓虎跑，池中聞剝啄聲，則泉益湧，疊疊如貫，故名。

22. **滿覺隴**　在楊梅嶺下，翁家山曲塢內，有村集，多桂。每至秋初，金粟成陣，如入衆香國，故有金雪之稱。翁家山，楊梅嶺一帶亦如之。綿延四五里，有匏庵，為明錢塘吳名溢廬之所，中有勝閣，灣流繞之。

23. **水樂洞**　在南高峯西，烟霞嶺下，有洞雙啟，空若大厦。泉發左瀉右遞，觸石齒鏗鏘可聽。味清甘可與龍井並驅，宋賈似道疏理之，近加修理，整潔可愛。洞很深，略折曲，可數十步而達底泉水滾滾湧出，其聲頗可聽，真水樂也。惟其中黑暗如午夜，遊者進有僧以燈導之。中有一石中空隆，以木叩之，如鳴大鼓，故名石鼓。洞口題刊甚多，有點石庵，亦稱水樂寺在洞左；中有缸，初嵌於石，久與石併，名萬年缸。

24. **煙霞洞**　當南高峯下，晉僧彌洪結庵近地，發見此勝，時洞中已有羅漢石像六尊，吳越王補鐫十二尊，合成十八，後又補鐫大佛彌勒，觀音諸像，兩旁名人題刻甚多。鐘乳涔滴，虛朗清涼，可布几筵。進則幽暗，莫測所窮，宜於春夏間往遊。洞旁石龕舊鐫財神像，清光緒間改鑿東坡像，顏曰蘇龕。洞口有千官塔，洞外一碑，有煙霞此地多。洞前有石門，刻有二字曰仙岩。洞頂環甃石梁，上建高閣，顏曰呼嵩，近俯諸山，遠吞江海，別有臥獅，吸江，陟屺，諸亭。因山高下，湖中諸洞，幽古莫逾於此。洞上石壁對立，廣高各數丈，是曰聯峯，有董其昌，陳繼儒等留題。有佛手岩，岩石森秀，勢若倒垂。有石筍五枝，指列狀，壁上有東坡題刻，旁有岩，曰落石，象鼻。

25. **煙霞寺** 亦名清修寺，經清咸豐兵役，日就荒蕪。光緒間，閩僧學信募資修葺，沿磴道栽梅數千本，更樹坊於路旁，顏曰煙霞古洞。寺中初無齋供，陳設雅潔，近則多所興築，名勝復顯。又以素肴清潔，聞於湖上。

26. **楊梅嶺** 在煙霞嶺南，楊梅塢在其下，山徑甚平坦，可自煙霞嶺直達理安山，與翁家山毗連，在南高峯南。凡自風篁嶺至九溪理安者，輒取道於此，羣山包絡，石徑參差，竹木掩映，居室櫛比。

27. **理安山** 在九溪東北岸中峯為大人峯，亦稱大鵬，迴象峯在右，獅子峯在左。大人峯之最高處，有先照壇，且住崖在其東，迴象峯於諸峯為最勝。有合掌岩，鹿臥崖，問虎洞諸蹟，宏法塢當理安寺之東，稍南為八角峯，為馬鞍山。溪之西，為百丈塢。

28. **理安寺** 在理安山麓，九溪東北岸，可通風篁嶺，煙霞嶺江干等處，古稱涌泉禪院，亦名法雨寺，吳越王建。宋理宗時，以祝國泰民安，改名理安。明弘治四年，龍井山洪暴發，寺廢，萬歷重建，清康熙五十三年，以僧衆產薄不支，主僧超徹竟餒死，聖祖乃發帑重建，僧寺山千畝，齋田二百餘畝，命僧性音主之，並題賜理安寺及石磬正音二額。佛像巨鍾，十寶供器，皆內府置造。雍正時，頒慈悲自在扁額。高宗六次巡幸，亦賜扁額詩章。咸豐辛酉兵燬，光緒八年重修。寺內藏有舍利子，作鐘鈴形，謂靜觀有異彩。又有貝葉經五張，來自印度錫蘭，為郡人丁立誠施捨。法雨泉在禪堂法雨岩下，岩宛轉復居洞室，石泉下洒，洒空成雨，匯為清池，可鑑毛髮。壁上鐫滯滴歸源四字，其泉實超虎跑龍井之上。旁有積舍，曰白雲谷，松巔閣，据全寺之勝。在寺後崖上山門外，有經塔一座，吳興周慶雲為其母董太夫人藏經而築。

29. **九溪十八澗**　在龍井之南，煙霞嶺之西南，發源於楊梅嶺，南通徐村而出於錢塘。九溪者由青灣，宏法、豬頭、方家、佛石、百丈、唐家、小康、九水合成，故名，十八澗者，卽九溪之支流。當其穿繞林麓，幷括細流，不知凡幾，約而舉之，乃以十八為數，言其倍於九也。沿途小徑屈曲，峯巒夾峙，流泉琤琮，篁楠交翠。春夏之交，萬綠叢中，山花放蕊，異草流馨，鶯形蝶舞，幽麗難以畢狀。雨後水瀉若飛瀑，尤為可觀。西湖岩壑之美，實無過於此。惟歷涉維艱，非健步者多不願往耳。其東北為翁家山，下為滿覺隴，又東北為理安山，東南為螺髻峯，南為八角峯，為馬鞍山，西為百丈塢。

30. **獅子峯**　在老龍井後，天竺，乳竇峯右，勢若蹲獅，最為高峻，靈竺諸峯，皆拜其下元伯顏嘗登此峯，以窺臨安形勢。最上天門山，峯旁過天竺路，為楊梅塢，為龍井，至天竺必徑之路也。

31. **龍井山**　亦老稱龍井，在獅子峯下，幽僻清奥，杳出塵寰，為南山最深處。有水一泓，寒碧異常，泯泯叢薄間。其地產茶，即稱龍井。有雨前明前之別，浙江特產也，遠近珍之。

32. **龍井寺** 在風篁嶺下，舊名壽聖院，去龍井里許。明正統間，移建井旁，即以井為名。清高宗臨幸，題寺額曰不著一相。咸豐間燬，後由寺僧募資重建，並增江湖一勺亭，飲山淥閣諸勝，又於客室備置籐椅，茶點清潔，以鈞遊客。名人題詠，以董其昌書為多。

33. **龍泉井** 本名龍泓，其流自深山亂石中出，與幽花野草，延緣山磴間，甘冽異常。昔人嘗甃小圓池，下為方池承之。經寺旁層岩壁立，作飛瀑傾瀉。對門為八角亭，可以觀瀑。有振鷺澗，聽泉亭在左，井旁有神運石，高六尺許，石下為玉泓池。左為茶坡，再左有一片雲，滌心沼，寺右垣外，有鉢池。自龍泓陟磴南上，夾道秀石森峭，巒翠欲滴，稱碧螺峯，翠峯閣建其上。閣後有崖，宛如屏，越嶺為暉落塢，岩壑幽奥，林樾蔽虧。有水在叢薄間，寒碧異常，曰冲泉。清乾隆間，御題過溪亭，滌心沼，一片雲，風篁嶺，方圓庵龍泓澗，神運石，翠峯閣八額，號稱龍井八景。

34. **翁家山** 在南高峯南與楊梅嶺毗連，凡自風皇嶺至九溪理安者，輒道於此。羣山包絡，石磴參差，屋廬數百，竹木掩映，地宜桂，秋時如入衆香國也。

35. **南高峯** 在九曜山西北，與北高峯對峙，屋一千六百丈，覽浙江如帶，瞰西湖如杯。舊有塔七級，觸電燬，今存殘基。山椒有巨石，名先照壇，日月始井，得景獨先。山腰有石筍躍起，架虛壁立，有池畜水，大旱不涸。下為天池洞，深邃不可以測。右有山竇，外僅六尺，漸進漸廣，可容千人，曰千人洞。相傳昔有寇難，里人多避於此。上百步許，有無門洞，深丈許，鐫羅漢十六，峭石巉岩，可視不可登。峯上有法華泉，鉢盂潭，白龍洞，洞下有五老峯，劉公泉，穎川泉。其北麓有白雲窩樓，樓西為流觀台，台下洞壑窈窕，泉出其間。匯為深池飛珠濺玉滴崖石，作琴筑聲。得平壤數弓，為堂三楹，曰留餘崖，乃清高宗題額。近支有三台山，在小麥嶺南，東為玉岑，赤山，三峯巖峙，中尊旁翼，圓秀如畫，俗稱中寺，左台，右台，是也。其下為八盤嶺穎秀塢，玉岑則孤峯秀拔，層巒繚繞，中有古木倒植，森翠凌冬，崖上鐫玉岑二字。

36. **榮國寺**　在南高峯上，晉天福中建，元時係塔院，奉白龍王祠，寺後有白龍洞，寺內有玉佛二十餘尊，高尺餘，晶瑩可愛。

37. **法相寺**　在穎秀塢，舊名長耳相，後改今額。咸豐間燬，後重建，僧法真遺蛻在焉。法真耳長九寸，號長耳和尚，又號定光佛，婦人之遊寺者，輒撫漆身，謂為宜男，故寺之香火甚盛。寺側有橋亭，近人陳仁先等刱建。亭前有古樟，千年物也。近山有法相寺亭，亭西沿塢上為定光庵。亭有水，飛洒如珠，曰錫杖泉，宋治平間僧道定與弟道翔道定偕至杭，宣為六通寺開山祖，翊為上天竺開山，定為法相寺開山，時號僧中三鳳。

38. **風篁嶺**　在靈石山西南，嶺最高峻，修篁怪石，風韻蕭疏，林壑深沈，流水活活，自龍井而下，四時不絕。宋元豐間，刪除潔治，名曰風篁，自茅家埠取道至此，先見過溪橋，橋上過谿亭，亦名二老亭，下有方池承龍井澗水，歷石級數百，乃達龍井寺。

39. **鷄籠山**　在龍井風篁嶺側，高而圓，若鷄籠然。遠樹亭亭，望若車蓋。四山闃寂，虎豹窟藏，以是遊者特罕旁為鵶難峯，金鐘峯，馬婆峯。

40. **棋盤山**　在鳳篁嶺北，山頂有，方石，舊傳丹砂為局，子分黑白，今已漫漶。路甚寬，惟石磴傾斜光滑，頗不易登，山頂有某氏新建之別墅，江湖之勝，皆可環眺，西下則篁楠葱翠，其景尤勝，可通天竺。

41. **天馬山**　卽靈石山之主巒也，此山之麓，草木豐茂，吳越南宋皆嘗牧馬於此，故其地舊名，曰放馬場。

42. **靈石山**　在小麥嶺西南，丁家山後，一名積慶山，亦名靈石塢。因山石嘗見光怪，故名。凡錢塘城邑江湖之勝，皆在几席，乃南北兩岸中之最高一山也。下有君子天一二泉，西有支徑，可通大麥嶺，山有三大巒，中一巒最高，舊呼馬鞍山，今呼天馬山，實靈石主山也。右巒曰積慶山，左巒曰棋盤山，下為鷄籠山。山麓有明大學士張居正墓，丁丙表之，周五六里，林路深窈，遊屐罕至。樵子多往來其間，元人以靈石樵歌，為錢塘八景之一，已詳述於前。

乙、城市區

城市區即指舊杭州城區而言，昔日外來遊西湖者，其主要目的，在西湖名勝，而往往忽略城市區。其實城市，不患無勝景也，城南隅有吳山，雲居山，紫陽山之蟠結，廟宇櫛比，崖石奇突，不亞於西湖諸山。新市場之熱鬧，三元，坊保佑坊，清河坊等之繁盛，全市居民，日常生活所需者均賴之。武林門之公路汽車總站，將來全省公路網計劃實現，全省長途汽車均集中於此，其繁盛之象，非可預料也。今擇其主要勝跡，詳考於下：

1 螺螄山	2 吳山	3 神霄雷院	4 十二峯
5 城隍廟	6 藥王廟	7 寶月山	8 伍公山
9 寶蓮山	10 紫陽山	11 七寶山	12 七寶峯
13 清平山	14 雲居山	15 雲居聖水寺	16 熱鬧市
17 吳山井	18 萬菊園	19 城站公園	

1. **螺螄山**　亦稱螺子峯，在吳山背，寶月山西。曲逕盤旋，故名。地當吳山之半，高不迮風，低不障景。拾級望湖，猶倚翠屏而臨明鏡。山南為鐵冶嶺，元楊維楨讀書於此，因更號鐵崖。有小蓮壺，草玄閣，清李笠翁畫芥子園亦在焉，東北為郭婆井。

2. **吳山**　在西湖東南，吳人憫子胥以忠諫死，為立祠江上，故舊名為胥山。山上多城隍廟，故俗名城隍山。其稱為吳山者，因春秋時為吳南界，以別於越之故，實南山餘脈也。入清波鳳山二門之間，蔓延於城南隅，與城外萬松嶺，鳳凰山相接。自城內大井巷，十五奎巷，清波門，塔兒頭東等處皆可登山。奇崿危峯，古蹟尤多。憑高環眺，煙火萬家，在指顧間，左江右湖，悉在眼底。省城隍廟在其中位，左右各里許，廟宇接毗，若東嶽，太歲，藥王，關帝，白衣，府城隍，魯班，火神等廟，雷祖，財神，聖帝等殿，皆在焉。舊曆正月，香火甚盛。看相，占卦，小玩藝，賣玩具者紛至沓來，途為之塞。府城隍廟左有倉聖祠，趙公祠，祀清趙恭毅公申喬，阮公祠祀清阮文達公元，王壯愍公祠，祀清浙撫王有齡，又有馬葛二公祠。

3. **神霄雷院**　在吳山北，舊名玉樞道院，清同治間燬，巡撫楊昌濬重建，其旁有太歲廟，王壯愍公祠。

4. **十二峯**　在吳山火德廟內，有石十二，平地舉起，玲瓏瘦削，高者近丈，低者近三四尺，如山峯離立，各以形象名之。曰筆架，香爐，棋盤，象鼻，玉筍，龜息，盤龍，劍泉，牛眠，舞鶴，鳴鳳，伏虎。俗稱巫山十二峯，清李衛建亭，題曰「巫峽峯青」今圮。

5. **城隍廟**　有省城隍廟與府城隍廟之別。省城隍廟，在吳山趙公祠，宋紹興間，自鳳凰山徙此，神周姓，明浙江按察司也，廟右有酒仙殿，財神殿，葛仙殿，月下老人祠。府城隍廟在祠右。

6. **藥王廟**　在府城隍廟左，舊名惠應觀，相傳縣故有皮場鎮，萃河北皮鞹蒸潰產蝎，螫人輒死。時張森為場庫吏，素敬事神農氏，禱神殺蝎。張為漢相州湯陰人，及南宋時有人攜其至杭，遂立廟祀之。

7. **寶月山**　一名天井山，在吳山北。山下有寶月寺，因得名。烏龍潭在寺西，晴天時潭水碧綠，將雨則先一日變黑，居人以此卜驗。山接近清波門，伍公山，峨嵋在其東。

8. **伍公山** 在吳山東北，接近大街，上有伍公廟，祀吳伍員。清高宗題廟額曰靈依素練。舊傳江塘海堤，賴神默佑，故代有封號。西南有海會寺，南宋以來古剎也。旁有嵆公祠，祀清浙撫嵆駿，西有中興觀，至德觀，吳山井在其下，山西為峨嵋山，與寶月山並，彎環若眉，故名。稍東為淺山，俗呼管米山。有崇義祠，祀咸豐時殉難者。山側有漾沙坑，北有人眼井，中有宋石幢，止水池，峨嵋山館，夕照樓，葵向亭，金粟堆，梅坡，方竹坪八景，今穢敗不堪，不可卒登。

9. **寶蓮山** 在瑞石山東，有金星洞重陽庵，為清阮文達公祠。青衣洞，相傳昔人行至洞口，見有青衣童子，問之不應，良久入洞，逐之不見，但聞風雨聲，悚慄而出，遂名青衣洞。洞口有青衣泉，淅淅出石罅，清瑩可鑒毛髮。有寶成寺，寺壁鑿麻曷葛剌佛像，獰惡可怖。寺左近有瑞石泉，感化岩，蘇東坡感化岩詩石刻，今猶存，上為石觀音閣。

10. **紫陽山** 一名瑞石山，在吳山東南。山有紫陽庵，元徐洞陽建，故俗稱紫陽山。秀石玲瓏，岩竇窈窱，寒泉涓滴，匯為澄泓，湖山隩區也，多古跡。自城中城隍牌樓隨山麓遵徑而上，曰尋真路，石壁鐫，第一山，紫陽洞天。近壁高阜曰採芝岩。下為滌凡池，北折而下，為歸雲洞。從洞口左折，為橐駝峯，峯尤奇峭。復折而西為紫陽庵，庵側有紫陽洞，又有巨嵌空曰飛來石；迤南為丁仙閣，丁名元號野鶴，元時棄俗全真於紫陽庵，有仙蹟。今閣與庵併而為一，由銀行中人經管，如別墅然，無香火。

11. **七寶山**　在白馬巷西，吳山之南，以七寶寺得名，寺為吳越王建，名上方多福，後改今名。絕頂石面砥平，號大觀台，清聖祖題詩云：「左控長江右控湖，萬家煙火接康衢。」二語實盡吳山全景。南為七寶峯，又有坎卦壇，汪王廟，祀唐節度使汪華。西麓為青霞洞，龍神廟，寶奎寺，東麓為三茅甯壽觀，本三茅堂，宋紹興間，賜額太元，後改今名。清洪楊時燬，光緒間，道士周鳳鳴結茅於此，其徒沈守道募資重建。舊藏軒轅鏡，宋鼎唐銓，褚遂良書小字陰符經，吳道子南方星君像，宋徽宗畫茅君像，有三仙閣及石龍泉。又東有通元觀，宋紹興間內史劉敖棄官修真結庵於此而居焉。白鹿泉，及開寶仁王寺亦宋紹興間所建。

12. **七寶峯**　在七寶山南，為城中觀潮最勝處，壁刻吳山第一峯五大字。

13. **清平山**　在七寶山東南，翠石崚崚，竹木森秀，有開元寺，唐以來古剎也。又有壽春，妙峯二庵。

14. **雲居山**　在城西，當清平山之陽，與城外萬松嶺接，頗稱佳境，舊多松。山上有雲居聖水二寺，其頂為楓嶺，以楓葉擅名，其麓為錢塘門遺址。

15. **雲居聖水寺**　在雲居山上，宋元祐間，僧了元建雲居庵，元元貞間，僧明本建聖水庵，明洪武二十四年，幷聖水於雲居，賜額曰：雲居聖水禪寺。寺有中峯髮塔麻鞋，趙文敏書淨土詩碑，又有三佛泉，萬佛閣，松樂泉，超然台，振衣亭，朝陽洞，呂字岩，三台石，海棠石，聖水岩，龜石，眠牛石諸勝，成化間僧文紳修復，清康熙五十三年重建。

16. **熱鬧市**　城區熱鬧市在新市場，以延齡路為最著。路面廣平，大旅館飲食店林立。湖濱路沿湖爽豁，多大旅館，並行於延齡。此外橫者如迎紫，花市，仁路，平海，亦甚熱鬧。大街有貫南北之清和坊，太平坊，保佑坊，三元坊等，銀行巨肆，均蝟集於此，城中最繁盛之區也。橫者有城站通至新市場中間之薦橋街，及其北聯橋至菜市橋一帶，亦商業中樞也。

17. **吳山井**　在吳山北，卽俗呼大井，周四丈，舊所謂吳山第一泉者是。有巷曰大井巷，井旁供神，舊傳井內有真龍王，不能使之見燈燭，否則杭城必遭奇災。故井前有柵門，入晚卽關鎖，天明始啟。一日之中，汲運者異常擁擠。杭市上中城，大都飲料，多取於此。無乾涸之際，蓋山脈融液，獨源所鍾，不謀江湖之水，故泓深瑩潔，異於衆泉。

18. **萬菊園**　在南城脚下，錢王祠旁，本湖濱一荒地，經邑人張又萊君購得，專以栽培菊花得名。張君幼好藝菊，比長嗜益篤，雖宦遊勿輟。洎來湖山，拓舍疏籬，益寄情於培溉。聞有異本，必力致之。厭飫從容，漸與性會，由是自出新意，或更其色，或變其華，敷植蕃衍，曲侔造物，計有珍品五六百種之多。每多深秋，叢菊盛開喧動里閈。去春張君去世，將菊贈諸杭州市政府，繼續栽培之。

19. **城站公園**　在火車站之北，郵政管理局之東，最近新闢之公園也。城站地在杭城東部，昔日新市場未興之際，滬杭鐵路通車以後，杭州市面之熱鬧，均在城站路及羊市街一帶。今則一落千丈。杭州市府為增進該區居民興趣及點綴城站風景起見，圍地數十畝，設亭置椅，植花卉而建此園。

丙、江干區

江干區以西湖之南，鳳山門外西南，直至雲棲范村沿江一帶之勝跡屬之。鳳凰山與五雲山，或可劃入西湖南山一帶，但二山均靠峙江干，故亦列入本區。茲將擇其要者，詳述於下：

1 萬松嶺	2 雙節墳	3 鳳凰山	4 勝果寺
5 三廊廟	6 閘口	7 開化寺	8 六和塔
9 月輪山	10 之江大學	11 徐村	12 五雲山
13 真際院	14 雲棲	15 范村	

1. **萬松嶺**　在鳳山門外，鳳凰山北，北與城內雲居山接。其初本夾道栽松，故稱萬松嶺。天風戛擊，時與江上潮聲相應答，故有鳳嶺松濤勝景之稱。南宋後平為大道，松無存。清雍正八年，補植萬株，以復舊觀，歲久又復漸少矣。民國以後，拱三段公路汽車，初由此徑，後感山坡高度過甚，行車殊多不便，今改由城中大街經過。嶺舊有敷文書院，今廢。嶺之西南有將台山，今模範森林在焉。山後即鳳凰山，省府當局以此嶺附近，劃為中山紀念林區，每當植樹佳節，各學校團體機關，前往植樹者

頗多。十數年後之風景，當較勝於今也。

2. **雙節墳** 在萬松嶺西麓，俗稱雙吊墳。舊傳清嘉慶間，大興雀升偕妻陳氏，至杭投親不遇，相縊於此。時人感其節義，遂幷葬也。

3. **鳳凰山** 在鳳山門外萬松嶺南，東為南屏山，惟不相連，跨越甚廣，兩翅軒翥。左薄湖滸，右掠江濱，形若飛鳳，與龍山並稱。晉郭璞所謂龍飛鳳舞者是。山東麓為大內所在，今山上有福壽宮，宮門前有慈雲亭院。有井深四五丈，水至清，井上有橋，欄鐫「九天瀛洲接音仙池」八字。上有慈雲洞，八蟠嶺，在山後有鳳山泉，上左翼有報國寺即南宋垂拱殿，有鳳麓映壁二庵。東為迴峯山界，亭下有金星洞，蘇長公曾作銘，山頂有雙髻峯，上有石如方雲，拔地數丈。巔有一亭，曰月岩，中秋時月穿竅而出，餘時則否。極頂則石筍崚嶒，兩俏排立，名曰排衙石。月岩之左為中峯，峯後有放光石，通明洞則在中峯亭下。

4. **勝果寺** 在中峯頂，一作崇聖，亦作聖果，創於隋，興於唐，南宋闢為禁苑，後燬。至宋南渡後，徙寺包家山，元還故址。清高宗題江湖曠覽及澄觀堂二額。其地背山臨水，風景殊勝。且左右多桃，故有勝果桃之稱。郭公泉在寺側，泉下有石如掌平，名醉臥石。西有歸雲洞，有濯雲石，上有一岩曰雲垂，寺後有三石佛，今千佛閣遺影是也。

5. **三廊廟** 在鳳山門外南星橋之東南，為兩浙交通之要道，臨錢塘江邊，帆檣林立，頗形繁盛。錢江航綫各輪船公司均設於此。南北往來，每日由此渡江者以數萬計，近為市行公路汽車之終點，新築杭江鐵路之起站。對渡卽蕭山縣之西興，建浙江第一碼頭及水泥鋼筋大橋以利交通，浙江建設工程之最大者。

6. **閘口**　在城外，錢塘江濱，距三廊廟西南約三里許。沿江與三廊廟相連，總稱曰江干，滬杭甬鐵路之滬杭段終點，有支線通拱宸橋，將來在計劃中之錢江大鐵橋，以此為基。杭江鐵路渡江後，卽過此繞西湖經赤山埠、茅家埠、洪春橋、松木場、至艮山站外接滬杭鐵路。

7. **開化寺**　為六和塔之塔院，舊名壽甯院，僧延壽建，後燬，僧智曇重建，改名開化教寺，歲久復圮。清雍正十三年重建，乾隆十六年，御題「淨宇江天」四字額。光緒間，朱智捐資修之，或稱月輪寺，又曰六和寺，寺有金魚池秀江亭，砂井山。

8. **六和塔**　在月輪山頂，或稱六合塔。宋開寶三年。知覺禪師延壽始於錢氏南果園開山建塔，卽其地構寺，以鎮江潮，凡九級，高五十餘丈，中藏舍利，後燬。紹興十二年重建，二十六年僧智曇因故基成之，七級而止。闌楯網鐸，面面開敞，有磴可登。環壁刊經及佛，為作鎮山川之助。元明以來，屢燬屢修。清雍正十三年，發帑重建。乾隆十六年，高宗南巡，御製塔記，復於塔之七層各書一額。一、初地堅固。二、二諦俱融。三、三明淨域。四、四天寶網。五、五雲扶蓋。六、六鼇負戴。七、七寶莊嚴。登山遙望，隔江峯巒，晴光掩映。

9. **月輪山**　尨山之支阜也。在尨山西南，去江干三里許，與大慈山相距僅二里。以其形圓如月，故名。有逕可通虎跑，山頂有六和塔，山麓有停雲亭，迤北有駕濤仙館。邑人王錫榮別業，瀕江為屋，一如西制。士夫往來於其地者，或就憩，或宴會，蓋江干莊墅，惟此而已。

10. **之江大學**　今稱之江文理學院，為美人所辦，位於杭州南郊閘口之秦望山上，創於清道光二十五年，即西歷一八四五年，在甯波，一八六七年，遷至杭州城內。增高程度，提倡科學教育。一九一〇年，更事擴充，購地數百畝於江干六和塔之西，建築校舍，增設大學科程。一九二八年秋，國軍底定浙江後，有收回國有之議而停辦，次年設法恢復，力加整頓擴充，呈請教育部立案。以地臨錢塘江，挾六和塔，背山面水，風景清幽。院內園地，遍植花木。鐵路汽車，往來交通，極稱便利。遊客過此者，無不讚為絕妙環境。浙教育廳長陳布雷先生曾云：該院依山臨水，壯美優美，兼而有之，謂為中華之最優美學府，良非虛語。凡親歷斯境者，當益信此言之不謬。蓋該院院址在世界大學以美著名之校址中佔第二位，亦可以想見其風景矣。

11. **徐村**　距江干約五里，為一小村落，頗幽靜。瀕江傍山，杭富公路必經之路，有經可上五雲山。

12. **五雲山**　天門山之支脈也，相傳舊有五色雲盤旋山頂故名。地高寒，去域二十餘里，自江干盤紆而上，凡六里七十二灣，石磴千餘級，之江三折，正當其前。南望三折，羣峯可數，東觀龕赭二山，大海可掬，為杭州諸山之最高者。登其巔，則南北二高峯如兒孫矣。山半有二亭，一曰伏虎亭，一曰五雲瑞亭。

13. **真際院**　在五雲山頂。乾德四年，吳越王建。舊為靜慮庵，又曰定慧庵，大中祥符改今額。明初燬，正德十二年重建。寺內伽藍乃華光藏神，杭州牽牲祈財無虛日，旁有五雲庵。

14. **雲棲**　五雲山右有塢曰雲棲，前繞大江，沿江取道而入，有兩路可通。一自五雲山頂沿石級而下計五里，甚陡峻，取道過六和塔至范村北數里為三聚亭再折向北行，又數里抵洗心亭。沿途石徑幽窄，萬竹參天，仰不見日，下生苔蘚，人行其中，蒼翠滿目，但聞鳥啼聲。高下曲屈，不辨所出，遊者評為湖山第一奧區，有雲棲梵徑之稱，惜竹被人砍伐，近今亦不多矣。洗心亭在山半，面北而構，左右壁闢方窗，綠煙傾映，流泉作環佩鳴，閒坐片刻，令人神往。再進則雜樹夾道，鐘磬聲清，有蓮池大師塔，有御碑亭，勒雲棲二字於右。更數十步，雲棲寺在焉。明蓮池大師卓錫於此。清規至整肅，相傳塢向有虎患，大師以慈止殺，虎不為暴，清聖祖高宗題有詩額。嘉慶咸豐時共燬二次，後漸次規復。壁間有董其昌書金剛經石刻，其墨蹟今尚存寺中，卷後多名人題詠。

15. **范村**　由徐村西南行約五里即至，范村即古范浦。

范為錢塘望族，代有顯人，此為聚族之處。由范村西北行約五里，可至雲棲寺。

丁、拱宸湖墅區

拱宸橋，在城區北武林門外三十餘里，橋為明夏時正所募。跨運河上，後圮，清雍正間重建。西湖、苕溪諸水多匯流於此，為水陸要衝，商業繁盛。光緒二十一年，中日馬關條約訂定，開作商埠，往來蘇州及上海之大小船舶，麕集於此。沿運河東西兩岸，市街頗為繁盛。其北隣日本租界，杭州新關及中日汽船碼頭在焉。滬杭鐵路汀墅支綫，以此為終點。自拱宸車站與艮山城站閘口間，每日開車六次。又有拱三段公路汽車，以此為起點，每隔十餘分鐘一班，交通極便。自開埠後，日人經營不遺餘力，凡可以助市場發達之事業，雖鄙賤亦不禁阻，故首創公娼，以招徠遊客。現在杭市禁娼，拱埠妓女仍懸牌營業。妓之稍優者，多在福海里，次則雜居大馬路，裏馬路之市肆樓上。日本租界，在拱宸橋北。馬路荒蕪，冷落不堪。日本警察局及三數東洋商店之外，只有幾家小戶住居而已。

三友實業社杭廠　原址為通益公紗廠，位於拱宸橋畔，佔地九十餘畝。旁臨運河，頗佔運輸之便。廠屋櫛比，綿亙數十丈，蔚為壯觀。現有工人三千餘，職員百餘人。該廠創始於清光緒二十一年，時拱宸橋闢為商埠，浙吏仰承朝旨，由諭由省城善堂紳士丁丙，董事王宸先，招商集股，創設斯廠，定名曰通益公紗廠。時值絲廠營業不振，影響所及，致投資不甚踴躍，僅招得商股八萬三千三百元。惟以廠房已在開始建築，機器亦已定就，勢難中止，因先後呈請官廳，撥給公款，計四十餘萬兩。自二十一年冬籌備起，至二十四年冬，甫克試車，計有紡錠一萬五千枚。至二十七年三月，因拳匪作亂，市面停滯，遂告停辦。是年冬。復由高鳳德招集新股念萬元，接辦是廠，改名通益公新公司。次年六月，開紡兼營榨油軋花，後又集商股十五萬元，連前納股本八萬三千三百元，另加公積紅股十萬元，總共五十三萬三千三百元，至光緒三十一年，又添紗錠五千枚。民國元年，復告停辦。三年十月，仍由高鳳德等重行組織，定名曰鼎新紡織股份有限公司，向通益公新公司，訂立租廠合同，訂期十二年。加添織機，計一百二十五台。至民國十五年，期滿停辦。十六年由當地人士組織恢復通益公委員會，事越年餘，未達目的，乃登報招盤；時杭州市政府亦以失業工人之請求，與該委員會商訂恢復之策。該會委員鄭君宜亭，適為上海三友實業社有限公司董事之一，奉市府之命，就商於董事會，即於十七年冬，由三友實業社接盤，更改今名。翌日一月，正式開車，陸續添製各種織造上必需之最新式機械，並改建廠屋。至二十年十二月，始次第完成。

湖墅　前稱湖墅鎮，在城區北為北鄉幹路，亦名湖州市，一名歸錦橋，有墅河貫之。歸錦、華光、江漲三橋鼎峙，成三角形，饒於水利，帆檣叢集，米船尤盛，附近多園林。

戊、西溪區

深秋西溪之秋雪，初春西溪之探梅，已為世所稱慕，遊者不可忽略也。昔日交通，多賴舟楫，往返近日，或感不便。近則公路開闢，公共汽車直達，市內第六路公共汽車，即以留下為終點，交通之便，遠勝於前矣。茲將本區內主要勝蹟，列舉於下：

1 松木場	2 古蕩	3 秦亭山	4 東岳廟
5 法華山	6 古法華寺	7 花塢	8 眠雲室
9 散花仙館	10 石人塢	11 留下	12 龍門山
13 西溪	14 河渚	15 秋雪菴	16 交蘆菴

1. **松木場**　在錢塘門外，為西溪路起點之處，俗呼松毛場。春遊士女進香靈竺者，皆泊船於此。有商店應客，頗熱鬧。自餘杭汽車路成後，即以此為起點。經東嶽留下等處而至餘杭，遊西溪者可免徒步之勞。今則市區省辦公共汽車第六路自新市場至留下，通車後，尤覺便利矣。
2. **古蕩**　在秦亭山西，水從松木場入，流溪淺狹，僅容小舟，魚蝦至繁，居人多以捕魚為業。旁有靜性寺，道然居，慧光庵，皆清幽之境。明王穉登，夜入古蕩詩「犬吠白雲端，清川路百盤」蓋實錄也。
3. **秦亭山**　在北山棲霞嶺後，俗稱老和山，又訛稱曰蜻蜓山，法華山之分脈也。高百丈，周圍三里，山上有聖帝廟，相傳秦始皇曾駐蹕，或曰宋秦觀築亭其上，故名。
4. **東嶽廟**　在廟塢，宋乾道間建，祠宇壯麗。杭州東嶽廟凡五處，香火以此為最盛。秋時有所謂「朝審」者，人雜易滋事，今漸禁止。

5. **法華山**　與石壁山龍駒山並在欽賢鄉，在杭城西北三十里，高三十丈，周十里。東一里為應婆山，又東為廟山、為童山、為蔣家山、為馬山、參差高下，皆在應婆山半。又東為筆峯山、象鼻山、淺山、北山一支。其陽為天竺、靈鷲，其陰為法華、有晉法華僧靈蹟，因以名山。東接桃源，西留下，其中為法華塢，其水左流西溪，右流河渚。山麓有廟塢，雲木蔭翳，靈風肅然。

6. **古法華寺**　在西溪之東，法華山下。明隆萬間，雲棲袾宏以雲間鄭間服所捨園宅為常住，址在龍歸徑北，約八畝有奇。初號雲棲別室，俗名鄭庵。崇禎癸酉秋，郡守龐承寵給額稱古法華寺。

7. **花塢**　法華山之塢也，可由法華亭前南轉而入，地極幽邃，古庵甚多。度藕香橋，溪聲淙然，夾塢茂林修竹，不見天日。

8. **眠雲室**　在花塢，當法螺一雨兩峯間，舊名美高庵。中有柏子堂，香積廚。旁有蘘衣泉，相傳中有潛龍，隱現不測。塢中古庵甚多，而此獨為幽勝。

9. **散花仙館**　在花塢盡處，為樂清徐氏別墅。旁有小徑，可達靈隱天竺。

10. **石人塢**　由廟塢西二里，為古法華亭，俗稱開花涼亭，再西二里達石人塢口，俗稱楊家牌樓，即石人嶺之塢也。相傳吳大帝石杵在此。塢口為九沙，石人嶺，一名馮公嶺，嶺以內屬北山北高峯，越嶺即屬西溪。岩半有石如人立，故名。

11. **留下**　西溪鎮市也，去城十八里。相傳宋高宗欲都其地，後得鳳凰山，乃云「西溪且留下」因名留下，俗訛傳為樓下。中隔小河，河兩岸為街衢，居民數百家，咸樂耕魚，而梅竹茶筍之利，尤倍於各處，故西溪之勝，不獨在山水間也。今市區第六路公共汽車，即以此為終點。昌化，於潛，臨安，餘杭等處之行旅，可由此換乘汽車，可直抵新市場。

12. **龍門山**　在西溪西。俗稱小和山，距城約四十里。高百丈，長五里，西達餘杭界。山巔有真武廟，亦稱龍門寺。長松古柏，蒼翠夾道。香火之盛，幾亞三竺。有石闕，魚石，千丈岩，四顧坪，老龍潭，龜王殿，鸚鵡石，盤谷諸勝。

13. **西溪**　在西湖北山之陰，有三路可入。一由寶石山陸行至秦亭山，沿山十八里，為宋時輦道。一由仙姑山之西，入青芝塢，經法華山而至。一由水道松木場過古蕩以西，其域甚廣。自松木場水口沿山十八里匯餘杭塘河合新開運河，俗稱留下溪。源從分金澹竹二嶺沿象臥山，過上繂埠，挾諸涓澮，至鷄籠河，西繞留下鎮後，灌古蕩畈田，東合馬池，穆塢，董婆澗，安樂橋四水，直穿鎮北，復逆流受南湖之衝，乃都而東西折，會於大溪河。一入古蕩，一出閑林埠。谿路皆宋替道，石平如砥。西溪絡以小河，夾岸皆茶竹梅栗，居民百許家。隱翳森林，但見炊煙出樹梢。自白沙嶺至西溪，修篁翠竹，徧兩山間，凡十里至永興寺，山水夷曠，平疇野村，幽泉老樹，點綴各各成致。自永興至岳廟又十里，梅林綿互村落，春時彌望如雪。

14. **河渚**　本名南漳河，亦曰渦水，俗稱河水，在西溪東北，沙嶼潆迴，荻蘆掩映，又曰蒹葭深處。再進為深潭口，高僧名士，蟬聯居隱。四圍斷岸，非棹不能渡。舊有劉雪符淇上草堂，馮夢禎西溪草堂，虞淳熙宜園，洪鐘洪園，陸階白鳳書齋，今並廢。

15. **秋雪菴**　在西溪東蒹葭深處，原名資壽院，又為大聖庵，宋淳祐七年改今額。為瑾川軍節度使所立。明崇禎甲戌，靈壽寺僧智一智洪駐錫于此，庵水周四隅，蒹葭彌望，花時如雪，陳繼儒題日「秋雪」，戊寅，拓為院，復古額資壽，人仍以秋雪名之。近吳興周慶雲重修，以祀浙中歷代詞人，中有彈指樓，尤勝。

16. **交蘆菴**　在曲水庵右，秋雪庵東，即正等院，宋紹與中傳衛馬軍司駐屯於此，建屋奉諸軍香火。明萬歷初，正等寺僧如覺，由龍歸塢遷此，董其昌題曰「交蘆」，蓋收「根塵識三都無實性同於交蘆」之義，亦以庵構蘆中，直名蘆庵。崇禎改元其嗣性圓，拓庵成院。大學士錢士升題額曰復古正等院。清道光間，里人移奉厲徵君鶚及其姬人朱月上栗主於庵中。同治初重修，南皮張之萬補書庵額。光緒間重茸，旁建堂，仍奉厲鶚，並增奉杭世駿栗主。

第二節　遊覽方法

遊覽之前，必需預定計劃，决定目的，循路而行，方無枉費時間，或徒糜金錢之弊，此即本節所述之遊覽方法也。惟以各人之經濟精神時間，不能相同。則須據個人之狀况，而定遊覽之方法，路徑及日數。茲以編者之經驗所得，可分為舟遊、輿遊、步遊、汽車遊、暨各種行程，詳述於下，以供讀者之參考。

甲　舟遊

舟遊　凡遊客不能久住在杭，而又不健於步行，且不願多化錢者，可專遊沿湖一帶勝景，於上午八時左右在湖濱僱小舟出發，沿岸而進，隨時登陸遊玩，午時可在岳坟前進膳，下午繼續前進，至旁晚仍回原出發地，如是盡一日之長，可遍遊西湖矣，茲將經驗所得之行程，詳述於下，以便讀者之參攷：

1 湖濱公園	2 湖心亭	3 三潭印月	4 花港觀魚
5 高莊	6 蘇堤春曉	7 曲院風荷	8 岳廟
9 秋瑾墓	10 蘇小小墓	11 西冷橋	12 曼殊塔
13 瑪瑙坡	14 馮小青墓	15 林處士墓	16 巢居閣
17 放鶴亭	18 林社	19 平湖秋月	20 國立藝術專科學校
21 西湖博物館	22 中山公園	23 西泠印社	回湖濱公園

若能時間充裕，將上述一日內遊程，分為二日遊玩，則更覺舒暢矣，其遊程如下：

第一日

1 湖濱公園	2 三潭印月	3 湖心亭	4 曲院風荷
5 岳廟	6 鳳林寺	7 秋瑾墓	8 蘇小小墓

9 西泠橋	10 曼殊塔	11 楊莊	12 葛蔭山莊
13 瑪瑙坡	14 馮小青墓	15 林處士墓	16 巢居閣
17 放鶴亭	18 林社	19 斷橋（白堤）	20 張公祠
21 昭慶寺	回湖濱公園		

第二日

1. 湖濱公園	2. 柳浪聞鶯	3. 錢王祠	4. 漪園（白雲庵）
5. 雷峯塔遺址	6. 淨慈寺	7. 張蒼水祠	8. 蔣莊
9. 花港觀魚	10 高莊	11 劉莊	12 康莊
13 郭莊	14 廣化寺	15 西泠印社	16 中山公園
17 西湖博物館	18 國立藝術專科學校	19 平湖秋月	回湖濱公園

船分大中小三等，大船能載客二十四人，中船十六人，小船即划船，通常載客以八人為限，船資以鐘點計至少三小時，大船每小時小洋四角，全日大洋三元，半日大洋二元，中船每小時小洋三角，全日大洋二元四角，半日大洋一元六角，划船每小時小洋二角，全日大洋一元四角，半日大洋一元，但此價無一定。視遊客之精明與日期之鬧冷而異，茲錄香汛期內的通常船價，查錄如下：

所到地	單程	來回	所到地	單程	來回
斷橋	二角五分	四角	長橋	三角五分	六角
平湖秋月	三角	五角	汪莊	三角五分	六角
國術館	三角	五角	淨慈寺	三角五分	六角
中山公園	三角	五角	岳坟	三角五分	六角
西泠印社	三角	五角	郭莊	四角	七角
大禮堂	三角	五角	劉莊	四角	七角
孤山放鶴亭	三角	五角	花港觀魚	四角	七角
湖心亭	三角	五角	高莊	四角	七角
西泠橋	三角五分	六角	赤山埠	四角	七角
三潭印月	三角五分	六角	茅家埠	五角	八角

以上所列價目，概以湖濱公園為起點，小洋計算。

乙　輿遊

輿遊是利用轎子代步，來遊玩勝景之最便利者，惟對於遊覽本旨略有不合，其日程與地點，任憑遊者之興趣而定，為最便利計，以照上述分帶地域，較為妥當，轎子租用價目，以轎夫名額計，每名每日大洋一元六角，以十小時為限，半日大洋一元限六小時，茲將經驗所得之遊程，詳錄於下，以便讀者之參考：

分二日遊覽。

第一日

1 湖濱公園	2 斷橋	3 平湖秋月	4 林社
5 放鶴亭	6 巢居閣	7 馮小青墓	8 瑪瑙坡
9 林處士墓	10 趙公祠	11 國立藝術專科學校	12 西湖博物館
13 中山公園	14 浙江圖書館分館	15 西冷印社	16 廣化寺
17 曼殊塔	18 西冷橋	19 蘇小小墓	20 秋女俠墓
21 岳廟	22 三天竺	23 飛來峯	24 靈隱
25 韜光	26 玉泉	27 棲霞嶺	28 紫雲洞
29 葛嶺	30 蝦蟆嶺	31 保俶塔	回湖濱公園

第二日

1 湖濱公園	2 公衆運動場	3 柳浪聞鶯	4 錢王祠
5 雷峯塔遺址	6 淨慈寺	7 張蒼水墓	8 法相寺
9 南高峯	10 烟霞洞	11 烟霞寺	12 龍井寺
13 理安寺	14 水樂洞	15 石屋洞	16 虎跑寺
17 濟公塔院	回湖濱公園		

若能時間充足，經濟富裕，可任意决定計劃，分日遊玩，如分三日行程，第一日遊沿湖孤山及葛嶺一帶，第二日遊北山南山一帶，第三日遊江干區，分五日行程，第一日遊沿湖孤山一帶，第二日遊北山葛嶺一帶，第三日遊南山一帶，第四日遊江干，吳山一帶，第

五日遊西溪區，分八日行程，第一日遊沿湖一帶，第二日遊孤山葛嶺，第三日遊北山一帶，第四日遊南山一帶，第五日遊江干一帶，第六日遊吳山區，第七日遊西溪區，第八日遊郎當嶺。

丙　步遊

舟遊僅限於湖岸。不能登山望遠，殊不足以言遊覽湖山勝景；即輿遊亦過於機械，且往往聽輿夫之指揮，不甚自由，所費亦鉅，非人人所能也，步遊則既可快覽勝景而又省費用，所謂西湖之秀美，不在湖上而在湖間，則可憑人任意探訪矣！茲以時間關係，略為分配日期，如作三日遊，第一日遊沿湖。孤山及葛嶺一帶，第二日遊北山及南山一帶，第三日遊江干區，作六日遊，第一日遊沿湖一帶，第二日遊孤山及葛嶺一帶，第三日遊北山一帶，第四日遊南山一帶，第五日遊江干區，第六日遊西溪區，若能作十日遊則更盡其詳矣，第一日城區及第二日遊沿湖一帶，第三日孤山一帶，第四日遊葛嶺一帶，第五日遊北山一帶，第六日遊南山一帶，第七日遊江干區，第八日遊西溪區，第九日遊郎當嶺，第十日遊城區及吳山，並順道在大街上可購置本市名產。

丁　汽車遊

近數年來，杭市建設事業，突飛猛進，汽車營業亦日見發達，遊覽名勝，亦可以汽車矣，分三線進行；

一、自湖濱出發，過白堤岳坟前可達靈隱，沿途主要勝跡如下：

(1) 斷橋——(2) 白堤——(3) 平湖秋月——(4) 放鶴亭——(5) 國立藝術專科學校——(6) 西湖博物館——(7) 中山公園——(8) 西泠印社——(9) 廣化寺——(10) 西泠橋——(11) 秋女俠墓——(12) 岳王廟——(13) 玉泉——(14) 雙峯插雲——(15) 飛來峯——(16) 冷泉亭——(17) 靈隱寺——(18) 湖光。

二、自湖濱公園出發，過南山路，淨慈街，蘇堤，裏西湖，可環湖一週，沿途主要勝跡如下：

(1) 公衆運動場——(2) 錢王祠——(3) 柳浪聞鶯——(4) 汪莊——(5) 淨慈寺——(6) 花港觀魚——(7) 高莊——(8) 蘇堤春曉——(9) 曲院風荷——(10) 鳳林寺——(11) 大禮堂——裏西湖。

三、自湖濱公園出發，向南走杭富汽車路之一段，可直達江干六和塔，沿途主要勝跡如下：

(1) 淨慈寺——(2) 四眼井——(3) 虎跑寺——(4) 濟公塔院——(5) 六和塔——(6) 之江大學。

第三節　良辰佳節

西湖每遇佳節良辰，均有特別勝會，此乃杭市風俗，各處來游者亦宜知之，若巧逢其時，樂何如之！但日期均以廢歷為準，習慣也。

元旦：吳山各廟宇皆有人往拈香，至初八日燒香，稱八字香，婦女尤多。

二月十九日：天竺建觀音會傾城皆往，吳郡士女，亦相約偕來。

清明節：家家插柳枝滿簷，兒女亦多戴之，是日傾城上塚，南北兩山之間，紙灰飛舞，煙氣瀰漫，別一景也。

三月二十八日：俗稱東嶽齊天大聖誕辰，杭州行宮凡五處，而在法華山者為最盛，士女報賽拈香，盛於一時。

四月初八日：俗稱為釋迦佛誕辰，僧尼各建龍華會，士女游湖，爭買龜蛇放生，故俗稱曰放生日。

四月二十四日：俗傳為朱大天君誕辰，杭人所最崇奉者也，詣廟拈香，喧闐竟日，亦有就家齋戒，期以二十四日或四十日（或謂杭人之崇祀朱大天君，實追念明崇禎帝之遺意，蓋崇禎帝以三月十九殉國于北京，逾日而噩耗至，杭人不忘故君，然怵于異族勢力，故託神靈以誌哀思）。

五月五日：**端午節**，家家插菖艾于戶，焚煙飲酒。

六月十九日：為觀首得道辰，先一日，杭地士女傾城游湖，多于夜間停舟湖心，飲月達旦，或放千萬荷燈，隨波蕩漾，爭引為樂。故是日湖中划船，增價百倍矣。

八月十五日：**中秋節**，家家以月餅相餽，取團圓義，又有賞月之宴，或攜榼湖上，沿遊達旦，或以五色紙纏燭，插于三潭印月亭。云為宋賈似道遺風。

八月十八日：錢塘江潮汛最盛，或謂潮神誕辰，傾城往觀。

九月初九日：重陽節，家家以栗和糯米伴蜜蒸糕，謂之重陽糕，是日登高攬勝，頗不乏人，下列各地點為最勝：

1. **西園**——在新市場西園茶店樓上，地適湖之東，所見者，為外湖全部，後湖，裏湖皆為白堤蘇堤所掩，不能窺及全豹。
2. **紫陽山**——在城區西南部，為吳山之一部分，多奇岩怪石，至其巔，見江及湖，市內之萬屋沉沉，亦可瞭然也。
3. **初陽台**——在葛嶺初陽台上，所見為西湖全部大影，然因葛嶺偏在外湖部分，所見裏湖亦不及所見外湖為清顯。
4. **南北高峯**——在南北兩高峯之巔，所見西湖全部縮影，因地位較高故也。
5. **吸江亭**——在烟霞洞吸江亭上，所見為西湖一角，他部則俱為羣山所蔽，然雖一角，半面相窺，其景亦自可稱。
6. **丁家山**——在丁家山上，因地點不高，俯可收全湖之景，平視左右，則又羣峯屏繞，氣象萬千，非獨觀湖而已。

第四節　浙江潮

甲　潮汐概說

潮——海面之隆起也，每一晝夜間發生二次，其發生於夜間者，特稱之曰汐，潮汐之發生，係緣於地球與月間之引方。

日球之引力及起潮力——日球對於地球之引力甚強大，與地球之距離為九千三百萬哩。

今試以月之質量為一，日球之質量當為二千六百六十四萬八千，故日求之引力，就質量而論，當比月球之引力大二六六四八〇〇〇倍。然日球之距離為月之三百八十九倍，故就距離而論，月之引力比日球之引力當大。

$$\left(\text{地球與一天體之引力} = \frac{\text{天體之質量} \times \text{地球之質量}}{\text{距離}^2} \times g\right)(389^2)\ ,$$

或即當大十五萬一千三百二十一倍。

今 $26648000 \times \frac{1}{151321} = 175$ 卽日球之引力，當為月之引力之一百七十五倍。

然起潮力係由與地心地表間之距離相當之引力差而生。此距難為四千哩，而當為地球與月間之距離（約為二十四萬哩）之六十分之一，然比諸日球與地球間之距離，當為二萬四千分之一，均由六十分之一所生之引力差，比較由二萬四千分之一所生者自然為大。卽日球之引力雖比月之引力為大，其起潮力卻反小（見後）。

起潮力之說明——圖中P 表示由地球之中心E 與月M 間之引力而起之 加速度方向及量。在地表ab 之加速度，可同樣以QR 表示之。今a 比較地心E 為近於月，故Q 比較P 為大。若在a 點描與P 相等且與之並行之分力P，並連結PQ，便造成並行四邊形，其中Q 為加速度，P 為分力，而T 為另一分力；然P 興P 大小及方向相等，又a 及E 二點間之相互之位置不變，均使

a 點移動之力，不過為T 之分力，是即為起潮力。在b 點之R 亦可同樣說明，但R 比P 為小，其分力r 與月為反對之方向。

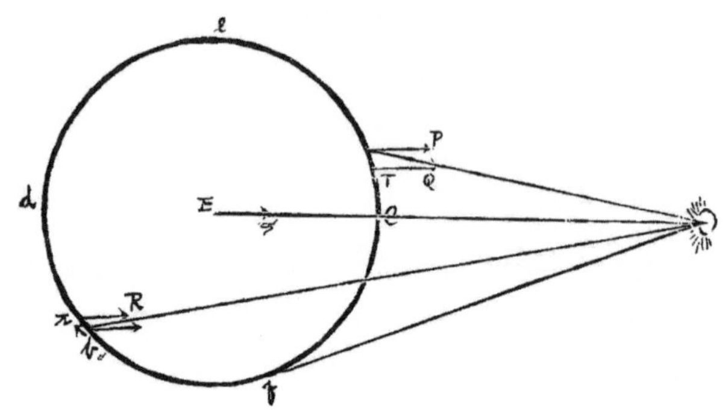

又如在 c 點，起潮力是與 P 為同一方向。在 d 點則與為 P 反對方向。在此二點發生海水之隆起，而稱曰滿潮 Hightide。其發生於面月之側者稱曰太陰表潮。而其發生於背月之側者，稱曰太陰裏潮。當在 cd 二點發生滿潮時，在與此以九十度相距離之二點 ef，海面低落，發生干潮 Law tide。

月球若常在赤道上，表裏二潮雖可同強，然月球有的在赤道之北，有時在赤道之南，所以表潮與裏潮其高常不同一，是謂曰潮不同。

滿潮與干潮約互以六小相時隔，故每日當有二次滿潮及二次干潮，然因地球表面之各點，須隔二十四時五十分始得對於月球重占同一之位置，故干潮及滿潮每日不能限在同一之時期發生。

今試以地球之質量為一，月之質量當為八十分之一，又地心與月心之平均距離約為二十四萬哩，月心與地面上面月之一點 c 及反對點 d 之距離，當減去或增加四千哩（地球之半徑）。

月之起潮力

地心及日之引力 $C=\frac{1}{80}\times\frac{1}{(240000)^2}g$

離月最近之地表及月之引力 $A=\frac{1}{80}\times\frac{1}{(236000)^2}g$

離月最遠之地表及月之引力 $B=\frac{1}{80}\times\frac{1}{(244000)^2}g$

表潮起潮力

$$M=A-C=\frac{1}{80}g\times\left(\frac{1}{(236000)^2}-\frac{1}{(230000)^2}\right)=\frac{g}{80}\times\frac{119}{2005056\times(10)^8}=\frac{g}{80}\times\frac{1}{16933\times(10)^8}$$

裏潮起潮力

$$M'=C-B=\frac{g}{20}g\times\left(\frac{1}{(240000)^2}-\frac{1}{(244000)^2}\right)=\frac{g}{80}\times\frac{121}{2143296\times(10)^8}=\frac{g}{80}\times\frac{1}{17786\times(10)^8}$$

即表潮比裏潮為大。

日球之起潮力

又日球與地球之平均距離為九千二百九十萬哩，日球之質量為地球之質量之三十三萬二千倍，其起潮力之概算全與前情相同。

地心及日心之引力 $C = g \times 332000 \times \frac{1}{(92900000)^2}$

日球之表潮起潮力

$$S = g \times 332000 \times \left(\frac{1}{(92896000)^2} - \frac{1}{(92900000)^2}\right)$$

日球之裏潮起潮力

$$S' = g \times 332000 \times \left(\frac{1}{(92900000)^2} - \frac{1}{(92904000)^2}\right)$$

卽日之表潮起力亦比其裏潮起潮為大。

就上所述，日之引力雖比月之引力大百七十五倍，但起潮力之比為 $\frac{M+M\prime}{S+S\prime} = \frac{0.0342}{0.0151} = 2.27$ 。

大潮小潮——日球與月球同在地球之一邊，或分在地球之向對兩邊時，兩者之作用相和，海面之昇降當時最大，此日大潮 Spring tide 大潮係當新月（同邊）及滿月（向對兩邊）時而起，但若日月對地球面言互成直角，兩者之作用相殺，海面之昇降不及當日月成直線時為大，而如是發生之潮汐，稱曰小潮Neak tide。小潮係當上弦及下弦時而起。

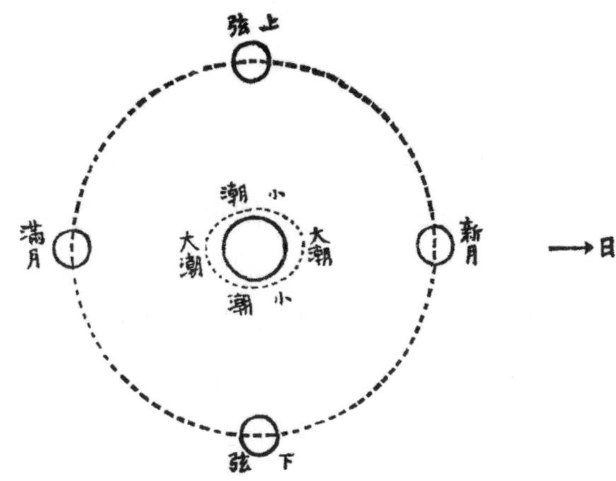

潮汐高低之差——在茫洋及海中發生之潮汐，普通不滿一粎，但在漏斗狀之灣中，因在淺處之摩擦作用，高時可達一十餘粎，有時潮流與一河流衝突，潮流之頂頭便陟然崛起，當其強擊灣頭時，發生如雷之水聲，並飛沫四散，呈特殊之壯觀。此現象，稱曰海嘯 Sea Bore；如錢塘江之潮聲、卽其一著例也。

乙　浙江潮奇觀之原因

錢塘江口當入海處，有龕赭二山對峙南北，口為之隘，故當潮來時，激盪衝突，勢如雷轟，聲撼地軸，奇觀之原因也。

龕山——在蕭山縣東北五十里，其形如龕，下瞰浙江，與海甯縣之赭山對峙，其西有小山，名鼇子山，江出其間，曰鼇子門，亦曰海門。為錢塘之銷鑰。明參將湯克寬大克倭冠於此，舊有龕山寨，設兵戍守，寨北曰獅子口，亦為要地，今江由赭山之北入海。龕赭間及龕山南二水道已涸矣。

赭山——在海甯縣西南五十里，與杭縣接界。土石皆赤，因名，瀕海產鹽，舊有鹽場。其南岸對峙者為蕭山縣龕山，東接鼈子門，為江海門戶，宋乾道四年射獵於此。明素請時倭寇犯，境因為戍守重地，自錢塘江改道，龕赭二山俱在江南，同屬蕭山矣，其東半里有文堂山、亦沿海扼要處，明永樂初徙赭山巡司於此，嘉請中築城戍守，請亦有巡司駐之。

丙 觀潮地點

觀潮之地點，在錢塘方面者，以八堡，二冷亭，總管廟，及迤南之三郎廟為最勝，稍遠如六和塔，駕濤仙館等，在海甯方面，沿海塘一帶處處皆勝，而潮較錢塘特大，近日交通便捷，由杭至海甯有汽車路直達，滬上亦可直到，或由火車至長安，再搭甯長汽車，亦甚便。

丁 觀潮須知

外埠來杭觀潮者，路局方面有觀潮專車，為使滬方人士便利計也，且近日汽車路已四通八達，汽車也可直駛矣，習慣上在舊曆八月十八日先後數天，路局方面及中國旅行社在八堡，海甯一帶沿海塘上，設棚備座，應遊客之需要。江濱隙地，攤肆林立，飲酒品茗，隨意小酌，應有盡有矣。

第五節　娛樂場所

杭州因有天然勝景西湖之美，故一般人士之娛樂，多取於此，而遊藝場之營業，自然不發達矣，茲將各娛樂場可分述於下：

杭州影戲院

在城站，為十餘年前之浙江第一舞台所改建，內部構造，適應於平劇，因平戲生意清淡，電影事業，日見發達，而一般觀衆，均被銀幕所罩住，乃改映電影，初映中國片，後兼映西片，最近購置新機，時有映有聲片，是杭州電影院之最早者也，座分兩等：樓下邊廳，價二角一分，正廳及花樓，價四角一分，場內售茶，每壺價小洋一角，亦有小販兼售水果茶食，開映時間，每日三場，兩點半，七點，九點，每逢星期上午十時優待學界加映一場，憑校證每位大洋二角一分。

西湖大禮堂電影院

在裏西湖葛嶺之麓，面對孤山，下臨裏湖，有大木橋直通孤山放鶴亭，為西湖博覽會大禮堂所遺留，地位頗優，設計新穎，規模宏偉，結構精細，全場可容數千人，西湖博覽會結束後，改為電影院，選映中西聲默片，座分兩等，樓上價五角二分，樓下價四角一分。又為優待電燈用戶起見，在每月電費收據上，附有用戶觀影優待券，可四人同時用，地位在樓下，價二角一分，場內售茶及點心，價稍貴，茶每杯小洋二角，點心每件以五分起至數角不等，說明書不隨票附送，每份另售銅元二枚，開映時間，除星期日星期六兩天有三時六時九時三場外，其餘五天均三時八時兩場，因該院遠僻裏西湖，交通似覺不便，故特約永華汽車公司，開電影專車，自湖濱永華汽車公司門口起，直駛至大禮堂，沿路無分站停落，在開映時間前一小時開，來回聯票，價一角二分，人力車單程最少價小洋二角，則便宜多矣。

大世界

在新市場仁和路，近湖濱，內有平劇場，電影場，杭劇場，話劇場，紹劇場，合錦戲，共和廳羣芳會唱，愛新社女子蘇灘及戲法雜藝等，總門票每人小洋二角銅元十八枚。惜乎場內衆觀，分子複雜，秩序紛亂，以藝術眼光去賞鑒者，多裹足不前矣。

浙江大舞台

在新市場延齡路中市，為昔日之西湖共舞台所改，因營業清淡，曾一度改映電影，但仍不甚發達，閉門多日，近又修理房屋，重整旗鼓，開演平劇，時間分二時七時日夜兩場，價月分四等日戲，特等五角，頭等三角六分，二等一角一分，三等一角一分，夜戲特等陸角二分，頭等四角一分，三等二角一分，三等一角六分，概以大洋計算，場內售茶每壺小洋一角，並亦有小販售糖果等。

以上四處皆係營業場所，故所選材料，必須投觀衆之機，雖經政府戲劇審查會之手續，然未必盡善盡美，引導民衆之力量甚少，此外又有含社會教育實施意味者，可以不化一文之費，而得相當娛樂機會，如在民權路為省黨部主辦之民衆俱樂部，內有國術，桌球，音樂，表演等，惜乎限於場所與經濟不能充分發展，新市場湖濱路省立民衆教育館，內有各種運動及遊藝部新劇社，新民路省立民衆實驗學校附設之實驗民衆教育館，內有各種遊藝，青年路基督教青年會內有閱報室，彈子房，檯球室，健身房，網球場等均為高尚正當之娛樂消遣，惟有種種之關係，不能普遍於全市民也。余謂遊藝場所關係民族精神，民族風氣，民族智識之影響極大，教育實施之效力不能發展，實現，受遊藝場所之阻，為唯一大關鍵也，願政府當局與熱心社會事業者，注意及之！

第五章　物產

杭州為山水明秀之地，土地沃腴，所產之物，無不傑出一時。如龍井之茶，西湖之菱藕，其最著者也。他若湖中之蒓菜，西溪之筍，六和塔江邊之鰣，塘棲之蔗，亦皆稱為雋品。人造品綢緞之外，又有絲織風景，亦頗聞名於世，今分別述之：

第一節　天然品

甲　植物類

茶　山茶科，山茶屬，古時中國日本，及東印度，皆栽培之，為常綠灌木。根際有許多叢生者，高四五尺，葉長橢圓形，有鋸齒，秋末，葉間開花，花白色，有花梗，花瓣五枚，雄蕊甚多。果實扁圓，三角形。至登秋成熟則裂開，散出種子三粒。春季採嫩葉，製綠茶及紅茶，用開水冲之，味清香，可解渴，種子可榨油。此植物之材，緻密而堅，供雕刻之用，名見唐本草，一作茗。

杭州之茶以龍井為最著名，所產不僅在龍井，凡附近杭州所產，亦以此名之。據杭人傳說，茶以產龍井獅子峯者為最佳，其次則龍井雲棲虎跑，俗有獅龍雲虎之別。茶色綠，作豆花香，在清明前嫩綠初抽，土人摘之，製為茶，曰明前，價貴而淡薄無味。產穀雨前者，曰雨前，普通皆是。採製烘焙得法，其味則佳，真獅龍產者不易得。今清和坊之翁隆盛，羊壩頭之方正大，仙林橋直街之茂記茶場總發行所，水師前直街之吳恆有，忠清大街之吳興大，保佑坊之鼎興，太平坊之永春等，皆著名茶商，可以選購。

浙省在我國產茶之區域中，實佔重要之地位。產茶之地，達四十餘縣，幾乎遍及全省·龍井之外，尚有平水等，亦早震聲中外，膾炙人口。每年產量，平均在百萬擔左右，值銀在四五千萬元以上，確是浙省農產中重大之產品。對於浙省人民之生計，和商業之前途，有極大之關係，且對於我國整個之國家經濟亦有影響也，今將浙省產茶地點之最主要者，分別述之：

1. **湖杭茶**　以舊湖杭屬各地所產茶之總稱，其中比較著名者，當然首推杭州之龍井。因在地理上，龍井。和獅子峯，既有南北兩高峯之對峙，復有西湖，龍泓諸清泉的涵溶，所以雲霞籠罩，品質優良。在人工上，施肥除草，既不遺餘力，製造可以旗槍為主，形式較為美觀。在宣傳上，以杭州西湖風景之秀麗，吸引着古今中外騷人雅士，絡繹不絕的前來游覽對於可愛之西子湖濱所產之茶葉，又極力為之贊揚與歌咏例如乾隆採茶歌「……火前嫩火後老，惟有騎火品最好。西湖龍井舊擅名，適來試一觀其道……」鄧文原遊龍井詩有：「烹煎黃金芽，不取谷雨後」。魏原錢塘縣志，亦有批評龍井之茶，「龍井茶作豆花香，色清味甘」。故常人之印象，差不多提起西湖，就連想到龍井茶。惜乎龍寺茶產量不多，據獅子峯萬壽宮寺僧言「真正獅峯龍井茶，只有在廟前茶園中所產，古時僅有十八株，曾受乾隆皇帝封為貢茶，品質特佳」。現在該茶園中的茶樹，亦不過二十餘株，每年的產量不過數斤，真所謂鳳毛麟角。即如附近南山北山虎跑一帶所產之龍井茶，每年亦不過六百餘擔，至於杭縣餘杭臨安于潛等處所產之旗槍，形式與龍井茶相似，雖亦稱為龍井茶，可是以土宜與人工不及龍井也，品質相差亦遠，價值亦較便宜。

其次為湖州所屬之吳興，長興，安吉，孝豐等縣所產之茶，普通統稱為湖州茶。大都是綠茶，紅茶很少，品質以孝豐所產之「炒青」較佳，產量亦富。長興顧渚山，所產之野茶，製成「毛峯」。品質雖不亞於龍井，因其產量不多，而且以交通不便，宣傳力不大，所以不及龍井茶之著名，湖州茶雖不在產地製成箱茶直接出洋，但以所產之「毛茶」多半為「炒青」形狀暨締為適合洋裝茶，「珍眉」「珠茶」最好之材料，所以毛茶運滬後，由茶行轉售給土莊茶棧，為上海土莊茶原料之大宗來源。故湖州茶，在對外貿易上，亦佔有相當之地位。

2. **平水茶**　平水茶是以紹興平水鎮所產之茶而得名，近如新昌，嵊縣，上虞等處，所產的茶葉，均仿照平水之製法裝璜，故均稱為平水茶，產地製成箱茶，運滬銷售。製茶之種類，大都是綠茶，且尤以珠茶佔大部，珍眉貢熙等類最少。茶箱分二五箱與一五箱兩種，二五箱約平均裝茶五十斤，一五箱約二十五斤，有稱為路莊與土莊之別，銷路以美國為主。自美國禁止着色茶入口以後，平水茶乃革除着色之陋習，惜乎在栽培與製造上，尚須極力改良，致失敗於日本茶之競爭，故營業上漸呈衰頹之景象。平水茶之產量，在清末民初之際，每年約十二三萬担。最近數年，不過五六萬担，這確是浙省茶葉上一個極大之損失。

3. **温州茶**　温州產茶之地，為永嘉，平陽，青田，麗水，遂昌，雲和，樂清等縣。產茶以紅茶為大宗，可算是浙省紅葉出產之淵藪；可是栽培上既不講求，製造又是粗造濫製，故出品多半粗劣。不但不能和祁紅相比擬，即與甯州及兩湖之紅茶相比較，亦瞻乎其後。現在印度錫蘭紅茶競爭劇烈之際，難怪是首先犧牲也。

温州茶中以雁蕩山所產之雁茶，其味清醇，異常珍貴，因產量不多市上絕少購買，更談不到出口，惟有温州人獨享而已。

菱　一稱芰實，菱科（亦作柳葉菜科）菱屬，水生植物，一年生，草本。根生土中，水中莖則長達水面。莖及細裂之根狀葉，漂於水中。葉略作三角形，有鋸齒，葉柄長，浮於水面，中部脚大為浮囊。夏月開花，花有四花瓣，白色，雄蕊四枚，單生於葉腋。果實為堅閉果，有角狀之突起，分兩角四角等，大小不一，種子供食用。名見名醫別錄，一作芰，又有淩，水栗，沙角等名。淩或蔆即菱，李時珍曰，其葉支散，故字從支，其角稜峭，故謂之淩，俗呼為淩角。昔人多不分別，惟王字貧武陵記以三角四角者為菱，兩角者為淩。左傳屈到嗜芰卽此物也。又曰野淩，自生湖中，葉實俱小，其角硬直刺人，其色嫩青老黑，嫩時剝食甘美，老則蒸煑食之，野人暴乾剁米，為飯為粥，為糕為果，皆可代糧。其莖亦可暴收，和米作飯，以度荒歉，蓋澤農有利之物也。家菱種於陂塘，葉實俱大，角軟而脆，亦有兩角，彎卷如弓形者，其色有青，有紅，有紫，嫩時剝食，皮脆肉美，蓋佳果也。老則殼黑而硬，墜入江中，謂之烏菱，冬日取之，風乾為果，生熟皆佳。欲嘗西湖菱者，嫩時在夏秋之際，老時在冬季，其味甚雋非他處所能比也。

蓮 睡蓮科，蓮屬，熱帶亞細亞原產。多年生，草本。生於淺水中，其地下莖肥大而長，有節，甚明瞭，節間有許多縱行之管狀空隙，卽稱藕。葉圓而大，其下面之中央，著以葉柄甚長。夏月水上抽梗，其頂開花，花大而美麗。蕚片與花瓣，區別不顯。花瓣淡紅色，或白色，頗清香，有單瓣複瓣大小各種之別，雄蕊甚多。花托上部延長，呈倒圓錐形，有二三十小孔，各孔由生一雌蕊，子房一室。果實橢圓形，埋存於倒圓錐形之大花托內。其地下莖種子及嫩葉，可供食用。地下莖曰藕，花曰荷花，實曰蓮蓬，子曰蓮子。此植物又供觀賞之用，栽培於池中及盆間，名見本草綱目，或作荷花，又有芙蕖，水芙蓉，水芝，水芸，澤芝，水旦，水華，玉環等名。西湖之水質厚而泥多，宜於蓮，故隨處可以栽植，以三潭印月裏湖及後湖一帶，尤為茂盛。夏間取其地下莖之嫩者，可以生吃，色潔白，味甘。稱雪藕，為消暑之良品。地下莖之老者，含澱粉甚富，榨其汁，漂淨晒乾之，卽為藕粉，色呈淺栗，以沸水冲之拌以糖，其味甚美。市上所售，大都借名，其實為菱粉，山薯粉，葛粉，芋粉，荸薺粉等，攙合而成，故取價甚廉。

蒓菜　卽蓴，睡蓮科，蓴屬。生於池沼，多年生，草本。嫩葉與嫩莖，被以粘液。葉橢圓形，如楯狀，有長葉柄，着生於葉身下面之近中央處。夏日，花生於葉腋，萼三片花冠三瓣，萼片及花瓣，俱呈赤褐色。雄蕊紫色，其數多，雌蕊數枚。春夏之際，嫩葉供食用，味頗佳。名見名醫別錄，一作蓴菜。又有茆，水葵，露葵，錦帶，馬蹄草，缺盆草，等名。李時珍曰，蓴生南方湖澤中，惟吳越人善食之。春夏嫩莖未葉者，名稚蓴，稚者小也。葉稍舒長者，名絲蓴，其莖如絲也。至秋老則名葵蓴，或作豬蓴，言可飼豬也。西湖之蒓，以產三潭印月，勝於太湖及蕭山湘湖所產，各菜館皆備以作羹或湯。今市上有以鮮蒓菜裝瓶銷售者，每瓶價約三角。

栗　殼斗科（亦作山毛欅科）栗屬。生於山地，各國皆栽植之。落葉喬木，高五丈餘。葉披針形，有鋸齒，互生，與櫟之葉相酷似。夏日開花，花小，單性，雌花與雄花同株。雄花為長穗狀花序，雌花常三花集生，包以總苞。果實為堅果，有二三枚，在囊狀之殼斗內。其殼斗全面帶刺，成熟後，則殼斗裂開，散出果實，其大小因種類而不一。種子供食用，木材為建築器具及薪炭之料。葉為天蠶之飼料，樹皮供染料及鞣皮料。名見名醫別錄。蘇恭曰，板栗，錐栗二樹皆大，茅栗似板栗，而細如橡子，其樹雖小，葉亦不殊。但春生夏花，秋實冬枯為異耳。李時珍曰，栗木高二三丈，苞生多刺如蝟毛，每枝不下四五個，苞有青黃赤三色，中子或單成雙，或三或四，其殼生黃熟紫，殼內有膜裹仁，九月霜降乃熟。其花作條，大如筋頭，長四五寸，可以點燈。栗之太者為枚栗，中心扁子為栗楔，稍小者為山栗，小如指頂者為茅栗。西湖山中，到處皆栽。每當中秋，桂花盛放之時，栗子初熟，採其嫩者生吃，其味鮮甘，且有桂花香氣，卽所謂桂花栗子，確是名附其實也。

梅　薔薇科，櫻桃屬，落葉喬木，莖高二三丈。葉廣橢圓形或卵形有尖端緣邊多鋸齒，早春，先葉開花，香氣甚高。花梗極短，萼紫絳色或綠色，下部連合如筒，上部五裂，花冠五瓣，色有白紅淡紅等之別，亦有重瓣者。雄蕊甚多，雌蕊一枚。果實為核果，可食。其肉密着於核，為與杏相異之處。蓋杏之果實，肉部多與核相分離也。木材色紅而堅密，可為櫛及算珠與種種之用。名見本草經。范成大梅譜云：江梅野生者，不經栽接，花小而香，子小而硬，消梅實圓，鬆脆多液，無滓惟可生噉，不可煎造。綠萼梅，枝附皆綠色。重葉梅，花葉重疊，結果多雙。紅梅，花色如杏。杏梅，色淡紅，實扁而斑，味全似杏。鴛鴦梅，卽多葉紅梅也，一蒂雙實，又有早梅，麗枝梅，野梅，照水梅等，亦甚著名。西湖中之孤山，靈峯，城外之西溪，超山，栽梅最多之處也。

枇杷　薔薇科，枇杷屬，栽培於庭園間，常綠喬木，高至二十尺餘。葉大，互生，長橢圓形，有鋸齒，下面生毛。冬初開花，花小五瓣，白色，雄蕊多於花瓣，往往數花集生，有佳香，翌年春月，果實成熟，為漿果，正圓形，淡黃色。外面有毛茸，含大種子，約二三粒，味甘而酸，供食用，頗佳，又有以之釀酒者。木材供種種之用，名見名醫別錄。廣志云：無核者名香子，出廣州。杭州附近之塘棲，產枇杷最盛之區也。有色白，味鮮甘，名白沙枇杷，稱珍品。

山核桃　卽一種小胡桃，俗稱沙核桃，胡桃科，胡桃屬，多生於山地之落葉喬木，高至二三丈，葉為奇數羽狀複葉，小葉九格至十五枚，長橢圓形，或卵狀長橢圓形，或披針狀長橢圓形。有短柔毛，如星形。其緣邊鋸齒，花單性，雌雄同株，雄花所組成之葇荑花序常下垂，果實為核果，含一種子，形圓，去其殼，仁可食，味甚美，生吃或炒之更佳。杭州之山核桃，以椒鹽炒者，尤著名。

橄欖　橄欖科，橄欖屬。中國原產之喬木，閩廣最多，植於寒地則易枯。奇數羽狀複葉，小葉五對至六對，長橢圓狀披針形，長一寸半至三寸半，闊一寸至一寸二分。葉脈細密而不顯，葉柄及小葉柄為淡黃色，總狀花序。核果卵形，長七八分，無柄，黃綠色，熟則淡黃色。核堅硬，彷錘狀，銳頂，皮面多皺，略有六稜中有三室，各具細瘦之仁，名見開寶本草，亦名青果。又有綠欖，白欖，青欖等名，味先澀後甘，且可糖製，味尤美。杭州有九製橄欖之名，言其製之手續有九次之多，稱珍品。

桑芽　桑為桑科，桑屬，東亞原產，生於山中。又有栽培於園圃者，落葉喬木，葉呈卵形，具鋸齒，有分裂者，有不分裂者。春末開花，花小，單性，有淡黃色之萼，穗狀花序，雌雄異株。果實長橢圓形，略與懸枸子類之果實相似。此類變種甚多，大概分為早中晚三種。葉供蠶之飼料，木材為器具之料。又其內皮之纖維，為紙及絲之料。果實供藥用及食用，或供釀酒之用。嫩芽採而焙曬，用製茶之法製之，作茗飲，清火益目，以產於西湖山中者更佳。

菊　菊科，菊屬，栽培甚廣，多年生草本，莖之下部，稍帶木質，葉卵形有缺刻及鋸齒，葉柄長，互生，秋末開花，頭狀花序。周圍之花，為舌狀花冠，中部之花為筒狀花冠。又因培養之故，頭狀花序中之花，有全為舌狀花冠者。此菊變種甚多，為觀賞之用，其變種中之一種開淡黃色小花，可作茗飲。產於杭州武林門外，北墅板橋者，名杭菊尤良。佳者每斤需銀二三元，次者亦數角。開黃花者，稍遜，其碎散蕊葉作枕頭明目，清香莫比。

筍　竹筍之簡稱，竹類之嫩竹，各種皆可食，尤以江南竹味為最佳。淡竹苦竹及人面竹等次之，或煮食，或醃藏，或乾貯，味頗佳，產西湖山中者，更佳。

甘蔗　禾本科，甘蔗屬，熱帶亞細亞原產，有栽培於園圃者。多年生，大草本，能直立，莖高至十尺許，徑亦寸許。葉狹而尖，線狀披針形，長至三四尺。莖之外形稍類於竹，惟中不空，故有差異，花圓錐花序，果實為穎果。秋冬之際，收其莖榨液，煎煉製糖，謂為蔗糖。有黑糖、赤糖、白糖、冰糖等之各種，其用甚廣。若不結晶者，則稱為蜜糖。又供釀造火酒之料，名見名醫別錄。一名竿蔗，杭州塘棲所產者，長不過三四尺，較粵產者短，而味甘鬆脆過之。

乙　動物類

魚蝦蟹等為最普通之物產，凡水鄉之區皆有之。杭州醋魚著名者，其烹調之善也，名曰西湖醋魚，為鯶魚所製。其法以此類魚範籠養於湖邊，顧客點及，卽取生魚洗刮，投沸水中，起鍋後另和醬醋調藉粉再煑，需時僅十分鐘，故鮮嫩異常。此法為他處所不能仿者。其實鮮魚各處皆有，非西湖特產。其他如鯽鱔蝦蟹等，皆來自四鄉，與各處所產者皆同，故略之。

蠶　屬節肢動物，昆蟲類，鱗翅類，蠶蛾科。全體分十二環節，第五第八兩環節之背面有小形斑，皮面疏被軟毛，此毛在稚蠶時為最多，後漸長則漸少。體之第一二三六七八九及十二之環節，各有足一對，其第一二三之環節，與胸部相當，故其下面所生之足，曰胸足。第六七八九之環節，與腹部相當，其下面所生之足，曰腹足。在第十二環節之下者，則日尾足。腹足與尾足，化蛾時皆消失，故亦稱假足，各足之構造與作用皆不同，胸足之末端僅有一鈎，藉以取食物，腹足及尾足末端有數鈎，且中央如吸盤，皆用以緊抱枝幹。至十一節背面之尾角，為保正全體之重心者也。尋常視為頭部之處，實為胸部。頭部堅硬，有眼額顎及脣 。又有三個觸鬚，大觸鬚用如耳，中觸鬚用如鼻，小觸鬚用如繅絲。呼吸器，在第一四五六七八九十十一諸環節之兩旁，為橢圓形之孔斑。循環點成一條長管，從尾角之根部起，直達於頭部，成長時其血液循環之狀，可從皮外透視之。消化器通過體內，其胃從胸而達於第九及第十之環節間，成絲器凡二條，沿於胃之左右，謂之絲腺。在第四次休眠後，絲腺之發育甚緩，第五次休眠後，絲腺發育始著。絲腺之左右皆有生絲，貯絲，送絲各部。生絲部用以吸收血液中可為成綫之物質，貯絲部用以貯絲漿，送絲部用以送絲漿於口外，後由小觸鬚繅絲成繭，當絲漿始從絲綫分泌時分數條，其後經過臘腺（在送絲部之近旁），乃以分派之臘質黏合為一，俾絲質強韌而滑澤。長成之蠶，其皮透明，此時置於箔上，能吐絲作繭。每一繭之絲，長達一千粎，若以四萬個繭之絲相接，可圍繞地球一週云。吐絲既盡，繭已造成，蠶則失其脚，變為褐色之蛹，經二週間而為蛾。欲取其絲，即在未化蛾時殺之。能任其放置者，蛹乃化蛾，蛾口中分泌一種液汁，浸繭腐絲，穿繭而出，即為蠶蛾。雌雄稍異形，雌體肥大而翅白，觸角為羽狀，色灰；雄體瘠小，翅灰色，觸角黑色。雌雄交尾而產卵，卵被黏液，粒粒平列。養蠶者當使之育卵於紙上，謂之蠶卵紙。交尾產卵後，蠶蛾不久自斃。初由卵孵化之幼蟲極小，名曰蚪，體外是黑色之毛，故俗稱毛蠶，稍長則蛻皮後黑毛漸脫而為灰色。當脫皮以前體稍透明，遂舉頭靜止，不食桑葉而眠。隔數日眠一次，其經過第一眠者稱曰一齡蠶，其後每一眠加一齡，自四次蛻皮後，稱為五齡蠶。體長約寸半，因其久被人工飼養，故不適於野生，我國多養之以取其絲，浙江尤為特盛。每年輸入歐美，為出口貨之大宗。

蠶之歷史　我國養蠶最古，黃帝元妃嫘祖教民育蠶，治絲製衣，蓋黃帝時已知其利矣。西洋蠶種，亦由我國傳入。當希臘亞歷山大帝時，全國已有絲交易，惟價甚昂。至羅馬愷撒時，猶為貴品。及西歷第六世紀有宣教師二人遊歷東方，親見我國養蠶之事，歸而述之於其首都君士坦丁，當時華絲，有歸波斯專賣之勢，迨至斯底泥安一世，命該二教師再赴我國採辦蠶種，該教師於二年後齎蠶卵而歸，遂開歐洲蠶業之基。迨十二世紀，意大利之西治利島王，大興水師，航巡地中海，遂自東歐收取蠶種及女士而開該島養蠶之端。入十三世紀，移殖蠶業於意大利之佛稜斯地方，其後逐年隆盛，法蘭西之利喏地方從事蠶業，實始於十五世紀之末葉云。

蠶之品種 蠶種有新圓、諸桂等種原產新昌與諸暨以產地而命名者也。更有一年發生一次二次及三次以上等，依其發生之回數，有一化蠶，二化蠶，多化蠶等之稱。凡發生於春季者，曰養蠶；發生於夏季者曰夏蠶；發生於秋季者曰秋蠶。現因料學進步，並有人工孵化之法。養蠶飼育最易，結繭較大，此外依繭之色，而有白繭、黃繭、綠繭等之別。

蠶之飼養 養蠶必須蠶室，蠶室為蠶之飼育上特設之舍，宜築於高地；若在濕地，必須設排水溝，室亦不過大過小，大則溫度難於調節。通常後頂開窗，南北兩側作廊，內置戶幔，室中設爐。飼育法，當四月下旬至早桑葉二三葉開綻時，自貯藏所將卵紙取出，室內溫度，約華氏五十五度，次第昇上。二周間後，可達七十度至七十五度，以促蠶之孵化，謂為催青。及蠶已發生為蚪，飼以切碎之桑葉，置於適宜之處，此際室內之溫度，可達七十度至七十四五度。初給細桑，逐漸增大，且重量漸加，一日可分給三四次。又時時除其蠶砂，謂之除砂，且擴大其蠶箔者，謂之分箔，蠶蛻皮至四次，入第五齡後，凡經一周間而結繭。此際溫度，宜與飼育相同。結繭後，經五六日，則收繭殺蛹，以備製絲。飼育期雖因溫度而異，大概凡四十五六日也。

蠶之病害 蠶病有種種，其中以微粒子病，輭化病，膿蠶及蛆害等為尤烈。微粒子病由微菌寄生而起，軟化病，硬化病等，病原同前，能使蠶體軟化或硬化。

膿蠶，卽蠶體破裂而出白汁者；蛆害，卽蠶食蠶蛆蠅產卵之桑葉或為寄生蠅所螫而生。

第二節　製造品

絲織品　杭州多絲織廠，故所出絲織品，聲聞中外。綢緞分鐵機織，木機織二種。花樣與品目繁多。紗有春紗、官紗、綯紗之別；紡有杭紡、板紡、羅紡。又線春，花光暗淡，今改織大綢，絲光鮮明，專售此品之商店，大小不下百餘家。如三元坊之大經、大昌、九綸、九新、順昌泰，保佑坊之萬源、萬昌、太平坊之咸章，清河坊之恆豐等，其最著者。

絲織風景　浙省天產蠶絲，遠勝他處，而杭市西湖之風景，更甲於全國。以絲織成為就地風景，錦鏽湖山之勝，進求巧奪天工之術者，則首推都錦生，後起者為啟文。都氏發明此織物不過十餘年，近則益加進步，雲霞燦爛，龍飛鳳舞，五光十色，鮮麗奪目，幾不類其為絲織品。而古今名人之花鳥蟲魚以及風景人物，均能一一顯之於錦鏽之上，神態逼真，而湖南之湘繡，蘇州之顧繡，不能專美於前矣。

摺扇　扇為暑天必需之品，種類很多，式樣不一。以紙製摺扇為最佳，式樣玲巧，攜帶便利。出品精美，首推太平坊舒蓮記，扇子巷張子元，近有王星記在太平坊出品亦頗精良。

剪刀　剪刀為家常日用必需品，各地出者很多，但鋼質形式，不及杭剪。大井巷張小泉近記，稱起首老店，向以人工製造，今亦兼用機器，益加改良也。

天竺筷　天竺之小竹，桿細而匀，節間長約尺許，截之作筷，利用其天然也，加以人工之精染，一端鑲以磁質料珠，精美異常。

竹器　西湖諸山多產竹，故杭州有多數小工業，多賴竹為原料，有作為桌椅書架等家用器具者，有編成竹籃竹箱者，工頗精細，式樣玲瓏。

旱烟　為烟草所製成，為元奇、白奇、呈奇、最有名，清和坊之宓大昌為最著。

火腿　出於金華、蘭溪、東陽一帶，其最上者，名蔣腿，又有茶腿，竹葉燻腿，市內各醃貨店均有出售。清河坊方裕和、胡恆昌、金華公司，薦橋大街大東陽等家，為最佳。

家鄉肉　亦由金華等處而來，重入硝缸，肉糯而香，精似胭脂，肥似白玉，杭州之名產也，非他處之醃猪肉所得而比。各醃鮝店均有出售，以十月至三月為最得時，清和坊之萬隆為最佳。

香粉　為女子化裝品之一，最佳者為貢粉，國產之化裝品也。其超等者遠勝於舶來品，清和坊之孔鳳春，其首屈一指也。

豆腐食品　豆含蛋白質及各種維他命甚豐，製成食品，如豆汁，豆腐，千層，香乾，腐衣，腐乳，油腐等類，為日常必需品，滋養品、杭產永昌豆腐乾，向稱著名，近有金泉社，應用科學方法，辦理新穎，製造各種豆製食品，價廉物美，營業頗盛，主其事者，為一學界中人而其各種甜味豆汁，尤為杭州人士所稱道，可以代牛乳之功效。

第三節　著名物品商店一覽

物品	店號及地址	
茶　桑芽　杭菊	翁隆盛	清河坊
	方正大	羊壩頭
	吳恆有	水師前直街
	茂記茶號	仙林橋直街
	鼎新	保佑坊
	吳興大	忠清大街
火腿　家鄉肉	方裕和	清河坊
	大東陽	薦橋街
	金華火腿公司	清河坊
	和記火腿公司	清河坊
	萬隆	清河坊
	恆胡昌	教仁路
扇	舒蓮記	太平坊
	王星記	太平坊
香粉	孔鳳春	清河坊
剪刀	張小泉近記	大井巷
筆墨	邵芝巖	三元坊
	石愛文	三元坊
	胡開文	保佑坊

物品	店號及地址	
旱煙	宓大昌	清河坊
洋廣貨	益新	保佑坊
	于天順	三元坊
	仁和	忠清大街
洋廣貨	恆裕	羊壩頭
	程松茂	里仁坊
丸散　飲片	胡慶餘堂	大井巷
藥酒	葉種德堂	望仙橋直街
	萬承志堂	禾豐巷口
絲線絨線	張允升	清河坊
膏藥	朱養心	大井巷
金珠首飾	乾源	薦橋堍珠寶巷口
	義源	同上
	信源	同上
帽	天章	保佑坊
鞋　皮革	爵祿	羊壩頭
	邊福茂	清河坊
	美利	保佑坊
	太昶	太平坊
	昇昶	保佑坊
製食品	金泉社	金錢巷
醬貨	景陽觀	薦橋街
圖書	商務	保佑坊
	世界	羊壩頭
	中華	保佑坊
	大東	保佑坊
鐘表眼鏡	中央鐘表眼鏡公司	延齡路一〇三號
	亨達利鐘表公司	保佑坊一〇九號
	惠林登手表公司	新水漾橋五一號
	毛源昌眼鏡公司	太平坊六三號
	亨得利鐘表眼鏡公司	清河坊二三號
	愼昌鐘表公司	新水巷橋四六號
照相	二我軒	花市路七五號
	天福照相	新民路一六六號
	佛國	仁和路九七號
	英華	延齡路一三號
	明星	新民路七四號
	逸義	鹽橋大街二七號
	三星	大方伯金錢巷三四號
	月溪	花市路七四號
	活佛	仁和路九四號

物品	店號及地址	
照相	留影	仁和路八七號
	眞光	新民一五八號
電料	中華	延齡路一三二號
	宏康	三元坊七一號
	亞洲無綫電公司	迎紫路三號
	新光華	三元坊一四號
	義成	東街路四三號
	元昌	延齡路九號
	日新	新水漾橋四〇號
	杭州電器公司	新民路四〇〇號
	明記	烏龍巷口二號
	明耀	城站路四〇號
綢緞	萬源	保佑坊一一二號
	順昌泰	三元坊三五號
	咸章	太平坊一六號
	恆豐	清河坊八號
	大經	三元坊四號
	大昌協	三元坊九號
	九新	羊壩頭八號
	萬昌	保佑坊九三號
	泰生祥	三元坊一三號
	美綸	羊壩頭三七號
	和生	羊壩頭二四號
	天源	羊壩頭二二號
	大綸	羊壩頭二六號
	大成	青年路二號
	九綸	三元坊一號
布莊	三友實業社	保佑坊九一號
	元泰	保佑坊九二號
	裕華	迎紫路一〇七號
	開泰	鼓樓外六七號
	宏裕	清河坊二八號
	太和	清和坊五九號
	丁同太	鹽橋大街三三號
	大豐布廠發行所	小學前三〇號
	高義泰	羊壩頭一〇號
	萬泰	壽安路二二號
	永華	迎紫路九六號
	高仁大	忠清大街八一號
	同春	教仁路
	公裕元	焦棋干五號

物品	店號及地址	
布莊	一元布莊	菜市橋大街八四號
棉織廠	三友社杭廠	拱宸橋西橋衖九七號
	六一織造廠	里仁坊直街四七號
	精勒紗布藥棉電機製造廠	大營前一七號
	惠民布廠	長慶街八五號
	振華布廠	孩兒巷九四號
	同盛布廠	三元坊三四號
	正豐布廠	登雲橋四〇號
	大同昌記布廠	余官巷茶葉衖四號
	廣生布廠	竹竿巷七四號
	華豐精製紗布廠	府前街五號
	均益防雨布廠	艮山門外一一號
	永新布廠	家樂橋一〇號
	大豐布廠	孩兒巷一九七號
	九華布廠	孩兒巷三一號

第六章　機關團體

第一節　黨政機關

甲、黨部機關一覽

浙江省黨部	民權路二〇號	杭州市黨部	湖濱路四八號
保安隊特別黨部	吳山路一二號	杭縣縣黨部	湖濱路四八號

乙、政府機關一覽

浙江省政府	佑聖觀巷一號	杭縣教育局	水亭址三三號
建設廳	將軍路一號	浙江軍人監獄	錢塘門外六號
教育廳	平海路四六號	浙江反省院	直吉祥巷四二號
浙江省國術館	裏西湖二〇號	浙江省監獄	小車橋一號
浙江省度量衡檢定所	將軍路一號	航空署	梅東高橋大營房
農林改良總場	將軍路一號	日本領府	石塔兒頭二號
浙江省國貨陳列館辦公室	迎紫路	杭州造幣分廠	西大街九九號
水利議事會	靈鷲寺巷三號	浙江沙田局	法院路
錢江義渡局	三廊廟三一號	軍械局	報國寺
民政廳	佑聖觀巷一號	市政府教育科	聖塘路
財政廳	東河坊路二四七號	市政府財政科	聖塘路
浙江賑務會	馬弄六號	杭州市自來水廠	清泰門外八號
浙江省衛生試驗所	裏西湖一三號	杭縣財政局	井亭橋縣署內
浙江省昆蟲局	岳墳李公祠內	浙江高等法院	性存路四號
稻麥場	拱宸橋大石橋二七號	杭縣地方法院	性存路四號
浙江省水利局	舊撫署	反省分院	小車橋一號
管理船舶事務所	三廊廟三一號	兩浙鹽務稽核所	金衙莊一五號
浙州市政府	聖塘路二三號	鹽運使署	金衙莊
市政府社會科	聖塘路	日本警察署	拱宸橋
市政府衛生科	聖塘路	經濟調查所	將軍路
市政府工務科	西浣紗路二五號	浙江陸軍測量局	舊藩署內
杭縣縣政府	迎紫路井亭橋三六號		

丙、軍警機關一覽

浙江省戒嚴司令部	延齡路	陸軍第九軍駐杭辦事處	候潮門外課商會館
浙江省保安處	延齡路	公安局一區一分署	三橋址直街四五號
浙江省臨時軍法會審	湖濱路二七號	一區三分署	仁和署二九號
陸軍二十一師駐杭辦事處	蕲王路一六號	一區五分署	柴木巷三一號
省會公安局	太平坊一號	一區七分署	馬所巷一〇號
一區二分署	五聖堂五號	公安局二區警察署	仁和路二二號
一區四分署	宗陽宮五五號	二區三分署	東街路一〇一九號
一區六分署	長慶寺一〇四號	二區五分署	孩兒巷一八〇號
一區八分署	華藏寺巷一一號	公安局三區警察署	拱宸橋一二號
二區二分署	下池塘巷彌勒寺一八號	三區三分署	湖墅五號
二區四分署	孝豐路二一號	三區五分署	艮山門外來鶴樓一四一號
二區六分署	岳墳五八號	四區二分署	化仙橋五〇號
三區二分署	明眞宮直街四七號	公安局長警訓練所	天長寺九三號
三區四分署	馬塍廟二〇號	拘留所	方福衖二九號
公安局四區警察署	警署街二五號	水上警察局	拱宸橋橋西七一號
公安局巡查隊隊本部	行宮前	杭縣縣公安局	東園巷機神廟
公安局偵緝隊	西府局五號	水上警察局第一區	江干水澄橋三三號
陸軍八十八師司令部	梅東高橋		

丁、消防機關一覽

瞭望台	城隍山四九號	消防總隊	茅廊巷八號
消防二分隊	琵琶街二三號	消防三分隊	賽西湖一四號
消防四分隊	湖墅九八號	消防六分隊	洋泮橋裏街一二六號
各界消防會上城	金波橋九號	各界消防會中城	弼教坊二六號
各界消防會下城	下倉橋後營衖九號		

戊、慈善機關一覽

永濟倉	體育路三二號	武林育嬰堂	湖墅倉基上四九號
婦孺救濟會	候潮門外直街四九號	貧兒院	慈幼路七號

省立貧兒院第一分院	杭府前二八號	浙江省救濟院	佑聖觀巷五四號
浙江省育嬰所	東河坊路二五八號	浙江省貧女習藝所	水溝巷二五號
浙江省貧民工廠	舊藩署一四號	浙江省貧兒所	舊藩署內
浙江省感化習藝所	拱宸橋杭州路二九號	浙江省養老所	中正橋直街二四號

己、交通機關一覽

A. 鐵路及公路

滬杭甬鐵路杭州城站	城站	杭江鐵路工程局	裏西湖四號
浙江省公路局	延齡路	公路汽車總站	武林門

B. 郵政

郵務管理局	城站大馬路一號	郵務支局	三元坊二三號
郵政支局	清和坊大街五二號	郵政支局	忠清大街六一號
郵政支局	南星橋七號	郵政支局	湖墅茶亭廟六號
郵政支局	東街路一〇七五號	郵政支局	延齡路翔龍橋下塊二〇七號
郵件檢查所			

C. 電報電話電台

浙江省電政管理局	金芝廟巷	交通部電報局	金芝廟巷
浙江省電話局	惠興路二三號	廣播無線電台	牛羊司巷
交通部杭州無綫電台	小教場七號		

庚、稅務機關一覽

杭關監督公署	管驛後六號	洋關	拱宸橋
收稅處	拱宸橋湖州路二號	箔類特稅杭分局	下焦營巷二號
浙江烟酒公賣局	法院路三號	浙江第一區營業稅總局	新民路一七七號
浙江捲煙統稅局	城頭巷四三號	第一區煙酒公賣局	板兒巷一四七號
大關稽徵所	關後四號	浙江硝磺運銷總處	板兒巷二五四號
浙江印花稅局	法院路	杭縣印花稅分局	寶善巷七號

第二節　教育機關

甲、大學及專科學校

A. 國省立大學　專科學校　私立學院

1. 國省立大學及專科學校

校　名	編　制		校 址
國立浙江大學	行政組織	祕書處……文書註冊圖書體育軍訓五課 總務處……事務會計醫務三課	大學路 農學院在筧橋
	學制組織	工學院……電機工程化學工程土木工程機械工程四系 文理學院…外交教育數學物理化學生物六系 農學院……農業動物農業植物農業社會三系 代辦省立高級工業職業學校分電機機械土木染織四科 代辦省立高級農業職業學校分農藝森林兩科	
航空學校			筧橋
國立藝術專科學校	共分四系	1. 繪畫系　2. 彫塑系 3. 圖案系　4. 音樂系	外西湖孤山路
省立醫藥專科學校		醫科四年畢業實習一年藥科三年畢業	刀茅巷
省立地方自治專修學校		最近為第三屆第四屆各一級	馬坡巷三二號
省立警官學校		最近為三期正科修業二年二期巡訓班修業八月六期學警隊修業六月	

2. 私立學院

校　名	編　制		校 址
私立之江文學院理	設文理兩科	文科分國文經濟政治教育英文哲學等系	閘口二龍頭

乙、中等學校

A. 國省立中等學校

校名	校址
省立高級工業職業學校	大學路
省立高級農業職業學校	筧橋
省立高級蠶桑科職業學校	筧橋
省立杭州師範學校	性存路
省立杭州初級中學	學院前四二號
市立初級中學	一部金沙港二路岳墳
省立醫院附設助產學校	馬市街八十一號
省立杭州高級中學	貢院前一號
省立杭州女子中學	西大街銅元路
省立民衆教育實驗學校	新民路

B. 私立中等學校

校名	校址
之江附屬高級中學	閘口二龍頭
兩浙鹽務初級中學	體育場路梅東高橋
安定初級中學	葵巷
穆興初級中學	銀洞橋
正則初級中學	大塔兒巷
民生初級中學	東街路
樹範初級中學	舊藩署三六號
光華初級中學	馬市街小營巷
馮氏女子初級中學	薛衙前
蕙蘭中學	東街路
宗文初級中學	皮市巷
清波初級中學	花牌樓底雲居山二十五號
中山初級中學	西湖石塔兒頭
清華初級中學	橫河橋大河下
虎林初級中學	下馬坡巷
錢塘初級中學	福緣巷
弘道女子中學	新市場學士路
惠興女子初級中學	惠興路
行素女子初級中學	橫河橋大河下
明敏女子初級中學	羊市路

C. 私立職業學校及傳習所

校 名	校 址
私立初級女子家事商業職業學校	奎垣巷
私立廣濟女子助產職業學校	新民路
私立浙江測量講習所	舊藩署內
私立浙江地政講習所	運司河下五十三號
私立浙江實驗養蜂講習所	城隍山
私立濟生女子助產職業學校	城頭巷四十三號
私立浙江財務學校	孝子坊三十號
私立杭州無線電報傳習所	學士路廣裕里八號
私立實用速記英語傳習所	清河坊

丙、小學校

A. 市立小學

第一學區			
水亭小學	水亭址	佑聖觀巷小學	佑聖觀巷
白衙巷初級小學	白衙巷	西牌樓初級小學	西牌樓
下羊市街初級小學	下羊市街		

第二學區			
清波小學	南城脚下	太廟巷小學	太廟巷
高銀巷小學	高銀巷	高士坊小學	高士坊巷
府前街小學	府前街	四牌樓初級小學	四牌樓
火藥局弄初級小學	三橋址火藥局弄		

第三學區			
橫河小學	橫河橋大河下	華藏寺初級小學	東街路華藏寺巷
皮市巷初級小學	中皮市巷		

第四學區			
天長小學	孝女路	平海路初級小學	平海路長春里十號
飲馬井初級小學	飲馬井巷	岳王路初級小學	衆安橋河下

第五學區			
王馬巷小學	王馬巷十一號	艮山門小學	艮山門定香寺巷
新橋初級小學	東街路新橋		

第六學區			
仙林橋小學	仙林橋仙林寺	百井坊巷初級小學	百井坊巷平民住宅
中正橋小學	西大街中正橋河下	林司後初級小學	林司後一一三號
寶極觀初級小學	寶極觀巷三十號		

第七學區			
靈慶里小學	西湖岳墳湖口	昭慶寺初級小學	昭慶寺
松木場初級小學	松木場	翁家山初級小學	翁家山
滿覺隴初級小學	滿覺隴	三台山初級小學	三台山三台別墅
龍井初級小學	西湖龍井	茅家埠初級小學	茅家埠
法雲弄初級小學	靈隱法雲弄三十七號		

第八學區			
閘口小學	閘口涵波橋	美政橋初級小學	江干美政橋
洋泮橋初級小學	江干洋泮橋	海月橋初級小學	江干海月橋河下二十五號
南星橋初級小學	候潮門外金華會館	化仙橋初級小學	化仙橋裏街
水澄橋初級小學	江干水澄橋裏街	六和塔初級小學	閘口潮神廟
兵馬司初級小學	江干三廊廟		

第九學區			
稔家橋小學	清泰門外稔家橋	望江門初級小學	望江門外直街
候潮門初級小學	候潮門外直河頭二號	清泰門初級小學	清泰門外三八號
定海村初級小學	清泰門外二堡	徐家埠初級小學	清泰門外徐家埠

第十學區			
彭埠小學	艮山門外彭埠	下菩薩初級小學	艮山門外下菩薩關王廟
全家橋初級小學	艮山門外全家橋	五堰廟初級小學	艮山門外五。廟
新塘初級小學	新塘鎮中新廟	楊墅廟初級小學	艮山門外流水橋一二號
白石鎮初級小學	白石廟	堯典橋初級小學	堯典橋
太平門初級小學	太平門外上青宮	三堡初級小學	清泰門外三堡上六甲廟
七堡初級小學	七堡塘外	衖口初級小學	艮山門外衖口

第十一學區			
筧橋初級小學	筧橋	象王廟初級小學	七堡象王廟
九堡初級小學	八堡于家橋于家庵	横塘初級小學	筧橋横塘
楊家廟初級小學	蔡陸家橋	宣家埠初級小學	

第十二學區			
德勝橋小學	湖墅夾城巷	米市巷初級小學	湖墅米市巷口二號
草營巷初級小學	湖墅賣魚橋	清河閘初級小學	清河閘
瓜山村初級小學	瓜山老廟	善賢壩初級小學	善賢壩

第十三學區			
大同小學	拱埠大同街磨庫弄	仁和倉初級小學	湖墅仁和倉
拱宸橋初級小學	海關後湖州路	大關初級小學	湖墅大關
新廟前初級小學	拱宸橋西新廟前		

B. 私立小學

第一學區			
明敏小學	羊市街	紹興同鄉會小學	許衙弄
木業小學	彩霞嶺	養成初級小學	琵琶街
普城小學	城站全閩會館	啟蒙初級小學	城站新開弄
輔德第二初級小學	撫甯巷	務本初小學	東河坊路一一六號
民智初級小學	吉祥巷	廣業初級小學	扇子巷撫橋
自強初級小學	下板兒巷	中山初級小學	佑聖觀
光明小學	板兒巷	基礎初級小學	新宮橋信餘里
震旦小學	上板兒巷四十號	甯波同鄉會初級小學	吉祥巷怡養廬

第二學區			
端本小學	陸官巷	穆興小學	保佑坊回回堂
時敏小學	運司河下	武氏初級小學	大螺螄山脚二十五號
日知第一初級小學	上花牌樓十八號	日知第二初級小學	察院直街四八號
進化初級小學	十五奎巷六九號	鹽務第二初級小學	下后市街
誠化初級小學	十五奎巷茶秋弄	英才初級小學	東部司衛
郁文初級小學	紅門局	湧金初級小學	湧金門直街

第三學區			
行素小學	馬所巷一號	崇一小學	清泰路八十九號
長慶小學	清泰路	興忠初級小學	下興忠巷
蕙蘭小學	東街路	輔德初級小學	覺苑寺巷
正則小學	大塔兒巷	樂英初級小學	興忠巷
信一小學	肅儀巷	同軌初級小學	烏龍巷三十一號

培英小學	珍珠巷	馮氏小學	紫荊觀巷
紫陽小學	下珠寶巷	競志初級小學	豐禾巷
鹽務小學	下珠寶巷	崇文初級小學	長明寺巷葵巷口
慈幼小學	大學路八十五號	肥業初級小學	馬市街永甯院
裕成小學	枝頭巷	曙光初級小學	菜市橋南河下五十一號

第四學區			
女職附小	奎垣巷	輔仁小學	奎垣巷十四號
惠興小學	惠興路鐵線巷	弘道小學	學士路
復新小學	吳山路	宏文初級小學	鬧市口慶和里
日新初級小學	東浣紗路三和里	仁社竹安初級小學	東平路
青年會初級小學	青年路		

第五學區			
育德小學	東街路北大樹巷	大經小學	東清巷
璇璣初級小學	體育場路	觀成第二初級小學	東園巷機神廟
慶春初級小學	慶春路一五一號	鳴川初級小學	東街路錦元二衖

第六學區			
觀成小學	忠清巷九十九號	樹人小學	法院路
民志初級小學	王衙前	羣英初級小學	竹竿巷
書農初級小學	鹽橋大福清巷	三育初級小學	貫巷
求實初級小學	孩兒巷	同仁初級小學	寶極觀巷一三〇號
青年初級小學	鳳起路四號龍興寺	衆安初級小學	竹竿巷
長壽初級小學	長壽路福壽里		

第七學區			
精忠初級小學	西湖岳墳	靈隱初級小學	靈隱白樂橋
南屏第一初級小學	西湖飲馬橋	南屏第二初級小學	西湖赤山埠
瀾平初級小學	西湖淨慈路兩浙節孝祠		

第八學區			
崇德小學	江干海月橋	之江小學	閘口二龍頭
柴業初級小學	南星橋柴校路	柴業第二初級小學	洋泮橋裏街
木業第二初級小學	洋泮橋裏街		

第十區			
機業第二初級小學	艮山門外機神廟	機業第三初級小學	堯典橋河下五十號
七襄初級小學	艮山門外白廟前	明道初級小學	艮山壩

第十二區			
城北義務小學	倉基上	新民小學	湖墅甘露茶亭
城北工商初級小學	湖墅夾城巷		

第十三區			
崇實初級小學	拱埠福海里	培元初級小學	大關明眞宮
思文初初級小學	湖墅賈家衖		

丁、幼稚園

A. 省市立幼稚園

省立高中附小幼稚園	貢院前	清波小學幼稚園	南城脚下
河横小學幼稚園	横河橋大河下	天長小學幼稚園	孝女路

B. 私立幼稚園

務本幼稚園	車駕橋塊八十五號	弘道幼稚園	學士路
培根幼稚園	皮市巷四十四號	新民幼稚園	湖墅甘露茶亭

戊、其他學校

省立高中附小	貢院前	國立浙大農院中央航空學校合辦長佛寺小學	筧橋長佛寺
鐵道部立閘口扶輪小學	閘口	省立貧兒院中學部	慈幼路
省立貧兒院小學部	慈幼路	私立聾啞學校	下板兒巷二十七號
省區救濟院貧兒所小學	舊藩署	市立中心民衆學校	衆安橋河下

己、社會教育及輔導機關

A. 圖書館及教育館

1. 圖書館

浙江省立圖書館總館	大學路長官衖五九號
新民分館	新民路六十七號
孤山分館	外西湖二十五號
市立兒童圖書館	橫河橋大河下
私立流通圖書館	鼓樹

2. 教育館

省立民衆教育館	湖濱路三〇號
省立實驗民衆教育館	新民路
市立第一民衆教育館	薦橋
市立第二民衆教育館	艮山門外彭埠
市立第三民衆教育館	江干洋泮橋
市立第四民衆教育館	湖墅夾城巷晏公廟
市立第五民衆教育館	

B. 民衆茶園民教實驗區

市立西湖民衆茶園	西湖茅家埠
市立民教實驗區	西湖茅家埠
第一學區自然實驗室	市立亭水小學內
第八學區自然實驗室	市立洋泮橋初小內
第十二學區自然實驗室	市立德勝橋小學內
地教參考室	分區自然實驗室
市立會堡民衆茶園	清泰門外直街十八號
市立地方教育參考室	衆安橋河下
第七學區自然實驗室	市立靈慶里小學內
第十學區自然實驗室	市立彭埠小學校內

C. 博物館　體育場　俱樂部

西湖博物館	外西湖二十一號
省立西湖游泳池	湧金門
杭州民衆俱樂部	民權路二十一號
浙江省體育場	體育場路七二號
省立民衆體育場	湖濱路
杭州市人力車夫職工俱樂部	烏龍巷三十一號

庚、文化團體

杭州市市教育會	城隍山倉聖廟	第七區教育會	市立初級中學二部
第一區教育會	水亭小學	第八區教育會	洋泮橋初級小學
第二區教育會	清波小學	第九區教育會	稔稼橋小學
第三區教育會	橫河小學	第十區教育會	彭埠小學
第四區教育會	省立民衆教育館	第十一區教育會	筧橋初小
第五區教育會	東街新橋	第十二區教育會	德勝橋小學
第六區教育會	高級中學	第十三區教育會	大同路小學

第三節　公共會所

甲　杭州市農會一覽

杭州市農會改指辦事處	湖濱路市黨部內
湖墅西區區農會	湖墅大兜橋頭
皋塘區區農會	皋塘將軍殿
西湖區區農會	孤山第七區區公所
湖墅東區區農會	湖墅大兜橋頭
江干區區農會	江干六十三號

乙　杭州市工會一覽

火柴業工會	江干海月橋裏街羊義弄一號
燭業工會	清波門花牌樓二三號
絲織料機業工會	橫子巷十六號
袋業工會	湖墅婆婆橋一三〇號

電氣業工會	板兒巷電氣公司
材業工會	西牌樓材業會館
醬作業工會	貫橋法輪寺
米業工會	貫橋法輪寺
國藥業工會	佑聖觀巷五四號

丙　杭州市商會一覽

杭州市商會	保佑坊大街

丁　杭州市各業同業公會一覽

雜貨業公會	郭通園巷	紅銅業公會	白馬廟巷
典業公會	崔家巷	過塘業公會	江干洋泮橋
人力車業公會	方谷園十八號	南貨業公會	缸兒巷
參業公會	元井巷	綢業公會	銀洞堂觀成堂內
衣業公會	柳翠井巷	茶漆業公會	候潮門外一三〇號
內河船業公會	萬安橋南河下三二號	煤業公會	郭東園巷一〇五號
米業公會	聯橋木場巷二號	結采業公會	萬安橋北河下七一號
布業公會	柳翠井巷六一號	豆腐業公會	寶極觀巷後小井頭
旅店業公會	城站福慶衖四號	顏料業公會	柳翠井巷
輪船業公會	拱埠馬家橋八號	新藥業公會	羊壩頭中法藥房內
箔業公會	湖墅信義巷	電機絲織業公會	銀洞橋觀成堂內
磚瓦業公會	祖廟巷	錢業公會	柳翠井巷
印刷業公會	開元路開元里七號	機料人造絲業公會	皮市巷二二四號
蠶業公會	拱埠馬家橋	派報業公會	金釵袋巷二四號
水果業公會	花市路南三衖	茶店業公會	新市場雅園茶店內
油業公會	元井巷一九號	小菜行業公會	金剛寺巷一四號
木排業公會	候潮門外	鞋革業公會	保佑坊廣合順皮號
飯業公會	后市街七五號	廣貨業公會	撫橋衖
國藥業公會	柴木巷安樂坊	玻璃五金業公會	保佑坊
木板業公會	江干花仙橋	絲業公會	艮山門內定香寺十號
酒業公會	下板兒巷	茶食糖果業公會	馬衖一號
醬業公會	茅廟巷	服裝業公會	青年路東平巷
銀行業公會	東太平巷居仁里	轉運業公會	羊市路六七號
捲菸業公會	板兒巷二三六號		

戊　其他會所

四明公所	鳳凰山脚十一號	台州同鄉會	金洞橋皐颺里三三八號
浙鹽公所	薦橋街二一號	紹興同鄉會	城站許衙衖
杭州律師公會	性存路七號	甯波同鄉會	長生路六三號
杭州市醫藥師公會	性存路	臨海同鄉會	開元路洽豐里五二號
安徽會館	柴垜橋一二號	女青年會	開元路二七號
奉化會館	大營前三二號	城北基督教新民社	大夫坊一一五號
金衢紙業公所	華光橋河下三〇號	新昌同鄉會	運司河下
杭市國貨工廠聯合會	下板兒巷二五號	青年會	青年路四七號
杭市各界反日救國會	民權路四八號		

附——杭州市各區長坊長姓名表

區別	區長姓名	區公所住址	坊別	坊長姓名	坊公所住址
一	陸啟	扇子巷十二號	一	嚴薌麐	直箭道巷一號
			二	楊本浩	元井巷四十五號
			三	徐炳黼	金波橋金波廟
			四	范詠澄	西柴木巷二十二號
			五	韓大寶	金剛寺巷十四號
			六	高鳳洲	板兒巷三十四號
二	朱緝書	嘉禾里十號	一	陸步瀛	太廟巷三十一號
			二	陳憲和	十五奎巷吳山第一廟內
			三	陸公挺	運司河下六十五號
			四	汪炎忱	運司河下時敏小學內
			五	嚴少山	火藥局衖四十六號
三	沈潛龍	烏龍巷十二號	一	周錫藩	烏龍三十號
			二	范君銘	下華光巷六十七號
			三	滕一青	新民路五十八號
			四	施仁珍	珠巷五十號
			五	吳劍飛	東街路一百九十九號
			六	單鴻慶	焦棋杆二十三號
四	范耀雯	西浣紗路九號	一	徐勳奎	垣巷十四號
			二	徐文達	西院紗路九號
			三	湯兆頤	法院路九號

區別	區長姓名	區公所住址	坊別	坊長姓名	坊公所住址
五	黃祖旲	東園巷機神廟	一	施春山	慶春路顯眞道院
			二	王五權	東清巷絲綢織造業同業公會
			三	陸桂棠	威乙巷三號
			四	金聯笙	成牙營小雲棲內
			五	姚潤青	東園巷第五區公所
六	吳志道	上西大街五十三號	一	李吉生	五福樓潮王廟
			二	錢鏡西	林司後初級小學
			三	朱少臣	下焦營巷蕭王廟
			四	洪頤壽	寶極觀巷初級小學
			五	杜宸薌	竹竿巷東陽會館
			六	李純炎	中正橋小學
七	錢宗翰	外西湖左蔣公祠	一	袁樹勳	松木場東岸袁仁昌鹽號
					松木場七區一坊坊公所
			二	杜仲華	外西湖左蔣公祠
			三	馬舜年	三台山區三坊坊公所
八	趙繩武	海月橋自治公所	一	楊耀文	南星橋烏龍廟
			二	范錦章	美政橋福興廟
			三	張厚林	海月橋救生公所
			四	韓子林	閘口元帥廟
九	朱孔爽	清泰門外稔家橋	一	姚連生	望江門直街永昌庵
			二	馮士達	本區公所
			三	陳沛金	稔稼橋九區公所
十	范汝民	艮山門外灣兒頭	一	於霈然	艮山門外火車站舊皋塘鄉自治公所
			二	屈掌文	下菩薩諸葛廟
			三	俞應椿	俞家匯密修菴
			四	沈松慶	太平門外新塘上
			五	鄭德清	彭埠彭埠小學
			六	沈俊甫	彭家埠五堰廟
			七	陸秀松	七堡塘下海神廟
十一	葉寶銓	荐橋大街	一	相博時	荐橋直街八十一號
			二	吳丙元	橫塘廟
			三	周錦松	于家橋三十號
十二	沈海帆	西湖堤陳侯王廟	一	沈叔宜	西湖堤陳侯王廟二
			二	馬禹門	甘露茶亭廟
			三	孟觀慶	拱埠大亭路榮盛烟號轉皋亭堤皋亭廟
			四	陳連生	拱埠大馬路榮盛烟號轉瓜山鎮瓜山廟

區別	區長姓名	區公所住址	坊別	坊長姓名	坊公所住址
十三	徐優甫	大關馬家橋邊繭業公所	一	謝松生	湖墅信義巷五十二號
			二	馮延榮	大關紫荊街六十七號
					電話九一〇九轉
			三	陳茂侯	拱埠磬庫衖二十號
					電話九一九五轉

第四節　新聞事業

民國日報館	開元路二四號	上海新聞報分館	福緣巷三二號
之江日報社	迎紫路三五號	申報分館	新福緣路二二號
浙江新聞社	官巷口四〇號	浙江商報社	保佑坊二七號
浙民日報館	保佑橋二七號	時事新報杭社	新福緣路八一號
時報分館	福緣路三三號	國民新聞社	青年路八號
國民通訊社	民權路二四號	兒童時報社	開元橋知足里

附印刷公司一覽

新新印刷公司	新民路四一〇號	省立圖書館印刷部	水陸寺巷七號
大中央鉛石印書館	新民路一五九號	大中印刷局	青年路五四號
中華鉛石印刷公司	大方伯八九號	文俊齋刻字印刷社	忠清大街二二號
光華印刷公司	衆安橋三五號	正則印書館	同春坊六一號
大陸五彩石印局	壽安路二八號	弘文印書局	金波橋衖一號
競新印社	吳山路八號	青白印刷局	弼教坊石貫子巷一二號
有益山房	清和坊九號	長興印刷所	開元路二五號
杭州印刷局	上后市街五號	浙江印刷公司	青年路
美昇石印局	薦橋路一號	彩華印刷局	上珠寶巷四五號
泰昌印務局	里仁坊三一號	華興石印局	壽安坊一二號
裕泰合記彩印機器製罐廠	延齡路二四一號		

第七章　公用事業

第一節　市區電話

甲　電話用法

A. 自動電話機用法

一、呼叫方法……取下聽筒靜聽，待有撥號聲，方可開始撥號，撥號完畢如聽筒中有振鈴聲，可靜候對方接話，如係佔線聲，乃對方正與他處通話，請將聽筒掛上，少停再接，如係空線聲，則因查錯或撥錯號碼或該號電話已折去，如聽有障礙聲，則因對方電話損壞。

注：撥號聲…… 係連續不斷之滋滋聲。

振鈴聲…… 與來電話時鈴響聲相似惟較低。

佔線聲…… 係急促的勃是勃是聲音。

空線聲…… 一長兩短又一長之滋音，

可以下列符號表之：（－‧‧－）。

障礙聲…… 忽低忽高之勃是聲。

二、答應方法……聽見話機之內電鈴振響時，應卽迅速往將聽筒舉起答應。

三、通話完畢……通話既畢，雙方各將聽筒掛上，綫卽自動折去，如欲另接別處，祇須待聽筒掛後兩三秒鐘，再依法呼叫，如通話後，忘却將聽筒掛好，隔數分鐘後，聽筒中卽發出，由低而高之號號聲，用戶聽得此聲，不必驚慌，應急速將聽筒掛好，但務請用戶，特別注意，切勿使此項事件隨意發生，因種有礙機件！

四、檢查號碼……自動電話，因全用機械接綫，故欲接某處，必須先將該處電話號數查出，然後依照前述方法使用，與以前人工接綫可隨時間答者不同，再查號時，必須用最近出版之電話號簿，因本市自改裝自動電話後，所有以前號碼全不適用，倘用戶遇有困難情形，如新裝用戶有未列號簿內等情，請卽先撥（〇三）二字，然後等候話局答應（「〇三」卽電話局之問訊處）。

五、南字用戶……凡用戶號數上有南字者（例如南字一三〇）係閘口方面用戶此項用戶，暫時尚未改用自動機，如自動用戶欲接南字用戶者，請先撥（〇六）待接線生答應，再報所要之號數。

六、鄉字用戶……接法與南字用戶同，惟須先撥（〇七）。

七、其他用法……甲欲接長途電話，請撥（〇〇）（此係長途記錄台電話號數）俟記錄生答應，再告以被叫城地電話號碼及姓名等，此時暫將電話掛上，俟對方接通，接綫生自當叫回通話（請參看本章第二節甲）。

八、如話機損壞或久撥不應，請借他處電話撥（〇一）報告詳細情形，當卽派人修理。

九、如欲向電話局有所詢問，請撥（〇三）。

十、如對於使用自動電話上有備詢問，請撥（〇四）

或函達當即派人指導。

B. 南支局及鄉字用戶磁石式電話用法

一、發話

1. 查明對方電話號數（凡報用戶姓名者恕不能接綫）。
2. 先將電機搖柄輕搖兩三轉然後將聽筒從掛鈎上取下置在耳旁等候接線員答應「要幾號」即將所欲接之號數報明接綫員即由自動機代為接好，其振鈴時，可聽得細微之振鈴聲。
3. 一聞對方用戶答應即可自報姓名開始談話。

二、接話

1. 聞鈴聲後將聽筒取下置於耳旁告以姓名或行名。
2. 談話未完或傳叫他人接請切勿將聽筒放回掛鈎。
3. 雙方電話接通後有要與接線員談話者可撥動掛鈎。

三、話畢……如係南字用戶將聽筒還置掛鈎上別無其他手續如係鄉字用戶聽筒掛上後須搖回鈴兩三轉。

四、重接電話……欲重接電話須俟聽筒掛上後一分鐘方可再接。

乙　電話價目

A. 市內電話價目表

<table>
<tr><td rowspan="13">月租費</td><td rowspan="3">甲種用戶</td><td>在總局及閘口支局區域以內者</td><td>六元</td></tr>
<tr><td>在拱辰橋支局區域以內者</td><td>六元五角</td></tr>
<tr><td>在規定區域以外者</td><td>七元</td></tr>
<tr><td rowspan="3">乙種用戶</td><td>在總局及閘口支局區域以內者</td><td>八元五角</td></tr>
<tr><td>在拱辰橋支局區域以內者</td><td>九元</td></tr>
<tr><td>在規定區域以外者</td><td>九元五角</td></tr>
<tr><td>丙種用戶</td><td colspan="2">按次數收費章程見下</td></tr>
<tr><td rowspan="3">副機</td><td>甲種用戶</td><td>二元</td></tr>
<tr><td>乙種用戶</td><td>三元</td></tr>
<tr><td>丙種用戶</td><td>三元</td></tr>
<tr><td colspan="2">分鈴</td><td>一元</td></tr>
<tr><td colspan="2">鄉線用戶</td><td>八元五角</td></tr>
<tr><td colspan="3">附註：本局規定之區域附後</td></tr>
<tr><td rowspan="7">按次數收費之電話</td><td colspan="3">丙種用戶電話在總局及閘口支局區域以內者照下列章程收費</td></tr>
<tr><td colspan="2">每月叫出通話次數（未通話者概不計教）</td><td>月租費</td></tr>
<tr><td colspan="2">1. 在四百次以內者</td><td>八元五角</td></tr>
<tr><td colspan="2">2. 在四百次以外六百次以內者</td><td>九元五角</td></tr>
<tr><td colspan="2">3. 在六百次以外八百次以內者</td><td>十一元</td></tr>
<tr><td colspan="3">丙種用戶電話在拱辰橋支局區域以內者其月租費照上表各加五角</td></tr>
<tr><td colspan="3">丙種用戶電話在規定區域以外者其月租費照上表各加一元</td></tr>
<tr><td rowspan="5">裝機費</td><td rowspan="2">話機</td><td>城內</td><td>十五元</td></tr>
<tr><td>城外（參閱裝機價目表）</td><td>三十元至一百元</td></tr>
<tr><td colspan="2">鄉綫</td><td>另議</td></tr>
<tr><td colspan="2">副機</td><td>十元</td></tr>
<tr><td colspan="2">分鈴</td><td>五元</td></tr>
<tr><td rowspan="3">押機費</td><td colspan="2">話機</td><td>四十元</td></tr>
<tr><td colspan="2">副機</td><td>三十元</td></tr>
<tr><td colspan="2">分鈴</td><td>十元</td></tr>
<tr><td rowspan="3">移機費</td><td rowspan="3">宅內</td><td>話機</td><td>五元</td></tr>
<tr><td>副機</td><td>五元</td></tr>
<tr><td>分鈴</td><td>二元五角</td></tr>
<tr><td rowspan="5">移機費</td><td rowspan="3">話機</td><td colspan="2">1. 新地點與原地點在不同一線路者照新地點裝機費減收五元</td></tr>
<tr><td colspan="2">2. 新地點與原地點在同一綫路而較近者收拾元</td></tr>
<tr><td colspan="2">3. 新地點與原地點在同一綫路而較遠者收兩地裝機費之差額外加十元</td></tr>
<tr><td colspan="2">副機</td><td>五元</td></tr>
<tr><td colspan="2">分鈴</td><td>二元五角</td></tr>
</table>

更名	一律五元	
貼桿	無論裝機移機凡須添立木桿者每桿收貼桿費三元	
附註	甲種用戶	公館　住址　別墅　廬舍　莊寓等屬之
	乙種用戶	機關　會社　場所　學校　報館　律師事務所　醫寓　會計師事務所　建築事務所　寺院　銀行　錢莊　公司　商舖等具有營業性質而不屬於丙種者
	丙種用戶	旅館　酒菜館　菜樓　浴堂　戲院　電影院　娛樂場所等具有公用性質而不屬於甲乙兩種者

B. 裝機價目表

1	城內	一五元	2	望江門外	三〇元
3	清泰門外	三〇元	4	艮山門外至艮山站	三〇元
5	艮山站至大佛頭	五〇元	6	大佛頭至衖口鎮	七〇元
7	衖口鎮至筧橋鎮	九〇元	8	筧橋鎮至農學院	一〇〇元
9	武林門至北星橋	三〇元	10	北星橋至洋關	四〇元
11	石塔兒頭至松木場	三〇元	12	石塔兒頭至西泠橋	三〇元
13	西泠橋至李公祠	四〇元	14	李公祠至茅家埠	五〇元
15	李公祠至洪春橋	五〇元	16	洪春橋至下天竺	七〇元
17	下天竺至上天竺	九〇元	18	清波門至蘇堤南端	三〇元
19	蘇堤南端至四眼井	五〇元	20	四眼井至虎跑	六〇元
21	鳳山門至閘口	三〇元	22	閘口至之江大學	四〇元
23	其他各處另行酌定				

丙　收費區域規定地點

1. 總局及閘口支局區域

武林門外	趙堤	四眼井	東新街
上林橋	流金橋	虎跑寺	楊家台
松木場	宋莊	江邊	打鐵關
寶石山後大路	臥龍橋	沿江至南星橋	緣功橋
棲霞嶺	沿胡至高莊	觀音塘	積功橋
岳墳	于墳赤山埠	海塘	武林門外
環碧橋	石屋嶺	教場地	

2. 拱宸橋支局區域

上林橋	沿小河至東一村	杜家塘	沿河至鐵路
下林橋	方家塘	谷家塘	沿鐵路至總局區界
湖平橋	楊家塘	倪家橋	沿總局區界至上林橋
湖江橋			

3. 附則

1. 凡欲裝設電話者須向本局業務科填具申請書並將應繳各費付清後方可辦理。
2. 本局裝設電話係按申請先後依次辦理遇有工程不便或裝設地點尚無桿綫設備者當另行酌量辦理之。
3. 凡用戶添設移置或拆卸機件應先期通知本局業務科隨繳應納各費始能辦理。
4. 凡用戶不按第三條之規定而自行加裝副機及分鈴等一經查出除將該項機件一律沒收並照章補收裝機費外另補三個月月租費遇有擅自移動或拆卸者查明後當接移機費加倍收費。
5. 一戶所裝之電話不得與他戶合用又某種用戶之電話不得裝在他種用戶之處如有上項情形希圖省費應照章分別償補否則停止通話。
6. 無論何種用戶在任何月份內叫中電話接通次數在一千以上者該用戶應即係裝電話一號否則停止通話。
7. 新裝用戶通話在十五日以前者照全月收費在十五日以後者照半月收費拆機在十五日以前者照半月收費在十五日以後者照全月收費。
8. 每月話費應於本月十日以前送交本局過期不繳即由本局派人攜帶收據向各戶收取如月底仍未繳付當於次月十日由本局去違函警告迨至次月二十日仍未付清者應暫行停話在停話期內月租費仍須照繳如至月底仍未繳清即將話機拆回並追繳欠費如屬鄉線用戶月租費須一律按月來局繳付不再派人收取。
9. 凡用戶所繳各費除押機費及長途掛號費外其他概不

發還用戶如須收回押機費及長途掛號費應於拆機之日起六個月內憑收據來局兌取原繳之額逾期作為無効倘將收據遺失應另具申請書覓具舖保經本局查明確實方可發還遇有拖欠本局各費即將該款扣抵不足仍須追繳。

10. 用戶如願將所裝電話讓與他人接用者雙方須會同備具函件詳註應改名義加蓋雙方印章倘原用戶尚有欠費未請應由接替者負責清繳並隨納更名費銀五元遇有不按上項手續辦理而私自頂替者一經查出應照章加倍收費如須移機者當再據價目表繳納移機費。

11. 用戶欲將已裝之墻機改換桌機或桌機改換牆機者當照宅內移機例收費。

12. 凡短期間需用之臨時電話除工料費由用戶一次繳足外其月租費至少以一個月計算。

13. 凡過水火風災各種意外事故以致不能通話者應隨時通知本局派工修復但不得扣減月租費。

14. 用戶裝設之話機及線料均係租用性質除使用時期遇見自然侵蝕外如損壞及遺失據機件價目表分別賠償。

15. 凡用戶因事暫不需用電話時得請求本局暫行停話其辦法如下：

(1) 用戶請求停話須在一星期前來局填其停話申請書經本局認可後方可辦理。

(2) 停話時間至少一個月。

(3) 凡在每月十五日以前停話者其在上半月話費仍照通話計算自下半月起減半收費在十五日以後停話者其本月話費照通話計算自下月起減半收費。

(4) 停話用戶在十五日以前恢復通話者其全月話費照通話計算在十五日以後恢復通話者其下半月話費照通話計算。

(5) 凡用戶在停話期內除不得通話及話費（三）（四）二項辦理外其課應享權利及應盡義務仍與其他用戶無異。

(6) 凡因欠費停話者不得適用本條所義各項。

16. 本讀為稽查綫路機件及其他事項起見得隨時遣派員二行赴各用戶裝機地點查勘狀況或詢問情形所派員二均佩有本局證章養攜有派工單及正式收據為憑如無上項憑證請個令入內該項員工對於用戶如有需要情事希卽通知本局依法懲辦。

17. 專用綫及小交換機之租用章程另訂之。

丁　規程

A. 交換規則

一、用戶使用電話須先諳各項用法及查明被叫號碼。

二、呼叫時遇有對方佔線情形應立卽將聽筒掛上稍待再打。

三、本局各檯俱有專責用戶不得無故打至任何檯談笑或無理取鬧。

四、用戶不得藉電話騷擾其他用戶或使之受損失及威脅。

五、通話完畢時必隨時將聽筒掛好。

六、用戶對於話機應切實保護不得轉借別人使用如因他人借用所發生之事端應由該用戶負完全責任。

七、普通電話不得傳送音樂唱片或無綫電等。

八、用戶如遇本局接綫員應答失禮及有留難或不盡職之情事應向班長台（三六〇九）或領班室（二五〇〇）報告或函告本局請勿與該接綫員直接交涉。

九、凡違背以上任何條例本局得依其情節輕重予以停話或拆綫之處罰如遇重大情形本局得呈請政府依法辦理。

B. 專用綫租用章程

一、專用線係供兩處或數處直接通訊之用與市內電話用戶不能接通。

二、凡欲裝設專用綫者須開具名稱地址說明用途經本局察看線路情形按第三條或第四條之規定核計裝設費用由請求者繳清後方得派工裝設。

三、凡專用線之綫路經過市內電纜者其裝設費按該專用線各端所在地點裝機費價目總數計算之。

四、凡專用線須全部放設明綫者其裝設費按實需材料價值估計之。

五、專用綫之綫路倘遇距離過遠或工程不便時本局得酌量情形拒絕裝設。

六、專用綫月租費按綫路之總長度計算其在四里以內者每月收費四元其在四里以外者則在四里以外之綫路每里每月加收五角。

七、專用線如須裝用話機得向本局租用每具收押機費五十元每具每月收租費一元五角。

八、關於其他事項仍參照普通電話章程辦理。

九、本章程自呈准建設廳備案之日起公布施行。

C. 共電式自接交換機租用章程

一、本局共電式自接交換機及其所用電池機綫路電池等之各項費用均按左表收取：

名稱		自接交換機	自接交換機所用中繼線	自接交換機所用話機
押機費		一百元		二十元
裝機費		三十元	按普通電話裝機價目表辦理	十元
工料費			須添立木桿者每桿收洋三元	
月租費		十元	八元五角（按照區域分別計算）	一元五角
移費機	宅內	十元	五元	三元
	宅外	二十元	五元	五元
備考		以上按每五門計算	以上按每對計算宅外遷機並須按裝機價目表補繳兩處所差之裝設費	以上按每具計算

二、自接交換機所用中繼綫對數由用戶指定惟每十號至少須裝中繼線一對。

三、自接交換機之接線員須經本局試驗合格如用本局接綫員所有薪級待遇等應按照本局話務人員任用規則辦理。

四、裝接於自接交換機之話機僅以宅內為限並不得替人裝接私自取費如接至宅外者應照專用綫租用章程加收宅外段之一切費用。

五、原裝電話機線移接於自接交換機者該對話線及該具話機得免收裝設費。

六、自接交換機及所需話機電池並其他材料均由本局儘量租給用戶應用倘用戶欲自行裝置者須經本局查驗認可方得接用本局中繼線其收費辦法除照收中繼線裝機費月租費外每話機一具月收交換費一元如機件發生障礙時請本局修理者交換機每次收費一元話機每次五角如需由本局添換材料者另行照價收費。

七、關於其他事項仍照普通電話租用章程辦理。

八、本章程自呈建設廳備案之日公佈施行。

D. 磁石式自接交換機租用章程

一、本局磁石式自接交換機及其用所話機線路路等之押機費裝機費月租費移機費等均按左表收取：

名稱	總綫對數	押機費	裝機費	月租費	移機費	
					宅內	宅外
五門交換機	一對	一百元	五十元	十元	二十五元	五十元
十門交換機	二對	一百五十元	一百元	二十元	二十五元	五十元
十五門交換機	二對	二百元	一百五十元	二十元	三十元	七十五元
二十門交換機	三對	二百五十元	一百五十元	三十元	四十元	七十五元
三十門交換機	四對	三百元	二百元	四十元	五十元	一百元
自接交換機附用話機		二十元	每具十元	一元五角	三元	五元

二、上表所規定之交換機裝機費及移機費係指城內裝費十五元之處而言如距離較遠仍須依總綫之對數計算加收城外段之裝機費。

三、自接交換機及話機所用之乾電池由本局供給但每年不得超過其所有之門數。

四、自接交換機之接線員須經本局試驗合格如用本局接綫員則所有薪級待遇等應按照本局話務人員任用規則辦理。

五、裝接於自接交換機之話機僅以宅內為限並不得替人裝接私自取費如須裝接至宅外者應照專用線租用章程加收宅外段之一切費用。

六、原裝電話機線移接於自接交換機者該對話綫及該具話機得免收裝機費。

七、自接交換機及所需話機電池並其他材料均由本局儘量租給用戶應用倘用戶欲自行裝置者須經本局查驗認可方得接用本局中繼線其收費辦法除照收中繼線裝機費月租費外每話機一具月收交換費一元如機件發生障礙時請本局修理者交換機每次收費一元話機每次五角如需由本局添換材料者另行照價收費。

八、關於其他事項仍照普通電話章程辦理。

九、本章程自呈建設廳備案之日公佈施行。

第二節　長途電話

甲、通話須知

（一）**零售**　凡來本局及各分支局零售處購買長途電話零售券者，可在零售電話機上接通長途電話或在指定市內電話機上接通長途電話。

（二）**掛號**　凡裝市內電話話機者，得預先向本局業務科或第一零售處或各地分支局納掛號費五元，即可在市內電話機上接通長途電話（將來取銷掛號時，掛號費仍照發還）。

（三）**通話時間**　自被叫用戶接話時起，以五分鐘或不及五分鐘為一次，五分鐘以上至十分鐘為二次，十分鐘以上至十五分鐘為三次，連續通話以三次為限。

（四）**通話種類及收費辦法**

（1）**普通與加急**　用戶依請求之順序接綫通話者謂之「普通通話」，依照價目表所列數目收費。若須提前先接者謂之「加急通話」，照普通加倍收費，其第二次，第三次，均按第一次六折計算。

（2）**公務與加急公務**　黨政軍警各機關因公務上之接洽通話者謂之「公務通話」，在本局範圍內依照價目表所列數目減半收費。其接綫次序亦依請求之先後為準，如提前先接者，謂之「加急公務」；照公務加倍收費，其第二次，第三次，均按第一次六折計算。

（3）**通知與加急通知**　用戶將本人與受電者「姓名」「住址」及「事由」；詳細開明，交由本局或各地分支局代為傳達，專差送至受電者，謂之「通知通話」，在本局範圍內，依照價目表所列數目減半收費；並預付專力費一角，若受電者距受電局在五里以外，十里以內時，再由受電者補付專力費一角；其規定傳報時間，為每日八時以前，二十一時以後。若用戶因緊要事故必須提前先發者，謂之「加急通知」。照通知通話加倍收費，次數除請求「姓名」「住址」及被叫「姓名」

「住址」外，以二十字或不及二十字為一次，二十一字至四十字為二次，四十一字至六十字為三次，以三次為限，第二次第三次收費與第一次同。

（4）**郵轉與電轉通知通話**　在本局未設有分支局代辦所各地，離局十里以外而有郵局者，可由本局將通知通話單，交郵局轉達謂之「郵轉通知通話」，若郵轉尚欠迅速，而有本局無綫電台者；可由本局交無線電台轉達謂之「電轉通知通話」。收費於應收通知話費外，加收電轉費，或郵轉費。其傳報時間不論「電轉」或「郵轉」，均與通知通話同，若須提前先發者，亦可「加急」。話費須加倍收取，次數計算與「通知通話」同。

（5）**定時通話**　用戶預先向本局或各分支局代辦所，約訂於上午九時半至十二時半或下午二時半至六時半等時間內，每日與某地通話一次，謂之「甲種定時通話」。按「普通」話費減收五分之一，其他時間卽為「乙種定時通話」，按「普通」話費減收五分之二，定時話費最少一個月，如不到一月亦以一月計算，如一次繳足定時話費五個月，得免費一月。

（6）**專力費**　凡被叫用戶由本局專差出叫者，由用戶繳納專力費，如請求用戶代付專力費，則被叫用戶得免收。（專力費五里以內一角五里以外十里以內二角，十里以外暫不出叫）。

（7）**手續費**　如被叫用戶不在，致不能通話或請求銷號時，除「通知」「郵轉」「電轉」「定時」等仍收全費外，其餘各種通話，在本局範圍內，僅收普通話費五分之一之手續費，如被叫已專差出叫者，加收專力費，如被叫用戶已來，請求用戶先行離局，即作通話一次論。

（8）**預付回電話費**　用戶如須回電通話者，可依請求之種別，預付回電話話費。

（五）**照市貼水**　本局銀元進出一律照市貼水，若有溢收少找等情，得由用戶正式具名敘明通訊處。函知本局，一經查實定予嚴辦。

乙、通話時間表

本局鑒於長途話務，非常擁擠，每因兩局間話務之忙碌，妨害遠道各局之通話。如黃岩。永嘉。青田。麗水等局，距杭州七八百里，其間有支局六七所，如必須俟中繼各局有空，方得轉接，則接一電話，須候時間甚久，故本局最近規定杭衢線及龍温綫與杭甬線及甬温線等處通話時間。在規定時間內，其間中繼局所，不得有短距離間通話。如是遠道各局，得與杭局及其他諸線通話便利。而用戶既知某局與某局通話之時間，可準時而至，即等候亦不致過久。茲將時間表排列於後。以便稽查。

附註　松陽遂昌通話時間在雲和欄內

杭衢線及龍温綫長途電話時間表

通話局別	杭州 →← 蘭谿 金華	杭州 →← 龍游 衢州 常山	杭州 →← 雲和 龍泉 景甯 麗水 青田 永嘉
通話時間	時分至時分	時分至時分	時分至時分
	6.00-7.00	7.00-7.30	8.00-8.30
	7.30-8.00	9.00-9.30	9.30-10.30
	8.30-9.00	11.00-12.00	12.33-13.00
	10.30-11.00	14.00-14.00	14.30-15.00
	12.00-12.30	15.30-16.00	17.30-18.00
	13.00-14.00	16.30-17.30	19.30-20.00
	16.00-16.30	19.00-19.30	22.00-23.00
	18.00-19.00	20.30-21.00	
	20.00-20.30	23.00-24.00	
	21.00-22.00		

杭甬綫及甬温綫長途通話時間表

組	第一組	第二組
通話局別	杭州 →← 紹興 嵊縣 餘姚 慈谿 鄞縣 鎮海 奉化	杭州 →← 甯海 臨海 天台 黄巖 海門 温嶺 樂清
通話時間	時分至時分	時分至時分
	7.00-8.30	6.00-7.00
	9.30-10.30	8.30-9.30
	11.30-14.00	10.30-11.30
	15.00-16.00	14.00-15.00
	17.00-18.00	16.00-17.00
	19.00-22.00	18.00-19.00
		22.00-24.00

丙、通話價目

A. 杭州至各地長途電話價目一覽

留下	一角	嘉善	六角	平陽	一元七角
喬司	一角	楓涇	七角	富陽	三角
凌家橋	一角	平湖	七角	新登	五角
周家浦	二角	乍浦	八角	桐廬	五角
良渚	二角	南潯	六角	分水	七角
勾莊	一角	蕭山	二角	建德	七角
安溪	三角	長河頭	二角	壽昌	九角
瓶窰	二角	西興	二角	遂昌	一元二角
上牽埠	三角	義橋	三角	松陽	一元三角
梁戶	二角	聞家堰	三角	麗水	一元四角
塘棲	二角	龕山	三角	雲和	一元七角
德清	四角	紹興	四角	景康	一元九角
餘杭	二角	嵊縣	六角	龍泉	二元
臨安	三角	新昌	七角	青田	一元五角
於潛	五角	餘姚	六角	臨浦	二角
昌化	六角	上虞	八角	諸暨	四角
武康	四角	泰順	二元二角	淳安	九角
莫干山	五角	慈溪	八角	遂安	一元一角
吳興	五角	鄞縣	九角	蘭溪	九角
安吉	七角	鎮海	一元	龍游	一元
孝豐	八角	奉化	一元	衢縣	一元一角
長興	七角	溪口	一元一角	常山	一元二角
長安	三角	甯海	一元一角	江山	一元三角
臨平	二角	象山	一元一角	玉山	一元四角
慶元	二元四角	臨海	一元一角	開化	一元五角
海甯	四角	仙居	一元三角	義烏	七角
硤石	四角	天台	一元	東陽	九角
海鹽	六角	黃岩	一元二角	金華	九角
崇德	四角	海門	一元二角	武義	一元
桐鄉	四角	温嶺	一元三角	永康	一元一角
嘉興	五角	樂清	一元四角	縉雲	一元三角

濮院	七角	永嘉	一元五角	浦江	八角
新塍	六角	瑞安	一元六角		

B. 杭州與江蘇省各地通話價目一覽

宜興	一元	句容	一元七角	江陰	一元五角
武進	一元四角	鎮江	一元七角	溧陽	一元四角
丹陽	一元五角	長江	九角	無錫	一元四角
南京	二元一角	金壇	一元五角	常熟	一元六角
蘇州	一元	溧水	一元七角		

第三節　電氣

甲、電燈

A. 掛號及接電

1. 在本廠供電區域內關于電燈營業事項概照本章程辦理其有特殊情形者得另行規訂。
2. 欲裝置電燈者須簽註電燈掛號單委託在本廠註冊之電料商店（以下簡稱註冊商店）來廠掛號經本廠認可後始得進行裝置。
3. 用戶裝置電燈其裝置費手續須委託註冊商店辦理該商店應遵照建設委員會屋內電燈線裝置規則妥為裝置裝畢報請派員檢查查明合格者由本廠指定安裝電表地位並通知該商店代該用戶付清應繳各費再由本廠按時接電。
4. 凡同一用戶在同一屋內祇得裝用電表一個如欲將原有線路分接二個或二個以上電表者須備函申述理

由經本廠查明認可後照第二第三兩條手續辦理。

B. 費用

5. 本廠按用戶之需用電量配裝電表其應繳各費分別列左：

需用電量瓦特數	電表安培數	押表費	接電費
六百	三	八元	四元
一千	五	十元	四元
二千	十	十五元	六元
三千	十五	十五元	六元
四千	二十	二十元	八元
六千	三十	二十元	八元
一萬	五十	二十元	十元

三相電表押表費按其每相安培數依照上表加倍徵收接電費則照上表加收二分之一。

6. 押表費得于電表拆回後六個月內憑收據向本廠領取收據有遺失時應由用戶取具妥實鋪保經本廠審查無誤後方准發還並須繳具領款據以作憑證逾六個月尚本來廠領回者押表費沒收幷將收據作廢。
7. 電燈費按每度大洋二角計算。
8. 用戶電費本廠按月定期派員收取一次如屆期不付並經本廠限期催繳無效者除停電外並得將已繳各費扣抵如有不足仍另行追償。
9. 電表發生障礙或停滯時用戶應即來廠報告否則當月電費依照前三月平均計算不滿三個月者依照各月用電紀錄平均計算。

C. 添裝移表換戶停電及修理

10. 添裝電燈須委託註冊商店辦理其需用電量超過原表限度者須補足押表費及接電費由本廠另換新表。

11. 用戶欲在同一屋內更換電表地位者應來廠聲請經本廠查明認可指定地位後派匠移裝每表收手續費一元如須移至另一屋內者一切手續與初裝同。

12. 用戶電燈綫路因故停電欲聲請復接者須由原戶或其繼承人于前次停電後六個月內來廠填具停電復接掛號單經本廠查明與紀錄相符重行檢查後再行接電其應繳各費與新裝同逾期不來或查不相符者照第二第三兩條手續辦理。

13. 承用前戶之電表者應來廠請求檢查及換戶不取費用否則關於欠費賠償或其他一切責任概由前後戶連帶負責。

14. 用戶欲停電者須即時通知本廠派匠拆除電表不另收費。

    用戶如因一部份之綫路棄置不用換裝較少安培數之電表時仿照第十一條收取手續費一元並照第五條繳納押表費前繳押表費憑收據發還。

15. 用戶如遇接戶線損壞總保險鉛絲熔斷等事須即通知本廠派匠修理不取費用但如因私自增加用電量或因分路保險鉛絲過粗或因其他不合法裝置而損壞或熔斷者除每次須繳納修理費洋五角外對於上列各項不合法之裝置應即改正否則本廠得即行停電。

D. 檢查

16. 本廠隨時派員檢查用電情形用戶不得藉詞拒絕。
17. 本廠派員檢查用電時均佩有本廠徽章如有不正當行為用戶得認明徽章號數報告本廠處理之。
18. 本廠所裝電表均依法定時期校驗但用戶如覺電表不準時可隨時通知本廠派員或拆回校驗經校驗後如查明並非不準時用戶須繳校表費每表每次二元如確有不準情形用戶無須繳納校表費並由本廠依照該電表超過法定快慢標準之百分數計算上月份多收或少收之電費分別退還用戶或向用戶補收。
19. 用戶拒絕檢查或所裝電線經本廠查明認為不合而不更正者本廠得拒絕接電或隨即停電。
20. 本廠檢查用電如查出有竊電情弊者除即時停電外並依照建設委員會公佈之電氣事業人檢查竊電及追償電費規則辦理。

E. 損害賠償

21. 用戶損壞廠有各物均須照價賠償。
22. 電表如有損壞焚燬或被竊者本廠得將押表費抵償表價或照第二十一條辦理。

F. 臨時電燈

23. 欲裝臨時電燈者須遵照第二第三兩條之規定辦理並須訂明用電時日以一個月為限。
24. 臨時電燈之押表費與常用電燈同接電費減半收取。

25. 臨時電燈電費每度定價大洋三角。
26. 裝置臨時電燈須預付電費照所裝電表安培數每安培每天大洋三角五分計算如裝三相表應照安培數每安培每天大洋六角計算到期拆卸再照前條定價按實用表度分別補找如須延期仍按所請延期日數預付電費。
27. 臨時電燈如逾一個月仍不拆卸須請本廠重行檢查幷補足接電費此後電費照常用戶計算。

G. 附則

28. 本廠對於左列各項概不負責：

（一）因用戶用電不愼而肇災患者。

（二）因意外事故而致停電者。

（三）因工作之必要無法避免而致停電者。

29. 電氣用具除電熱器具及一馬力以上之馬達得照另訂章程辦理外餘如電風扇充電器等項概作電燈論照本章程辦理。
29. 本章程呈由地方政府轉呈建設委員會核准施行。
30. 本章程如有未盡事宜得由本廠修正依照電氣事業取締規則第三十六條規定辦理之。
31. 本廠所屬各分廠之營業章程由本廠另訂之。

H. 用戶停電聲請復接辦法

1. 凡具左列情形之一者得由用戶直接來廠聲請掛號：

甲、 前戶因遷移停電未將電燈裝置折去者。

乙、 因火起將接火綫焚燬其餘一切裝置完整如前者。

丙、欠費停火現已繳清者。

丁、於自請停電後復請接火者。

2. 凡聲請復接者不論上次停電原因其相隔時間均以不超過六個月為有效。
3. 停電復接之用戶得直接來廠領取停電復接掛號單照規定格式填寫送廠審核。
4. 本廠收到是項掛號單有關係各課經審查簽證認為合格卽將簽回單簽交用戶。
5. 凡屬於第一條乙丙丁三項在一個月之內聲請復接者得不經過電務課之檢驗。
6. 用戶收到簽回單後照簽回單所註各項辦理幷將應繳費用連同簽回單到廠照普通接火手續掛號。
7. 用戶欠費停火隨後已將欠費繳清者則掛號時須將該項電費收據一併送廠備證。
8. 不合第一條所列情形之一者不適用本辦法。

I. 電廠優待電燈裝戶分期付款暫行辦法

1. **資格** 凡欲分期付款裝用電燈者須具左列各項資格：
   A. 有正當職業裝燈數量不出三盞無力躉付裝置各費經本廠查明屬實者。
   B. 曾在原住址居住四個月以上未經裝用電燈幷在本廠配電綫路附近無須添設桿綫接電者（但裝戶在三家以上本廠允立木一株放綫一檔二家以上允放日火綫一檔）。

C. 能覓本廠電燈用戶為保證人者。

2. **手續**　合於前條規定之資格欲分期付款裝燈者得填具聲請書交由承裝電料店登記調查經本廠審核認可後通知承裝電料店轉知裝戶填具担保書及期票送廠幷向裝戶收取裝燈前應付之款項卽由該店為之裝燈幷按照本廠營業章程辦理一切手續。

3. **費用**　每戶應付金額依照盞數規定如左表：

盞數	接電費	押表費	裝置費	總額
一	四元	八元	三元六角	十五元六角
二	四元	八元	六元二角	十八元二角
三	四元	八元	八元八角	二十元八角

4. **材料**　本廠擬定裝燈之材料如左表：

(1) 每盞燈料

1/1 皮綫	二十嗎	花綫	三嗎	木軋燈頭	一只
荷葉罩	一只	燈泡	一只	先令	一只
5a 平開關	一只	元木	二塊	1/2 白料連釘	二十付

（如用開關燈頭可代平開關）

(2) 每戶總開關材料

5a 元鉛絲盒	二只
5a 平開關	二只
路匣子板	一塊

裝戶如須添用特殊材料或數量超過定額甚巨者須與承裝電料店接洽補付費用如皮綫實用數量超出規定數額不滿百分之二十時不另收費。

5. **付款**　每戶逐次應付金額如左表

盞數	裝燈前應付數	裝燈後第一個月應付數	第二個月至第六個月每月應付數	第七個月至第十一個月每月應付數
一	二元〇角	一元六角	一元四角	一元
二	三元二角	三元〇角	一元四角	一元
三	四元八角	三元〇角	一元四角	一元

第一期期款歸承裝電料店收取第二期起各期期款歸本廠按月派員與電費一併收取當由本廠給以臨時收據俟期票付清時憑是項收據來廠掉取正式接電費及押表費收據。

裝戶如于期款未付清前欲添裝移裝或換戶者所有未到期之期款概須一次付清方能照辦。

6. **欠款**　裝戶如不能按期照付期款須於三日內送廠否則即向保人追取。

7. **附則**　本辦法未規定事項悉照本廠電燈營業章程辦理之。

本辦法本廠得隨時增訂修改之。

乙、電熱

A. 掛號及接電

1. 在本廠供電區域內關於電熱營業事項概照本章程辦理其有特殊情形者得另行規訂。
2. 欲裝置電熱線路者須先來廠登記經本廠審查認為可以接電後方可委託在本廠註冊之電料商店（以下簡稱註冊商店）代向本廠掛號進行裝置。
3. 需用電熱者應照下列方式備置電熱器具：

單相　五十週波　二百二十伏而次。

4. 用戶自備或租用電熱器具總容量不及一千五百瓦特者不得請求另裝電熱電表。
5. 用戶於掛號時應填具電熱電表裝置聲請書其格式另定之。
6. 本廠備有電爐出租租用者應覓相當保人填具租約送廠但本廠出租電爐以備存數量為限逾限後登記候租。
7. 用戶電熱線路之裝置及繳費手續須委託註冊商店辦理該商店應遵照本廠所規定之裝法及材料妥為裝置裝畢報請派員檢查查明合格者由本廠指定安裝電表地位並通知該商店代該用戶付清應繳各費再由本廠按時接電。
8. 本廠對於左列各項概不負責：

一、因用戶用電不慎而肇災患者。

二、因意外事故而致停電者。

三、因工作之必要無法避免而致停電者。

B. 費用

9. 本廠按用戶之需用電量配裝電表其應繳接電費分別列左：

需用電量	電表安培數	接電費
一・五至三啟羅華特	五至十五	五元
三以上至六啟羅華特	二十至三十	十元
六以上至十啟羅華特	五十	十五元

三相電表之電量較單相者加百分之七十其接電費照前定者加二分之一。

10. 電熱電費按每度大洋五分計算但用戶使用巨量電熱器具其用電情形經本廠認為特殊者得零訂合同核減電費自十月份起至次年四月份止一次收租金二元五角。

11. 電爐租費每只每月大洋五角按月收取惟一戶租用之電爐在一只以上者其超過之數每只須預付租金四個月中途退租預繳租金概不發還。

12. 本廠應用戶之需要隨時置備電灶熱水器及其他電熱器具出租其租金及辦法另議之。

13. 電熱用戶自備電具者應依照電表之安培數規定每月底度如左：

五至十五安培	十度
二十至三十安培	二十度
五十安培	四十度

三相電表之底度照前定者加百分之七十。

14. 電熱用戶租用本廠電爐者其每月用電底度另訂如左：

一至三啟羅華特	二十度
三以上至六啟羅華特	六十度
六以上至九啟羅華特	九十度

九啟羅華特以上另議。

15. 用戶將租用之電爐退租後備有相當電熱器具仍須繼續使用電熱者其每月底度須照第十三條辦理。

16. 電表發生障礙或停滯時用戶應卽來廠報告否則當月電費依照前三個月平均計算不滿三個月者依照各月用電記錄平均計算。

C. 增加電量停電移表換戶及修理

17. 用戶增加電量應照第二條之手續辦理經本廠掛號後須將聲請書內應填事項更正并補足接電費再由本廠換裝電表其有變更裝置增添接電座（即撲落）者并須報經本廠派員檢查。

18. 用戶欲停電者須即時通知本廠派匠拆除電表不另收費。

    用戶於停用電爐後不繼續使用電熱但擬保留電熱表者得請本廠將鉛絲除去保留期限最多八個月期內復請接電時每表應付手續費洋壹元接電費免收期滿不聲請接電者本廠除將電表拆回外須另收電表保留費每只洋二元。

19. 電表曾經拆除聲請復接者其一切手續及費用與初裝同在同一屋內更換電表地位者用戶得來廠聲明每只收手續費洋一元其電表新地位仍由本廠指定。

20. 承受前戶之電熱線路者須於前戶停電後一月內來廠證明經本廠查明與記錄相符重行檢查後再行接電其應繳各費與新裝同逾期不來或查不相符者照第二條手續辦理。

21. 承受前戶之電熱表繼續使用者須向本廠請求檢查及換戶不取費用如自行授受者所有關於欠費及應行賠償各款概向現用戶追償其有不合法之裝置亦須完全由現用戶負責。

22. 用戶自備電熱器具須向本廠登記已登記之電具遇損壞時得送交本廠修理工料在半元以下者免收超過半元者依超過額計算但每月每具一次為限逾限

工料費照收。

D. 檢查

23. 本廠隨時派員檢查電情形用戶不得藉詞拒絕。

24. 本廠派員檢查用戶時均佩有本廠徽章如有不正當行為用戶得認明徽章號數報告本廠處理之。

25. 本廠所裝電表均遵　浙江省電氣局校驗電表規則定期校驗但用戶如覺電表不準時可隨時通知本廠請求校驗如經本廠校驗查無不準情事時用戶須繳校表費每只洋二元。

26. 用戶拒絕檢查或所裝電熱線路經本廠查明認為不合規章而不更正者本廠得拒絕接電或隨即停電。

27. 本廠檢查用電如查出有竊電情弊除即時停電外並依照建設委員會公佈之檢查竊電及追償電費規則辦理。

28. 本章程內所稱電熱器具以下列各項為限其他電器概不得接入電熱表內違者照前條辦理：

一、 **取暖器**　火爐熱袋暖籠。

二、 **烹調器**　水壺火鍋電灶烤盤。

三、 **烘焙器**　熨斗熨髮器及各種發熱烘物之器具。

四、 **融焊器**　電烙融化鍋冶煉爐。

E. 損害賠償

29. 用戶損壞廠有各物均須照價賠償。

30. 電表如有損壞焚燬或被竊者本廠得依照左表向用戶追取賠償費：

電表安培數	賠償費
五	十元
十	十五元
十五	十五元
二十	二十元
三十	二十元
五十	二十元

三相電表之賠償費照前定數加倍。

31. 電熱用戶電費本廠定期派員收取如屆期不付並經本廠催繳無效者除停止電熱供給外所欠各費仍另行追償。

F. 附則

32. 本章程如有未盡事宜本廠得隨時呈請浙江省電氣局增訂修改之。
33. 本章程經浙江省電氣局核准轉呈建設廳備案。

丙、電力

A. 掛號裝置及接電

1. 在本廠供電區域內關於電力營業事項概照本章程辦理其有特殊情形者得另行規訂。
2. 欲裝置電力線路者須簽註電力掛號單來廠掛號經本廠審核認可後始得進行裝置。
3. 本廠為用戶便利起見凡欲使用電力者概得來廠接洽請求代為計劃不取費用。
4. 電動機（下稱馬達）必須裝於不受潮溼之處並不得在易於振動或散熱不佳之地位電力綫路上

不得裝置電燈或接電座（即扑落）。

5. 五馬力以上之馬達必須有堅固之水泥三和土底基。
6. 馬達上不得用厚而且重不易彎曲之硬皮帶皮帶接合必須頭與頭平接或用膠黏合不得兩層重疊。
7. 電表之地位須由本廠指定。
8. 電力用戶電表須由本廠供給除因特殊情形外每戶裝用以一具為限。
9. 裝置完畢並繳清費用後須經本廠派員檢查認為合式方能接電。

B. 馬達方式

10. 本廠供給電力用戶之電為交流三相五十週波三八〇／二二〇伏而脫裝置馬達者其馬達方式務須符合並須三八〇與二二〇伏而脫可以通用者。
11. 七馬力半以下之馬達得用鼠籠式者。
12. 七馬力半以上之馬達除購置前商得本廠同意得用鼠籠式外概須用三相滑圈式並須用開動機關。
13. 二十馬力以上之馬達須有自動開關用電過量或來電間斷時均須自行斷電停歇。

C. 費用

14. 馬達除由用戶自備外得向本廠購買或租用均以備存種類及數量為限用戶亦得委託本廠代購馬達其辦法另訂之。
15. 凡向本廠購買馬達欲分期付款者每期應付全數之百分數依左表計算之。

月數＼付款	每月應付百分數	總百分數
1	100.00	100.00
2	50.25	100.50
3	33.67	101.00
4	25.38	101.50
5	20.40	102.00
6	17.08	102.50
7	14.71	103.00
8	12.94	103.50
9	11.56	104.00
10	10.45	104.50
11	9.55	105.00
12	8.79	105.50

凡用戶分期付款購買馬達應覓殷實鋪保其担保書式樣另定之。

16. 凡租用馬達者應付左列之馬達保證金否則須覓殷實鋪保其擔保書式樣另定之：

馬達之馬力	每座馬達保證金
一馬力　以下	八十元
二馬力　以下	一百　　元
三馬力　以下	一百三十元
五馬力　以下	一百六十元
七馬力半以下	二百四十元
十　馬力　以下	三百　　元
十五馬力　以下	四百　　元
二十　馬力　以下	五百　　元
二十五馬力　以下	六百　　元
三十　馬力　以下	七百　　元
四十　馬力　以下	九百五十元
五十　馬力　以下	一千二百　　元

右列租用馬達之機件以馬達本身及其底盤皮帶盤並開關一具為限。

17. 租用馬達拆除一星期後查無欠費賠償等情得將擔

保書領還其曾付保證金者亦得憑收據來廠領取收據有遺失時應由用戶取具妥實鋪保經本廠審查無誤後方准發還幷須繳具領款據以作憑證逾六個月尚未來廠領回者保證金沒收並將收據作廢。

18. 租用馬達者每月租金如左：

馬達之馬力	無現金保證者	有現金保證者
一馬力　以下	二元五角	二元
二馬力　以下	三元五角	三元
三馬力　以下	五元	四元
五馬力　以下	六元	四元五角
七馬力半以下	八元	六元
十　馬力　以下	十元	七元
十五馬力　以下	十四元	十一元
二十　馬力　以下	十八元	十四元
二十五馬力　以下	二十元	十六元
三十　馬力　以下	二十四元	十八元
四十　馬力　以下	二十八元	二十元
五十　馬力　以下	三十元	二十二元

用戶之屋內電線敷設及馬達裝置由本廠辦理者其材料須由用戶自備幷須繳納裝置工資十馬力以下每座四元十馬力以上每十馬力加洋一元不滿十馬力者亦作十馬力計算。

19. 馬達改租為購其價值由本廠估計之。

20. 電力用戶電表免收押表費惟應依每戶之總馬力計算繳納左列之接電費：

三馬力以下	五元
五馬力以下	五元
十　馬力以下	十元
二十　馬力以下	十元
三十　馬力以下	十五元
五十　馬力以下	十五元
七十　馬力以下	二十元
一百　馬力以下	二十五元
一百馬力以上另議	

用戶應備之擔保書或保證金須於裝置前交廠其餘各費亦須於接電前繳清。

21. 電力電費每度定價最高大洋六分四厘依每馬力每月用電之多寡以次遞減如左表：

每馬力每月用電度數	〇至一〇〇度	一〇一至二〇〇度	二〇一至三〇〇度	三〇一至四〇〇度	四〇一至五〇〇度	五百度以上
每度電費	六分四厘	五分八厘	五分三厘	四分八厘	四分四厘	四分

用戶總馬力數不及一馬力或裝用電風扇馬力數雖在一馬力以上其電費概照電燈計算。

22. 無論租用或自備馬達每月每馬力最少用電二十五度不及二十五度者仍照二十五度計算。

23. 凡臨時裝用馬達（使用期限在一個月之內者）電費加倍其他費用概照常例繳納。

24. 凡馬力較大之電力用戶得與本廠另訂合同計算電費其標準辦法另訂之。

25. 用戶應繳各費本廠按月定期派員收取一次如屆期不付並經本廠限期催繳無効者除停電外幷得將已

繳各費扣抵如有不足仍另行追償其填有擔保書者照擔保書所定辦法辦理。

26. 電表發生障礙或停滯時用戶應卽來廠報告否則當月電費依照前三個月平均計算不滿三個月者依照各月用電紀錄平均計算。

D. 添置移表換戶停電及修理

27. 添裝馬達者其一切手續與初裝同並須照總馬力數補足接電費。

28. 用戶欲在同一屋內更換電表地位者應來廠聲請經本廠查明認可指定地位後派匠移裝每表收手續費洋一元如須移至另一屋內者一切手續與初裝同。

29. 承用前戶之電表或馬達者應來廠請求檢查及換戶不取費用否則關於欠費賠償或其他一切責任概由前後戶及保證人連帶負責。

30. 拆除馬達者須卽時通知本廠派匠停電拆回電表如係租用者同時將馬達及開關拆回均不取費。

31. 馬達修理時其往來搬送費用由用戶負擔裝置及拆除時由本廠負擔。

32. 租用本廠馬達者由本廠派匠按時挨戶輪流為其清除及添潤機油不另取費但同時用戶亦須負責注意如遇馬達通風阻礙或機油缺少須隨時通知本廠派匠整理。

33. 用戶自備馬達如經本廠認可亦得委託本廠派匠按時代為添油按月納費如左表：

每馬達馬力數	每具加油費
十五馬力以下	一元
十五馬力以上至三十馬力	二元
三十馬力以上	三元

分期付款向本廠購去之馬達在第一次期款付清後如須本廠加油應照右表納費。

34. 用戶如遇接戶線損壞總保險鉛絲熔斷等事須即通知本廠派匠修理不取費用但如因私自增加馬達或因分路保險鉛絲過粗或因其他不合法裝置而損壞或熔斷者除每次須繳納修理費洋五角外對於上列不合法之裝置應即改正否則本廠得即行停電。

E. 檢查

35. 本廠隨時派員檢查用電情形用戶不得藉詞拒絕。

36. 本廠派員檢查用電時均佩有本廠徽章如有不正當行為用戶得認明徽章號數報告本廠處理之。

37. 用戶添裝馬達須照第三十一條辦理如有私自增加者一經查出除須照章補足接電費外並須追繳最近一年內照每月最少用電度數計算少款之電費。

38. 本廠所裝電表均依法定時期校驗但用戶如覺電表不準時可隨時通知本廠派員或拆回校驗經校驗後如查明並非不準時用戶須繳校表費每表每次洋二元如確有不準情形用戶無須繳納校表費並由本廠依照該電表超過法定快慢標準之百分數計算上月份多收或少收之電費分別退還用戶或向用戶補收。

39. 用戶拒絕檢查或所裝電綫與馬達經本廠查明認為

不合而不更正者本廠得拒絕接電或隨即停電。

40. 本廠檢查用電如查出有竊電情弊或私將電燈或馬達以外之電具接於馬達線路者除即時停電外並依照建設委員會公佈之電氣事業人檢查竊電及追償電費規則辦理。

F. 損害賠償

41. 租用之馬達如遭火焚燬應由本廠審定價值通知用戶照價賠償。

42. 租用之馬達倘有機件損壞須照價賠償其可修理者由本廠代為修理工料費照收。

43. 電表如有損壞焚燬或被竊者本廠得依照左表向用戶追取賠償費：

電表安培數	賠償費
五	二十元
十	三十元
十五	三十元
二十	四十元
三十	四十元
五十	四十元

G. 附則

44. 本廠對於左列各項概不負責：

一、因用戶用電不慎而肇災患者。

二、因意外事故而致停電者。

三、因工作之必要無法避免而致停電者。

45. 本章程呈由地方政府轉呈建設委員會核准施行。

46. 本章程如有未盡事宜得由本廠修正依照電氣事

業取締規則第三十六條規定辦理之。

47. 本廠所屬各分廠之營業章程由本廠另訂之。

第四節　自來水

甲　裝接自來水手續程序

一、用戶向本廠面索或函索供水章程及供水申請書。

二、用戶閱明章程後依照供水申請書式樣填明並在申請書上簽名蓋章。

三、用戶將填就之申請書送交本廠同時預付報裝金十元（此項報裝金于裝置完成後卽在應繳裝置工料費及接水費內扣抵）。

四、本廠派員勘明用戶應有水管水具等設備並為裝置。

五、裝置完畢卽由本廠通知用戶應繳保證金裝置工料費接水費等數額。

六、用戶到本廠繳付前項應繳各費。

七、本廠派匠為用戶接水。

供水申請書廠編戶字第　號

茲擬在下開地點裝設自來水一切均願遵照

貴廠供水章程辦理用特預繳報裝金十元卽請勘明裝置為荷此致

　　杭州自來水廠

申請裝設地址		收取水費地址	
申請裝設說明			
備註			

中華民國　年　月　日　　申請人

職業

籍貫

住址

乙　供水章程

A. 總則

1. 本廠供用自來水除特有規定外悉照本章程辦理。

B. 裝接

2. 凡用戶欲在本廠供水區域內裝接自來水者應先向本廠索取空白供水申請書依式填明簽名蓋章並預付報裝金十元送由本廠依報裝次序勘明設備卽行裝置裝置完成由本廠核明應繳保證金裝置工料費接水費數額除以報裝金抵充外其不足之數通知用戶照繳清楚再為接水。

   本廠裝置完成二星期內用戶不將保證金裝置工料費接水費繳清者除由本廠拆回裝成設備外並將前項預付報裝金沒收以償裝拆損失。

3. 凡用戶欲添裝或改裝水管水具等件者應以書面申請本廠勘明裝設並由用戶照繳裝置工料費其改裝較大口徑之水管或水表者除繳裝置工料費外並須依第六條或第十條規定保證金接水費數額補繳足額。

4. 所有用戶水管水具等件均須由本廠裝置用戶不得私購材料自行裝設或更改。
   用戶有不照前項規定情事者經本廠查明後得責令用戶拆除但用戶願照本廠裝置定價納費者得請准保留。
5. 接水管及水表等件其所有權屬于本廠戶用水管水具等件其所有權屬於用戶。

C. 保證金

6. 保證金依水表口徑大小分別核減：

水表口徑	金額
十三公厘	十　元
二十　公厘	十五元
二十五公厘	二十五元

   停水時如用戶並無欠費或應賠償等情事得於停水一星期後六個月內隨時憑收據向本廠領回保證金逾期收據作廢。
7. 停水時如用戶有欠費或應賠償等情事者本廠於保證金中扣抵之不足仍向用戶追繳有餘卽憑收據找還。

D. 裝置工料費

8. 裝置工料費依照本廠所定價目計算。
   前項價目由本廠另定並隨時公告之。

E. 接水費

9. 接水費依水管口徑大小分別核減：

水管口徑	金額
十三公厘	六元
二十　公厘	十　元
二十五公厘	十五元
三十　公厘	二十　元

接水管裝置工料費在用戶牆外者概歸本廠供給牆內者得分期繳納如一次繳清者以九折實收。

10. 特設水管津貼辦法：

一、凡在本廠未設水管之處用戶請求本廠特為設管接水者用戶除繳納接水費外並照章津貼本廠此項特別設管工料費其所有權仍屬本廠。

二、前項津貼自本廠已設之水管起至該裝戶止除照章接水管之長度每戶以四十公尺（原定二十公尺）為限外其餘特裝之工料費應由裝戶津貼本廠二分之一。

三、前項特設之水管如同一地點用戶有聯絡數家報裝者所有津貼工料費應由各用戶平均負担。

四、凡裝置特設水管應需水管口徑之大小應由本廠規定如因他種關係須設較大之水管時其津貼得臨時斟酌情形照該戶應用之水管口徑計算。

F. 水費

11. 本廠於裝置接水時概照用戶需用水量配裝水表以按月照水表所示用量計算水費小費規定如下每用戶予以六個月八折收費：

每月用水量	水價
不滿五立方公尺	每月概為一元二角
自五立方公尺至二十五立方公尺	每立方公尺二角八分
自二十六立方公尺至五十立方公尺	每立方公尺二角六分
自五十一立方公尺至一百立方公尺	每立方公尺二角三分
自一百零一立方公尺至二百五十立方公尺	每立方公尺二角正
自二百五十一立方公尺至五百立方公尺	每立方公尺一角六分
自五百另一立方公尺至一千立方公尺	每立方公尺一角二分
超過一千立方公尺	每立方公尺一角

12. 每月水費由本廠按月派員向用戶收取不得拖欠如有欠繳經本廠書面通知限一星期內由用戶來廠繳清逾期仍未繳清者本廠即停止供水並將保證金扣抵欠費如有不足仍行追償。
13. 凡用戶因欠費而致停止供水者得於一個月內繳清欠費請求復接但須繳納復接費一元。
14. 用戶如停止用水時須一星期前將停止用水日期以書面通知本廠由本廠屆期派員拆除水表停止供水水費照拆表時所示用量結算復接時須納費一元。
15. 凡新用戶繼續前用戶用水時須於一星期內由新用戶會同前用戶來廠辦理過戶手續並經前用戶清繳欠費及應行賠償各費後方准繼續使用如未經辦理前項過戶手續私自交替者一經查明除責令新用戶補具過戶手續外所有前用戶欠繳及應行賠償各費亦須由新用戶負責照繳。

G. 戶用消防龍頭

16. 凡用戶欲裝設消防龍頭者須於事前與本廠另訂契約由本廠特設接水管裝設之其裝設費用概由用戶

負担。

17. 用戶裝用消防龍頭每具每年納費五元。

18. 戶用消防龍頭平時由本廠用鉛印封閉如遇火警得由用戶自行開用於開用後三日內通知本廠如非因火警而私自開用者依照第二十七條規定辦理。

H. 修理

19. 戶用水管水具及水表等件均須由用戶妥為保護勿使損壞如用戶使用不慎致有損壞時應即通知本廠派匠修理不取修理費但修理時須添換材料者其添換材料應由用戶負担照價繳付。

20. 每屆冬令用戶應及早以棉絮或稻草紮裹水管防其冰裂遇有冰裂時應即通知本廠派匠修換修換費依照前條規定辦理。

I. 檢查

21. 本廠派員檢查用戶用水情形時用戶不得藉詞拒絕。

22. 本廠派員檢查時均佩有本廠證章如有不正當行為用戶得認明證章號數報告本廠查懲。

23. 水表由本廠按月檢查一次並抄錄度碼以憑計費如遇水表失其準確時查非用戶所致者除由本廠將該表收回修理另換新表外該月水費改照前三個月內水費平均數計收。

24. 水表除由本廠定期校驗外如用戶對於水表有疑義時亦得書面請求本廠校驗但經本廠。

校驗並無不準時用戶須繳納校驗手續費一元校驗

水表時應另換水表計算水費。

J. 賠償

25. 凡用戶不論以任何方法竊水者經本廠查明屬實後照竊水情形責令用戶賠償水費損失其數額至少為一百元。
26. 所有水表及其他在用戶屋內本廠所有各物應由用戶負保管之責如有遺失或損壞至不能修理時應由用戶照價賠償。
27. 凡用戶有竊水行為而不遵章賠償損失者本廠除停止供水外得依法訴追。

K. 附則

28. 本章程如有未盡事宜得呈請杭州市政府修正之。
29. 本章程呈請杭州市政府公布施行。

第八章　公益事業

第一節　醫藥

甲、醫院

杭市醫院定例，大概門診自半元至一二元為多，出診則五元最普通，號金或收不收無定，施診則取號金銅元數枚至小洋一角者，亦有施藥及酌收，住院以病房等次分別，大概每間自一元至五元，產科則稍貴，手術費則視病症輕重而定，有數元至數十元者。

診病時間，門診則多在上午八時至十二時，亦有下午者，出診則在下午為多，病急而不及待者，可商請隨到隨診，在門診時間內，可不依掛號順序特抽應診，謂之拔號，在門診時間外謂之特號，惟診金當特厚。

各醫院均不同，可臨時詢問，否則徒勞往返也，茲將各著名醫院列表於左：

省立傳染病院	橫長壽路二號
市立病院	學士路
基督教廣濟醫院	新民路九四號
杭州醫院	花市路五號
省立助產校附屬醫院	馬市街八一號
浙江病院	運司河下六七號
西湖療養院	裏西湖七七號
西湖葛嶺肺病療養院	西湖葛嶺山八號
西湖肺病療養院	裏西湖智果寺
同仁醫院	官巷口鐵線巷二號
杭州湖濱療養院	湧金門錢王祠十二號
杭州眼科醫院	青年路三號
杭州產婦科醫院	青年路六〇號
壽山醫院	新民路六一號
安吉產科醫院	安吉路五號
石氏眼科醫院	性存路尚德里三號
仁和醫院	下木場巷一一號
杭州下午醫院	菜市橋直街四一號
保慶醫院	新民路七〇號
正始社臨時時疫醫院	泗水芳橋東浣紗路五號
仁愛醫院	刀茅巷
西湖醫院第一療養院	聖塘路七〇號
西湖婦孺療養醫院	湧金門外油坊衖一八號
同春醫院	同春坊七九號
杭州博濟產科醫院	三橋址直街一〇號
長生醫院	學士路思鑫坊三號
濟生產科醫院	金鷄嶺五八號
吳山醫院	吳山路一四號
公濟醫院	下板兒巷五四號
中醫祥林傷外科醫院	新民路一六七號
臨安醫院	下羊市街二四號
田寶生牙科分局	新民路二四二號
江干六和醫院	海月橋堍一九號
德濟醫院	保佑坊十四號

乙、藥房及藥號

A. 杭州西藥房一覽

大德藥房	羊壩頭二一號	五洲藥房	太平坊二五號
太和藥房	保佑坊九〇號	中法藥房	羊壩頭三二號
中西大藥房	壽安路四五號	中華醫藥公司	壽安路二號
中英藥房	清河坊七六號	同春藥房	同春坊八九號
生春堂藥房	焦棋干二八號	元元藥房	延齡路
同德藥房		泰華藥房	延齡路三八號
美華大藥房	聯橋大街一號	女子藥房	延齡路
大華大藥房	清河坊	新亞藥廠駐杭辦事處	性存路十一號
華美藥房	羊壩頭三六號	萬利藥房	許衙巷新開街口八號
公達藥房	迎紫路一號		

B. 杭市國藥號一覽

天祿堂	湖墅茶亭廟四三號	廣大藥材行	望仙橋五〇號
回春堂	教仁路	西蜀商店	太平坊五五號
建德	新宮橋河下二七號	益元參號	靴兒河下三號
孫泰和	忠清巷口一〇三號	義大恆參號	望仙橋二七號
仁德堂	東街九三八號	惠生堂	聯橋大街四六號
同益堂	貫橋一二九號	葉種德堂	望仙橋五〇號
泰山堂	荐橋路二一號	三愼藥材行	望仙橋河下二二號
張同泰	同春坊一二五號	元大藥材行	望仙橋河下二七號
華山堂	上板兒巷三六號	恆豐藥材行	望仙橋河下二三號
萬承志堂	荐橋大街三四號	義成藥材行	望仙橋河下三五號
胡慶餘堂	大井巷九八號	廣生藥行	望仙橋三號
五昌藥材行	望仙橋河下二一號	立大參號	望仙橋直街一九號
阜泰藥材行	望仙橋河下四二號	乾元參號	上珠寶巷二一號
洪大藥材行	望仙橋河下四六號		

丙、醫師藥師

A. 杭市著名醫師一覽

丁任生	葛嶺山西湖療養院	張聖徵	青年路杭州眼科醫院
王吉人	鐵綫巷	張星一	法院路一八號
王允文	花市路杭州醫院	馮仲輝	運司河下浙江病院
王吉民	平海路二十三號	袁伯勳	性存路石氏眼科醫院
王汝嘉	杭州市運司河下	黃淩萃	新民路廣濟醫院
汪秉甫	龍興路十號	黃公達	西柴木巷樂安坊二號
朱其輝	東坡路龍翔里二衖一號	范鎮亞	大營前養樹里
朱叔豹	闗富一橋東衖十一號	徐潮枚	軍政部駐杭後方醫院
任仰蘇	闗富二橋十七號	陸樹本	浙江警官學校
阮其煜	下缸兒巷四十二號	章輔衮	板兒巷公濟醫院
余德蓀	四條巷四十一號	湯伯熊	同春坊同春醫院
何志蘁	新市場學士路一七號	盛光遠	方谷園仁德里
李長治	開元路三十八號	傅維德	新民路廣濟醫院
沈一滄	運司河下浙江病院	楊士達	刀茅巷仁愛醫院
吳仲相	上羊市街臨安醫院	楊席儒	百歲坊巷三號
吳一之	長生路	張信培	新民路保慶醫院
洪百容	花市路杭州醫院	張佑辰	上板兒巷公濟醫院
俞祖祥	浙江第一監獄醫務處	張包熙	横長壽路省立傳染病院
孫去病	吳山路吳山醫院	張子泰	長生路合組醫院
崔筱湖	木場巷仁和醫院	曹時英	刀茅巷仁愛醫院
姚夢濤	開元路四十五號	馮繼芳	里仁坊六八號
陳廷贊	上板兒巷公濟醫院	褚君穀	福元巷七十六號
朱仲青	浣沙路	黃自雄	開元路一九號
朱怡士	馬所巷	黃震亞	銀鎗班巷九號 馬市街小營巷四六號
任倬	清泰路八八號	趙競初	泗水路
包金琳	羊市街一〇二號	黃松谷	馬市街助產醫院
邵駿羣	菜市橋直街下午醫院	詹祖望	上板兒巷公濟醫院
沈承諭	杭府前	翟培慶	湖墅城北新民診察所
沙古山	大獅子巷六號	厲綏之	開元路二十八號
林瓊軒	延齡路泰華藥房	劉瑛	三官巷七號
宓壽鶴	省立杭州中學	蔣彥民	板橋路彥民醫院
周厚予	南星橋太平坊巷	盧叔達	性存路
胡佩芬	桃花巷三五號	錢仲青	新民路一一四號
孫道夫	板橋路五福里一號	錢守三	元井巷
孫雲章	忠孝普濟醫院	瞿惕時	運司河下浙江病院

都少伯	運司河下浙江病院	戴行鋼	上羊市街臨安醫院
陳萬里	井亭橋平遠里	趙綬新	刀茅巷醫專校
陳映輝	上羊市街三一號	稽鈞甫	林司後一五號
陳彬	板兒巷公濟醫院	虞和介	湖墅保慶醫院
陳錫九	延齡路一號	鄒懷淵	府前街司獄衖
徐祖鼎	花市路杭州醫院	蔡冠魯	刀茅巷一號
徐祖毅	清泰路四百十三號	劉懷羲	杭州保佑坊十四號
陸道南	馬市街八十七號	鍾孝德	刀茅巷仁愛醫院
章松筠	寶善橋體育場路六號	鍾更生	新民路杭州藥房
屠寶琦	岳墳前	錢潮	長壽路地方醫院
盛佩葱	運司河下浙江病院	錢章壽	運司河下浙江病院
程浩	西柴木巷	錢雲英	泗水芳橋雲英醫院
郭成佐	直箭道巷三號	韓恂如	上板兒巷
楊文鎬	聖塘路西湖醫院	葉炳南	運司河下九十八號
張壽山	新民路壽山醫院	葉樹棠	運司河下九十八號
張公範	慈幼路一號		

B. 杭市藥師一覽

丁伯勛	延齡路泰華藥房	張炳忠	刀茅巷醫專校
任肖卿	刀茅巷醫專校	鄭立之	刀茅巷醫專校
邵作孚	刀茅巷醫專校	毛文穆	刀茅巷醫專校
毛和振	延齡路泰華藥房	於達望	刀茅巷醫專校
朱綬卿	延齡路	周仰川	同春坊同春藥房
徐兆夏	學士路市立病院	夏頌南	石牌樓花園衖一號
余德蓀	四條巷四十一號	范笠雲	下板兒巷三二號
陳衡心	刀茅巷醫專校	黃鳴龍	清波門外學士路
許英華	西湖衛生試驗所	黃鳳岐	運司河下浙江病院
姜卿雲	裏橫河橋八號	銘盧	性存路十一號
連仲玉	桃花巷三五號	譚守仁	同春坊同春藥房
黃鳴駒	清波門外學士橋		

C. 杭市著名中醫一覽

王一仁	內科	湖濱路
孔靄如	內科	金芝廟巷三十一號
毛鳳翥	內科	東牌樓上首
朱子清	兒科	中皮市巷一五六號
朱丹岩	兒外科	林司後四九號
沈仰岐	內科	保康巷一號
李椿榮	針外喉科	和合橋
吳秋齋	內外科	拱埠大馬路仁益分號
毛鳳翔	內科	東牌樓上首
包元吉	內婦幼科	運司河下一三〇號
任燮候	內外科	楊淩芝巷六號
朱守白	兒外科	比勝廟巷
沈仲圭	內科	糧道山六號
吳煥成	內科	崇甯閣六一號
余松山	外科	江干美政橋塘上
何志仁	內婦科	延齡路二號
周鳳蓀	內外兒科	金洞橋七十八號
周子敘	內科	竹竿巷廣興里五號
施辰階	外科	金剛寺巷三十八號
施容川	內外科	西牌樓五號
孫伯衡	內科	助聖廟巷二一號
徐樂安	傷外科	普安街八十三號
陳杏生	內外科	小井巷口三九號
張雨亭	內外科	下皮市巷二二三號
章選青	傷外科	遙祥寺巷一五號
都笙甫	內外科	中太平巷六號
湯士彥	內外科	織造馬衖一〇號
費念祖	外科	拱北上繂埠
虞翔麟	傷外科	新民路一五八號
董志仁	內外科	東坡路一二號
周增光	眼科	皮市巷一六七號
周子祥	兒科	東街石板巷四四號
金澄甫而	內科	永福寺巷十四
施稷香	內科	小粉墻五一號
孫紀棠	內科	凝海巷六一號
徐究仁	內科	義井巷

馮雯波	內科	鬫富二橋東首二〇號
陳道隆	內外科	六克巷口
張子濂	外科	貫橋一〇六號
許仲凡	內科	横廣福路一〇號
戚世昌	內科	薦橋世昌藥號
華則民	傷外針科	茅家上埠
裘吉生	內婦兒科	湖濱路崇仁里
鄔思皋	內外科	下板兒巷三七號
楊仰山	內科	甘澤坊巷一〇號
僧清華	內科	貫橋同益堂
劉瑤栽	內婦兒科	永福寺巷七號
潘頌先	外針科	登雲橋王衙前一〇號
滕一青	內兒科	新民路五八號
駱也梅	內科	華光巷五一號
謝壽田	內外科	忠清巷三二號
申屠衡	兒內科	官巷口天和堂
僧悟心	針傷外科	平海路相國寺
蔣掄元	針外科	官巷口天和堂
潘若卿	內科	湖墅信義巷一五六號
樊慕文	牛痘科	西柴木巷二二號
蔡松岩	內外科	東街三六三號
戴世昌	內外傷科	小粉墻五六號
馬雄波	婦兒科	聞家堰天生堂

第二節　律師及會計師

甲、律師

律師為人權之保障者　杭市為浙省省會又為浙江高等法院之所在地，地域遼闊，人事日繁，社會組織，亦頗複雜，故律師之在此設立事務所執業者甚多，茲將其最著名者，列表於下：

杭州市著名律師一覽

黃乃同	學士路星遠里	孫棣三	青年路青年里
朱丹衷	學士路	陳惠民	開元路
朱鴻達	開元路	葛嶹	皮市巷
汪顯	緞局司衖	宓配宗	西浣紗路知足里
胡逸	西浣紗路知足里	湯譪吉	青年路青年里
金嘉淮	湖墅長坦巷	屠治平	三橋址河下
陳光黼	延齡路龍翔里	裘英	運司河下
張韜	紅門局	王迺張	龍翔橋居安里
宣鉅誥	延齡路	宋紹湯	飲馬井巷
孫傑	郭通園巷	張康培	花市路
陳德新	湖濱路五衖	李宗渧	里仁坊
汪秉桐	下羊市街	尹廷輔	紅門局
曹秉哲	東浣紗路祥盛里	張輝	下板兒巷
朱啟晨	東浣紗路平遠里	來浩然	長明寺巷
鍾福球	青年路尚農里	吳澤坤	運司河下
吳華	大獅子巷	錢家龍	北浣紗路懷德里
章道修	柏子巷口	楊崇善	吳牙巷
倪本章	運司河下	金自元	民權路
沈爾喬	開元路	徐家齊	龍興路公益里
何炳麟	演教寺前	王行三	延齡路龍翔里
錢培鈺	水亭址	樓明遠	龍興路湖山里
陳越	施水路	陶尹常	青年路尚農里
俞瑋	上皇誥兒巷	錢西樵	崔家巷

韓大寶	金剛寺巷	李錚	平海路岳王路口
金乙麟	銀洞橋	童繩武	平海路西口
夏藝	祖廟巷	陳仲達	開元路
鮑祥齡	延齡路龍翔里	田浩徵	馬市街
陳鐻	學士路望遠里	馮正疊	新民路
王衷海	法院路	俞危石	龍興路湖山里
萬德懿	馬坡巷	瞿寶祚	馬坡巷
吳景夔	金洞橋	汪紹功	湧金橋厚德里
張烈範	長生路大慶里	陸載卿	青年路尚農里
秦綬章	青年路見仁里	顧福漕	竹竿巷
樓銘	吳牙巷	沈維翰	學士路星遠里
何濬	白傳路星遠里	陸鼎文	西大街武林村
宗德先	林司後	萬益	崔家巷
范洽民	軍督司巷	王大成	湖濱路五衖
蔣壽鵬	小粉墻毛竹衖	李向榮	西浣紗路知足里
施仁	珍珠巷	盛孰眞	四宜亭
詹祖翼	下板兒巷	何義賫	鳳凰街大和里
來之翰	比勝廟巷	陸志冲	東街路

乙、會計師

會計師為法人，專事清稱工商業廠號，或個人賬務，凡賬務經會計師核理者在法律上卽發生證明之效力，杭市近年來執行是業者亦逐見多矣。

今列表於下：

杭州市會計師一覽

丁紫淵	裏龍舌嘴七四號	陳偉	豐家兜二九號
王化逢	紹興寶幢巷四四號	奚玉書	上海四川路
白慶心	南京	葉德全	上海卡德路
朱颺庭	上海靜安寺路	游志	上海威海衛路
沈復邃	紹興中國銀行	葉洪煦	開元路開元里二號
貝露蓀	上海斜橋路	虞中望	上海泗涇路
周承麟	板橋路五福里二號	趙烈	温州省立温州中學
徐英豪	上海四川路	潘上元	杭州平海路二三號
徐庚年	東街路	蔣作昭	上海泗涇路
陳超崙	上海四川路	魏仲唐	孝子坊財務學校
于懷仁	長生橋九星里三號	婁廷楨	上海南洋煙草公司
王海帆	上海金神父路	葉大年	上海米有恆路
江萬平	上海四川路四八號	張永錫	平湖宮底後
汪寶傳	花市路一號	董純鏢	上海四川路
沈爾耕	開元路二九號	趙祖慰	上海白克路
林本中	甯波桂芳橋下	潘序倫	上海甯波路
周時鏘	嘉興地方銀行	韓祖德	民生路一三號
徐玉書	上海愛多亞路	顧詢	上海甯波路

本書，因付印時間匆促，漏句訛字，在所不免，讀者諒之！編者謹啟。

廣告

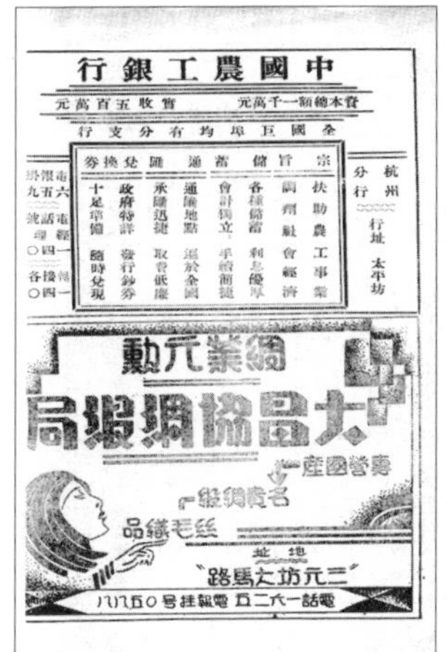
中國農工銀行
資本總額一千萬元 實收五百萬元
全國互埠均有分支行
宗旨 扶助農工事業 調劑社會經濟
儲蓄 各種儲蓄 利息優厚 會計獨立 手續簡捷
通匯 通匯地點 遍於全國 承匯迅捷 取費低廉
兌換券 政府特許 發行鈔券 十足準備 隨時兌現
杭州分行
行址 太平坊
綢業元勳
大昌協綢緞局
專營國產名貴綢緞絲毛織品
地址 "三元坊大馬路"
電話一六二五 電報掛号〇五八八

浙江興業銀行
杭州分行
股本 四百萬元
公積金 二百四十萬元
行址 三元坊
電話 營業室 一一〇一號 經理室 一一〇二號 客室 一一〇三號
電報掛號 二八一四號
本分行貨棧分理處 湖墅珠兒潭 電話九〇〇號
本分行湖州貨棧 湖州北門 電話五二號
本分行兌換券代兌處 寧波城內元益錢莊 蘭溪城內義源錢莊
總分支行 上海 天津 漢口 北平 南京 無錫 浙江 鄭州 青島
營業部 經營商業銀行一切業務
匯兌部 匯款迅速 匯水從廉 國內外通商大埠均有特約代理處
儲蓄部 辦理各種活期定期儲蓄存款章程函索即寄
西湖療養院
院址 杭州裏西湖七十七號（大禮堂電影院西首上山）
院長 丁任生
電話 三三七六
章程 函索即寄
上海大東書局
最興端的
從課程標準中出版
（教育部審定）新生活初高級小學教科書（全套出齊）
新生活初高中教本
樣本書目函索即寄
杭州保佑坊大東書局
電話一六一七

鹽業銀行
股本一千萬元
已收七百五十萬元
公積金及盈餘滾存
五百三十四萬餘元
辦理商業銀行一切業務
兼收儲蓄存款
杭州行址 三元坊
電話 經理室一七七七
營業室一七七六
杭州西泠飯店
LAKEVIEW HOTEL
電話 三〇〇二
電報掛號（泠）三一三一
杭州最新設備之飯店

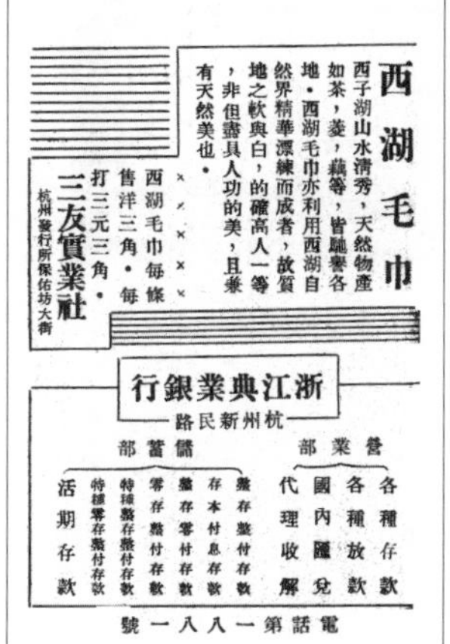
西湖毛巾
西子湖山水清秀，天然物產如茶，菱，藕等，皆馳譽各地。西湖毛巾亦利用西湖自然界精華漂練而成者，故質地之軟與白，的確高人一等，非但盡具人功的美，且兼有天然美也。
西湖毛巾每條售洋三角。每打三元三角。
三友實業社
杭州發行所保佑坊大街
浙江典業銀行
杭州新民路
營業部 各種存款 各種放款 國內匯兌 代理收解
儲蓄部 整存整付存款 存本付息存款 整存零付存款 零存整付存款 特種整存整付存款 特種零存整付存款 活期存款
電話第一八八一號

浙江商業儲蓄銀行
杭江市薦橋路
營業要目
商業部 專營存款放款貼現押匯及一切商業銀行業務
儲蓄部 辦理定期活期分期各種儲蓄基本穩固會計獨立利息優厚
保管部 保管各項貴重物品證券等費用極廉
貨棧部 指定隆同貨棧在湖墅裝墅橋慶記堆棧專爲客商堆存貨物水陸交通裝卸便利
經租部 代理經管房地產事宜
電話 一二三一 一二三二
電報 有綫一五五五二 無綫一五五五二
堆棧電話一九二七三
董事長王薌泉
中國南洋烟草公司
老牌國貨
十枝
長城牌
殼子可換贈品

杭州市永華汽車行
汽車出租價目表
以新市場為起點現洋實足
公園 一元
岳坟 一元
裏西湖 一元
玉泉 一元五角
茅家埠 一元五角
靈隱 一元五角
淨寺 一元
虎跑 二元
閘口 二元五角
江干 一元五角
艮山門 一元
鼓樓 一元
松木場 一元
老東嶽 三元五角
(通行費在內)
武林門 一元
觀音橋 一元五角
小河 一元七角
拱宸 一元七角
聯橋 一元
菜市橋 一元
東街 一元五角
城站 一元
大學路 一元五角
包鐘點每小時大洋三元出行時起至回行時止並算起碼大洋一元以三公里為限每逾二公里加五角長途面議
(特價)大禮堂觀影包車單程八角
營業處電話
總辦事處 一六〇一 靈隱 一六〇二
湖濱站 一六〇〇 迎紫 一六〇三

杭州交通銀行
儲蓄部
利息優厚
手續便利
備有詳章
函索即寄
營業部
辦理存款放款
貼現押滙信託
承兌滙票國內
外各地滙兌並
經付債券本息
行址開九路八號
電話經理室一一七〇 營業室一一六九
電報掛號六六三九
日新皮鞋皮箱皮夾
君欲購良好堅固耐用的真正皮鞋皮箱皮夾皮包請至日新皮鞋皮箱公司購買方知價廉物美真實便宜
開設杭州新市場國貨陳列館正面自造條柳籐箱兼售龍泉寶劍
電話三二二六

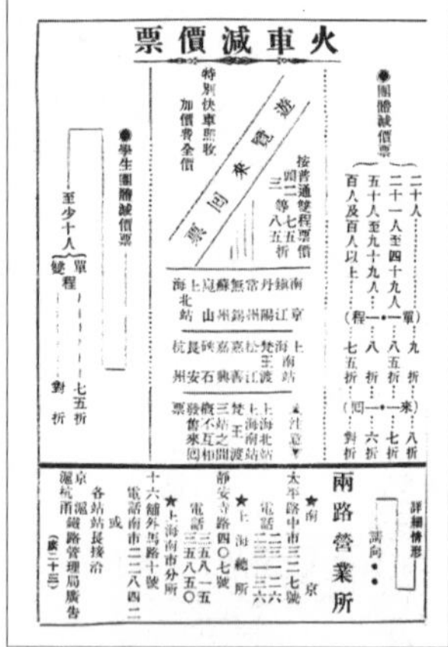
火車減價票
●團體減價票
二十人 單程九折 來回八折
二十一人至四十九人 八五折 七折
五十人至九十九人 八折 六折
百人及百人以上 七五折 對折
遊覽來回票
按普通雙程票價
頭二等七五折
三等八五折
特別快車照收加價費全價
南京 鎮江 丹陽 常州 無錫 蘇州 崑山 上海北站
上海南站 梵王渡 松江 嘉善 嘉興 硤石 長安 杭州
▲注意▼
上海北站上海南站梵王渡三站之間概不互相發售來回票
●學生團體減價票
至少十人 單程七五折 雙程對折
兩路營業所
詳細情形請向：
★南京 太平路中市三二七號 電話二三一二六 二三一三六
★上海總所 靜安寺路四〇七號 電話三五八一五 三五八五〇
★上海南市分所 十六舖外馬路十號 電話南市二二八四二
或各站站長接洽
京滬滬杭甬鐵路管理局廣告
(廣二十三)

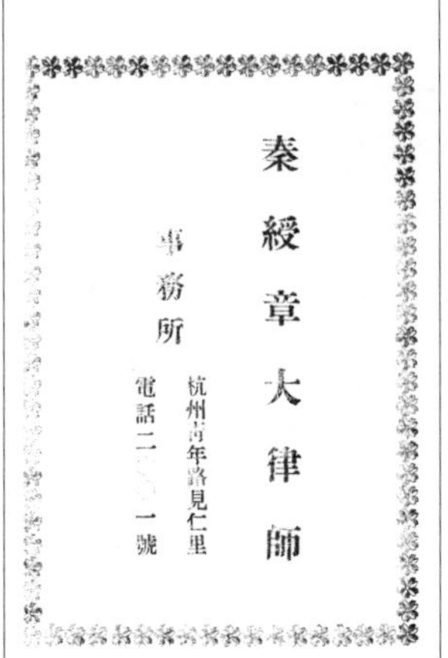
秦綬章大律師
事務所
杭州青年路見仁里
電話二　一號

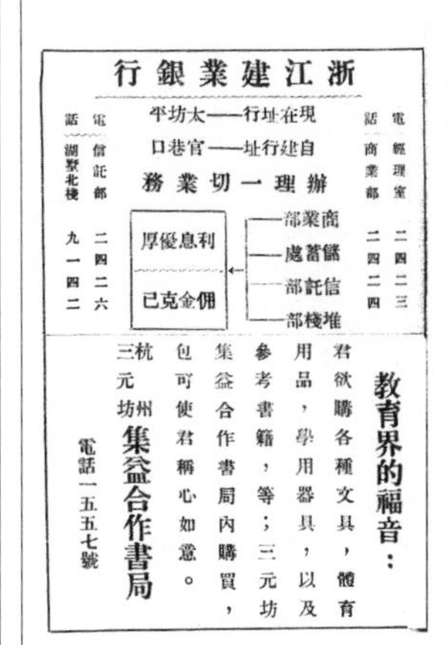
浙江建業銀行
現在行址——太平坊
自建行址——官巷口
辦理一切業務
商業部
儲蓄處
信託部
堆棧部
利息優厚
佣金克己
電話 經理室 二四二三 商業部 二四二四
電話 信託部 二四二六 湖墅北棧 九一四二
教育界的福音：
君欲購各種文具，體育用品，學用器具，以及參考書籍，等；三元坊集益合作書局內購買，包可使君稱心如意。
杭州三元坊 集益合作書局
電話一五五七號

浙省
月溪照相
敝店創自前清光緒年間迄今已三十餘年不惜巨資特向全球最著名之柯達照相器具公司運到大小各種攝影快鏡機械之堅固精美殆無其匹價每具自數元至數拾百元不等而本主人時加研究對於攝影術發明各種新法不敢自祕現擬貢諸同好凡向敝店購柯達照相鏡者願盡義務教授各種新攝影術出外旅行賓朋會宴尤宜手置一具用增遊興藉留紀念如荷選購毋任歡迎
開設新市場花市路
電話二八〇三號

萬源綢緞局
地址 杭州保佑坊大馬路自建五層樓洋房
電話 一六三八
本局開設至今已五十餘年出品優美物質精良屢往各國賽會均獲特等優獎如蒙賜顧無任歡迎

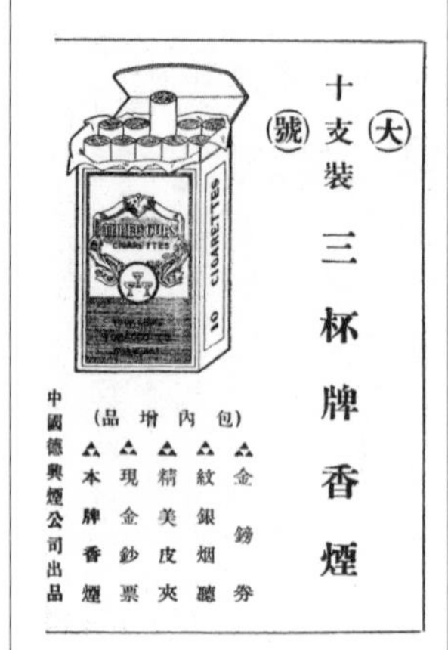
大號
十支裝
三杯牌香煙
CIGARETTES
10
（包內增品）
▲金鎊券
▲紋銀烟聽
▲精美皮夾
▲現金鈔票
▲本牌香煙
中國德興煙公司出品

亞洲無線電公司
杭州迎紫路三號
電話一九六〇號
營業 出版 娛樂
專門製造設計修理以及經售各種無線電收音發音機器及一切應用材料
無綫電半月刊專門提倡研究無線電各項原理及製造方法定閱全年大洋一元
自造廣播電台並管理一切工程每日播送優良娛樂節目及各項學術常識演講等節目
杭州惠迪銀行廣告
本行設立杭州信餘里經營銀行各種存款放款商用匯兌貼現一切等項業務匯水用金無不格外克已如蒙 賜顧無任歡迎
正經理 王竹齋
副經理 舒愼安 謹啟

西湖
新泰旅館
地點新市場延齡路
電話
全部房舍一新
被褥帳帳一新
器皿用具一新
裝置設備一新
無物不新
地點優良
交通便利
設備精良
房價低廉
有美皆備
浙江實業銀行
前清宣統元年開辦
辦理商業銀行一切事務國內外各地均有代理處附設儲蓄處
上海總行
虹口分行
漢口分行
杭州分行
東棧
北棧
公濟醫院
院址 杭州下
電話 一三六七
院長 內科兼兒科醫學博士 章輔袞
產科接生女專家 高永倩

新開
葛嶺中西大飯店
保叔塔脚下
KE-LING HOTEL WEST LAKE
HANG CHOW
ENRO PEAN PLAN ALL ROOMS
WITH BATH RATES MODERATE
CENTRAL HEATING NEW BAR
遊客注意 本飯店開設裏西湖濱西式洋房地位寬敞每臥室裝有浴室及水汀交通便利備有汽車間免費停放中西飲食一應俱全此外另有美麗酒吧專售上品洋酒
電話總帳房 2939號
杭州飯店大旅館佈告
開設西湖邊平海路口房間面臨西湖全景一覽無遺定價低廉
本館並經理西湖地產代客賣買及房屋建築工程
莫干山
莫干山旅館
自裝電話能與杭州南京直接通話
本館開設在山頂三四九至三八五號均係西式洋房如往莫干山遊覽或住宿者請與杭州飯店帳房接洽
開源地產公司 及乍浦地產任何委托事務請與杭州或葛嶺飯店帳房接洽
乍浦
海濱飯店
中西
大旅館
地臨海濱浴場風景絕佳氣候適宜實夏令避暑勝地如往該處遊覽或住宿者請與杭州或葛嶺飯店帳房事前接洽由本館專車送往

杭州市商辦永華公共汽車公司
→迎紫路至靈隱段價目表(票價均以小洋計算)←
本公司爲謀行旅便利起見凡購來回票者均可在各站任意上下一次其價目自湖濱至靈隱來回小洋五角迎紫路至靈隱小洋五角五分

	迎紫路	湖濱	昭慶寺	公園	岳墳	玉泉	洪春橋	石蓮亭
湖濱	.04							
昭慶寺	.08	.04						
公園	.12	.08	.04					
岳墳	.16	.12	.08	.04				
玉泉	.20	.16	.12	.08	.04			
洪春橋	.24	.20	.16	.12	.08	.04		
石蓮亭	.28	.24	.20	.16	.12	.08	.04	
靈隱	.32	.28	.24	.20	.16	.12	.08	.04

電話　總辦事處 1601　迎紫路站 1608
湖濱站 1600　靈隱站 1602

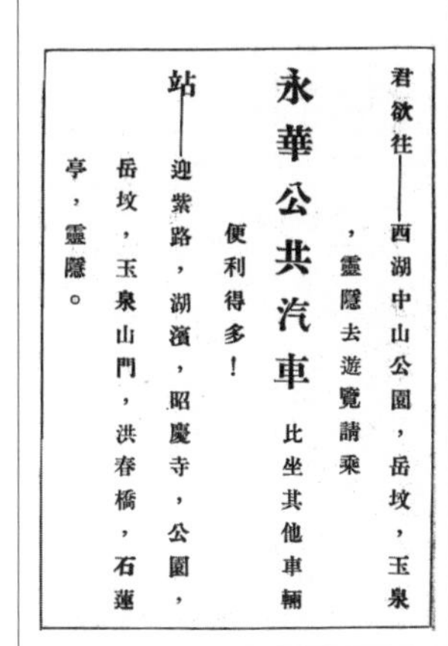
君欲往——西湖中山公園，岳墳，玉泉，靈隱去遊覽請乘
永華公共汽車
比坐其他車輛便利得多！
站——迎紫路，湖濱，昭慶寺，公園，岳墳，玉泉山門，洪春橋，石蓮亭，靈隱。

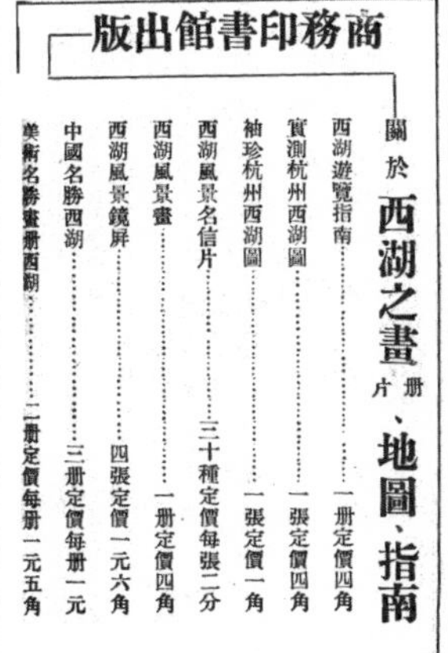
商務印書館出版——
關於西湖之畫冊、畫片、地圖、指南
西湖遊覽指南……一冊定價四角
實測杭州西湖圖……一張定價四角
袖珍杭州西湖圖……一張定價一角
西湖風景名信片……三十種定價每張二分
西湖風景畫……一冊定價四角
西湖風景鏡屏……四張定價一元六角
中國名勝西湖……三冊定價每冊一元
美術名勝畫冊西湖……二冊定價每冊一元五角

本號第一支店分設新市場浙江國貨陳列館
杭州張小泉近記剪號
註冊商標
專用海雲浴日商標
上面是本號呈部註冊的商標　泉近二字　是張小泉近記　五個字的商牌裏取出來的　因爲冒牌的商牌都用全潑謹僅　音同字不同的字　拿來影戳這「泉近」兩字　只有本號真正商牌是這樣真正的寫法　深恐顧客看慣　特地把這兩字取出　記入商標以便顧客格外醒目　加蒙枉顧　請認明本號　海雲浴日商標　載有泉近二字不誤
開設杭城大井巷中市電話三五一八一號

陸志冲律師
事務所
東街路三四二號
電話二九一二號
農
農星牌白醬油
中華農產食用品製造廠出品
杭州山子巷電話二九九二號

●滋補衛生
●價廉物美
豆汁
金泉社
本社
經營豆製食品
採辦各地名產
電話三九九號
豆汁印有定單預約辦法備索
函索電知即行寄奉
營業摘要
甜淡豆汁 蠔醬粉干
衛生豆腐 新昌花生
五香茶乾 紹興腐乳
麻菇白乾 嘉興糟蛋
勻淨千層 鎮江滴醋
潤鄉腐皮 揚州醬菜
肥軟油腐 鬱金香酒
農星醬油 罐頭食品
金泉社
杭州大方伯金錢巷

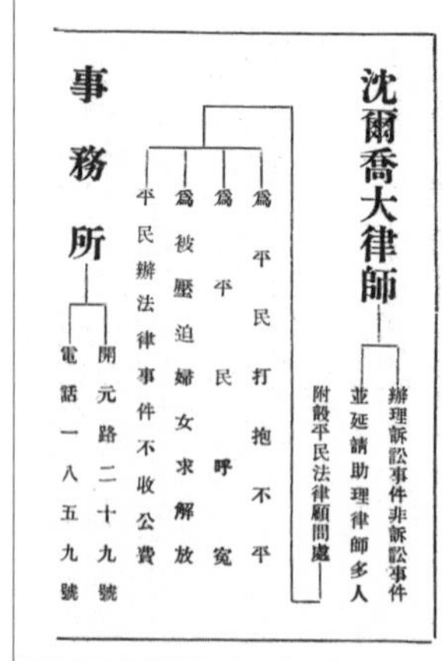
沈爾喬大律師
辦理訴訟事件非訴訟事件
並延請助理律師多人
附設平民法律顧問處
為平民打抱不平
為平民呼冤
為被壓迫婦女求解放
平民辦法律事件不收公費
事務所
開元路二十九號
電話一八五九號

遷地新建
杭州西湖清泰第二旅館
寬暢禮廳
華麗無匹
房間幽雅
佈置美化
設備
一屋頂花園 一抽水公桶
一電爐 一砌瓷浴室
一電音 一冷熱水管
優待
房價較前減低自八角至六元八角止現在開幕之初優訂折扣
地址新市場仁和路
建設廳電話掛號三九二
交通部電話掛號二四〇
電報掛號三二三七
本館樓上樓下電話 二六五二 三六五一 三六五五

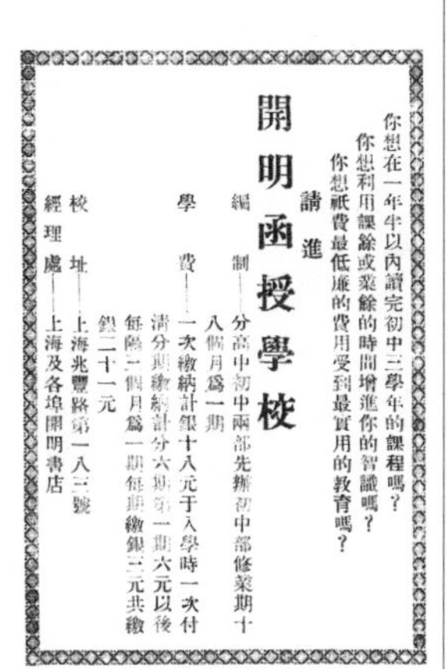
你想在一年半以內讀完初中三學年的課程嗎？
你想利用課餘或業餘的時間增進你的智識嗎？
你想祇費最低廉的費用受到最實用的教育嗎？
請進
開明函授學校
編制——分高中初中兩部先辦初中部修業期十八個月爲一期
學費——一次繳納計銀十八元于入學時一次付清分期繳納計分六期第一期六元以後每隔三個月爲一期每期繳銀三元共繳銀二十一元
校址——上海兆豐路第一八三號
經理處——上海及各埠開明書店

白金龍香烟
優等國貨
GOLDEN DRAGON
中國南洋兄弟烟草公司

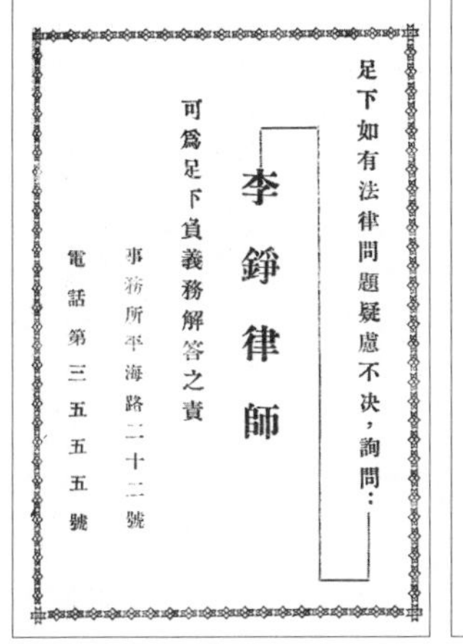
足下如有法律問題疑慮不決，詢問：
李錚律師
可爲足下負義務解答之責
事務所平海路二十二號
電話第三五五五號

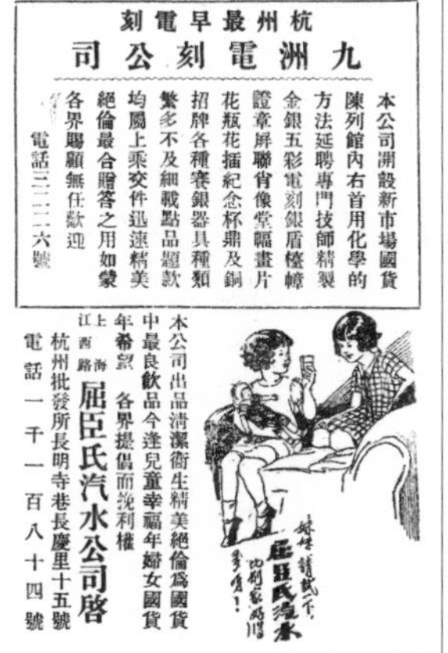
杭州最早電刻
九洲電刻公司
本公司開設新市場國貨陳列館內右首用化學的方法延聘專門技師精製金銀五彩電刻銀盾楹幛證章屏聯肖像堂幅畫片花瓶花插紀念杯鼎及銅招牌各種賽銀器具種類繁多不及細載點品題款均屬上乘交件迅速精美絕倫最合贈答之用如蒙各界賜顧無任歡迎
電話三二二六號
本公司出品清潔衛生精美絕倫爲國貨中最良飲品今逢兒童幸福年婦女國貨年希望各界提倡而挽利權
上海江西路
屈臣氏汽水公司啓
杭州批發所長明寺巷長慶里十五號
電話一千一百八十四號
屈臣氏汽水

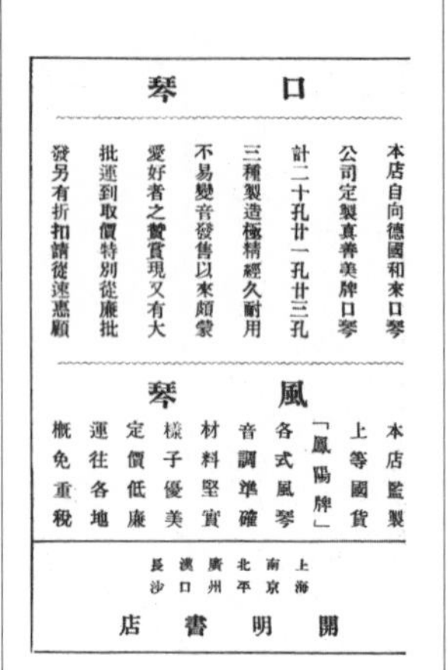

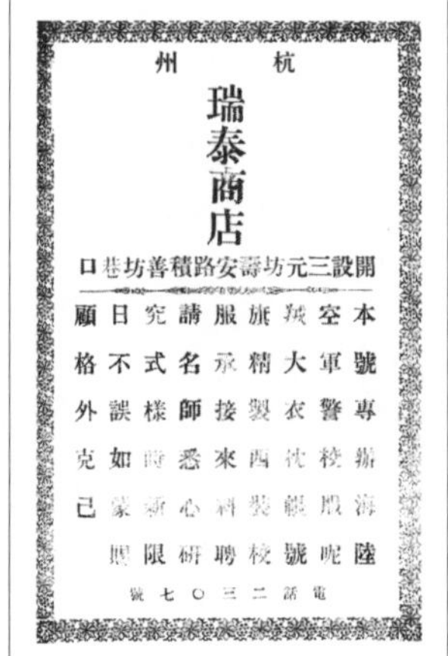

中國之大患在乎無儲蓄個人之崩潰亦在無儲蓄無儲蓄則經濟致貧困人但知歐美奢侈成風摩登男女滿目皆是而不知其固先事儲蓄不至趨向後落之途徑也然儲蓄必先求其穩固再求大發其財若向本會儲蓄得獎固立刻成富翁否則亦後來免空乏敬請節衣縮食月儲零碎之資積少成多年蓄贏餘之款可使青年兒女教養無虞白首年華頤養有賴倘或不信試看從前無儲蓄之人若有決心速作今日入本會之客

中法儲蓄會浙江管理會謹啓

地址杭州開元路十九號

市內電話第二一三四號

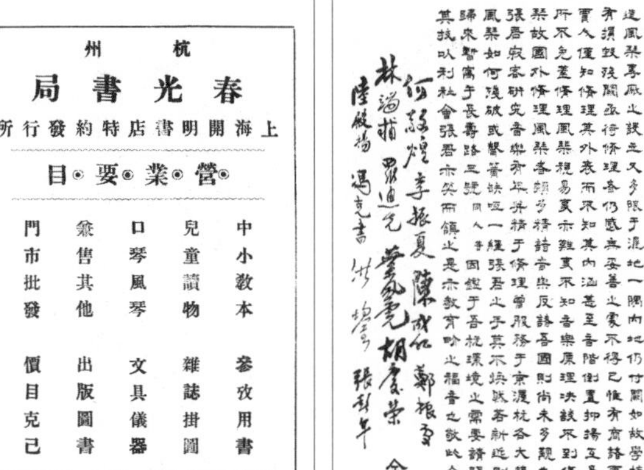

杭州仁愛醫院

院住刀茅巷底一七四號
電話二零四一及二二九六號

本院設於刀茅巷底，佔地五十餘畝，環境幽雅，空氣清鮮。病室皆有熱水汀，及鐵紗窗之裝置，冬暖，夏涼，療養適宜。院內設備完善：滅菌大手術室，X光線檢查室，紫外光電療室、化驗室一應俱全。茲將現設科目及診例露佈於左：

科目：內科小兒科，外科皮花科，產婦人科，眼耳鼻咽喉科

診例：
- 施診部：施診送藥。時間：上午八時至十一時。
- 特診部：每次小洋六角。時間：上午十時至十二時。
- X光綫部：五元至十五元。時間：上午十時至十二時。
- 住院：每天四角至五元（醫藥膳宿在內）。
- 接生：住院平產助產士接生，祇酌收材料費，指定醫師接生念元。出門平產三十元。（醫師接生）

民國城市 03
中國近代歷史城市指南：
杭州篇（一）
City Guidebooks of Modern China:
Hangzhou Section I

作　　者　中央研究院近代史研究所
　　　　　城市史研究群　選編
總 編 輯　陳新林、呂芳上
執行編輯　林弘毅
封面設計　陳新林
排　　版　溫心忻

出 版 者　**中央研究院近代史研究所**
　　　　　11529　台北市南港區研究院路二段
　　　　　　　　 128 號
　　　　　TEL：+886-2-2782-4166

　　　　　開源書局出版有限公司
　　　　　香港金鐘夏慤道 18 號海富中心
　　　　　1 座 26 樓 06 室
　　　　　TEL：+852-35860995

　　　　　民國歷史文化學社
　　　　　10646　台北市大安區羅斯福路三段
　　　　　　　　 37 號 7 樓之 1
　　　　　TEL：+886-2-2369-6912
　　　　　FAX：+886-2-2369-6990

銷 售 處　**源流成文化股份有限公司**
　　　　　10646　台北市大安區羅斯福路三段
　　　　　　　　 37 號 7 樓之 1
　　　　　TEL：+886-2-2369-6912
　　　　　FAX：+886-2-2369-6990
初版一刷　2019 年 12 月 31 日
定　　價　新台幣 400 元
　　　　　港　幣 115 元
　　　　　美　元　15 元
I S B N　978-988-8637-44-7
印　　刷　長達印刷有限公司
　　　　　台北市西園路二段 50 巷 4 弄 21 號
　　　　　TEL：+886-2-2304-0488